요한복음 강해설교 2

길이요 진리요 생명이신 예수 그리스도

배광호 지음

도서출판 영문

I am the way and the truth and the life

By

Rev. Goeng-ho Bae(Th. D)

2013

Young Moon Publishing Co.,

Seoul, Korea

머리말

구원받은 성도들이 가야할 최종 목적지는 천국, 즉 하나님의 나라입니다. 그런데 천국에 들어가는 길은 오직 하나밖에 없습니다. 바로 주 예수 그리스도를 통해서만 들어갈 수 있습니다.

예수님은 제자들에게 어떻게 하면 천국에 들어갈 수 있는지를 아주 단순하고 명쾌하게 말씀해 주셨습니다. "예수께서 이르시되 내가 곧 길이요 진리요 생명이니 나로 말미암지 않고는 아버지께로 올 자가 없느니라"(요 14:6)

하나님의 나라는 오직 길이요 진리요 생명 되신 예수 그리스도를 통해서만 갈 수 있습니다. 여기서 말씀하는 '길', '진리', '생명'이란 '그 길', '그 진리', '그 생명'을 의미합니다. 다시 말하면 '그 길'은 유일한 길이요(행 4:12), '그 진리'도 유일한 진리요, '그 생명'도 유일한 생명의 근원을 가리킵니다. 여기서 우리가 반드시 주목할 것은 예수님만이 우리의 구원의 길이요 진리요 생명이 된다는 말씀입니다.

우리 한국교회는 2013년 WCC 부산대회로 인하여 신학적으로 분열 양상이 더 뚜렷해지는 현상이 나타나고 있습니다. 역시 핵심은 WCC의 종교다원주의 신학을 수용하는 문제 때문입니다. WCC는 예수 그리스도만이 유일한 구원의 길임을 분명하게 주장하지 못하고, 타 종교도 함께 대화해야 할 상대이며 협력자이므로 예수 그리스도가 아니더라도 구원받을 수 있다는 인상을 강렬하게 풍기고 있는데서 기인하고 있습니다.

기독교의 핵심은 예수 그리스도만이 우리의 구주이시며 그분만이 우리를 구원하시는 유일한 하나님이시며 예수 그리스도로 말미암지 않고는 결코 구원받을 수 없다는 진리입니다. 예수님은 그 시대의 다른 종교 사상과 타협하지 않으십니다. 예수님 당시에는 영혼이 자기 힘으로 하늘에 간다는 영지파(Gnostic) 사상과 기타 사상이 유행했었습니다. 그러나 예수님은 그런 것들과 타협하는 혼합주의(Syncretism)를 용납하지 않으셨습니다. 예수님은 오직 유일한 '그 길' 이요, '그 진리' 요, '그 생명' 이라고 주장하셨습니다. 오직 예수님을 통해서만 구원받아 천국에 들어갈 수 있음을 말씀하셨습니다.

요한복음 강해설교 제1권은 '생명의 떡 예수 그리스도' 라는 제목으로 출간했고, 제2권은 '길이요 진리요 생명이신 예수 그리스도' 라는 제목으로 출간하게 된 것을 감사드립니다. 요한복음서에는 '생명' 이란 단어가 아주 중요합니다. 그 생명은 바로 예수 그리스도이십니다. 그러므로 예수님과의 만남이 바로 생명을 얻는 길이요, 예수님과의 만남이 없으면 우리는 생명을 얻을 수 없습니다. 따라서 우리는 생명의 떡으로 오신 예수님과의 교제를 가질 때 이 땅에서 생명을 얻을 수 있습니다. 그리고 '길이요 진리요 생명이신 예수 그리스도' 를 믿어야만 하나님의 나라에 들어갈 수 있습니다. 결론은 예수 그리스도를 믿어야 생명을 얻을 수 있습니다.

부족한 종이 요한복음을 설교하면서 받은 은혜와 복을 졸저인 '길이요 진리요 생명이신 예수 그리스도' 를 통해서, 우리 삶의 유일한 길이요 진리요 생명이신 예수 그리스도를 더 사랑하고 그분과 더 깊은 교제를 가지며 주께서 주시는 생명의 풍성함이 넘치기를 기대해 봅니다.

이 책을 발간하기 위해 수고한 공혜숙 전도사님을 비롯한 교역자들과 출판위원 여러분들에게 깊은 감사를 드리며 오랜 기간 동안 문서선교의 동역자로 헌신해 주신 김수관 장로님께도 감사드립니다. 그리고 처음부터 모든 책의 수익금을 교회건축헌금으로 드리게 됨을 감사드립니다.

주후 2013년 12월

예수 그리스도의 성탄을 기다리면서

남천교회 새 교회당 목양실에서 배 굉 호 드림

Contents

[1]유월절 엿새 전에 예수께서 베다니에 이르시니 이곳은 예수께서 죽은 자 가
운데서 살리신 나사로가 있는 곳이라 [2]거기서 예수를 위하여 잔치할 새 마르
다는 일을 하고 나사로는 예수와 함께 앉은 자 중에 있더라 [3]마리아는 지극
히 비싼 향유 곧 순전한 나드 한 근을 가져다가 예수의 발에 붓고 자기 머
리털로 그의 발을 닦으니 향유 냄새가 집에 가득하더라 [4]제자 중 하나로서
예수를 잡아 줄 가룟 유다가 말하되 [5]이 향유를 어찌하여 삼백 데나리온에
팔아 가난한 자들에게 주지 아니하였느냐 하니 [6]이렇게 말함은 가난한 자들
을 생각함이 아니요 그는 도둑이라 돈궤를 맡고 거기 넣는 것을 훔쳐 감이
러라 [7]예수께서 이르시되 그를 가만 두어 나의 장례할 날을 위하여 그것을
간직하게 하라 [8]가난한 자들은 항상 너희와 함께 있거니와 나는 항상 있지
아니하리라 하시니라

(요한복음 12:1-8)

01

주님을 위해 옥합을 깨뜨리는 행복을 누립시다

벌써 한 해의 반이 지나갑니다. 오늘은 올해의 반을 보내는 주일입니다. 지난 반 년 동안 우리가 살아온 나날을 돌아보면 모든 것이 하나님의 은혜임을 고백하지 않을 수 없습니다. 우리 개인뿐 아니라 가정과 교회, 그리고 우리나라에도 크고 작은 일들이 많았습니다. 힘든 일도 많았고 감사한 일도 많았습니다. 그 중에도 오늘 우리가

하나님께 예배드릴 수 있다는 이 사실만으로도 우리는 감사할 수 있습니다. 우리가 지금까지 살아온 것은 다 하나님의 은혜입니다. 그러므로 우리는 항상 하나님의 은혜에 감사하며 살아야 합니다. 우리에게 놀라운 은혜를 베푸신 하나님께 어떠한 방법으로라도 감사를 표하면서 살아야 합니다.

본문에는 주님의 은혜에 감사하여 귀한 옥합을 깨뜨려 주님께 바친 마리아의 이야기가 나옵니다. 마리아는 주님을 위하여 자신의 귀한 옥합을 깨뜨렸지만 행복했습니다. 마리아에게는 주님을 위하여 옥합을 깨뜨리는 것이 행복이었습니다. 주님을 위한 귀한 섬김을 통해 참된 행복을 소유할 수 있었습니다. 마리아의 헌신은 행복을 가져다 주었습니다.

우리도 마리아의 이 행복을 소유해야 합니다. 우리 생전에 반드시 주님을 위해 우리의 귀한 옥합을 깨뜨리는 행복을 누립시다.

1. 주님의 은혜에 감사하며 사랑으로 섬길 때 행복합니다

유월절 엿새 전에 예수님께서 베다니에 오셨습니다. 베다니에는 나사로와 그의 두 자매 마르다와 마리아가 살고 있었습니다. 나사로가 죽은 지 나흘이나 되었을 때 예수님께서 다시 살리신 곳이기도 합니다. 베다니에 도착한 예수님께서 한센시병을 앓고 있던 시몬의 집을 방문하셨습니다.

본문과 동일한 사건이 마태복음 26장과 마가복음 14장에 기록되어 있는데 여기에는 잔치가 열린 곳이 '시몬의 집'이라고 기록되어 있습니다. 이 잔치에는 예수님과 나사로를 비롯한 많은 동네 사람들이 참석하였고 나사로의 누이 마르다는 잔치 음식을 만들고 있었습니다. "유월절 엿새 전에 예수께서 베다니에 이르시니 이곳은 예수께서 죽은 자 가운데서 살리신 나사로가 있는 곳이라 거기서 예수를 위하여 잔치할 새 마르다는 일을 하고 나사로는 예수와 함께 앉은 자 중에 있더라"(1-2)

이때 마리아가 아주 값비싼 향유가 담긴 옥합을 깨뜨렸습니다. 그리고 그 값비싼 향유를 예수님의 머리와 발에 붓더니 자기의 머리털로 예수님의 발을 씻기기 시작했습니다. "마리아는 지극히 비싼 향유 곧 순전한 나드 한 근을 가져다가 예수의 발에 붓고 자기 머리털로 그의 발을 닦으니 향유 냄새가 집에 가득하더라"(3) 마태복음과 마가복음에는 예수님의 머리에 부었다고 했는데 본문에서는 발에 부었다고 했습니다. 어디에 부었거나 한 가지 공통점은 '부었다'는 점입니다. '부었다'는 말은 옥합을 깨어 송두리째 부었다는 말입니다. 향유병은 깨어야 부어질 수 있습니다.

여기서 '깨었다'는 말은 송두리째 바쳤다는 의미와 자신을 깨부수었다는 의미가 있습니다. 마리아가 그날 쏟아 부은 향유는 순전한 나드 한 근이라고 했습니다. '나드'는 구약성경에서 '나르드'라고 했는데 동방의 향유의 분량을 말합니다. 나드는 티베트와 인도 사이의 히말라야 산맥의 고지 목초지에서 자라는 향기로운 풀입니다. 이 향유는 먼 지역에서 수입되어 아주 고가였습니다. 그때 쏟아 부은 향유가 약 한 근(340g)으로, 가격이 300데나리온이라는 가룟 유다의 말로 미루어 볼 때 이 금액은 샐러리맨의 일 년치 연봉에 해당합니다. 당시 가장 귀한 손님이 오면 이 향유를 머리에 살짝 발라주는 것이 최고의 예의였다고 하는데, 이날 마리아는 예수님의 발에 망설임 없이 쏟아 부었습니다.

마리아가 이처럼 값비싼 향유를 깨뜨려 예수님에게 부어드린 것은 주님의 은혜에 대한 감사를 표현한 것입니다. 마리아는 평소에 베다니에 자주 오시던 예수님으로부터 말씀을 들음으로 많은 은혜를 받았습니다. 예수님을 만남으로 죄를 용서받고 천국의 소망을 갖게 되었습니다. 예수님은 마르다와 그의 동생 마리아와 나사로를 사랑하셨습니다(11:5). 더욱이 예수님께서 마리아의 오라비 나사로가 죽어 무덤에 장사된 지 나흘 만에 다시 살려주시는 은혜를 체험했습니다. 마리아는 예수님으로부터 차고 넘치는 은혜를 받은 사람입니다. 그래서 결국 값비싼 향유를 아무렇지도 않은 듯 기꺼이 주님께 드릴 수 있었습니다.

이런 마리아의 행동이 다른 사람들의 생각에는 매우 아까워 보였지만 마리아에게는 오히려 기쁨이요 행복이었습니다. 마리아는 자신의 옥합을 주님을 위해 깨뜨릴 때 행복했습니다. 그것은 마리아가 주님을 사랑했기 때문입니다. 마리아가 귀한 옥합을 깨뜨려 주님의 머리에 부은 것은 크신 은혜를 베푸신 주님께 감사하는 마음과 주님을 사랑하는 마음이 있었기 때문입니다. 사랑하는 주님을 위해 자신의 가장 소중한 것을 드릴 수 있다는 것 자체가 마리아에게는 행복이었습니다. 마리아는 주님을 사랑했기 때문에 가장 소중한 옥합을 깨뜨릴 수 있었습니다.

우리가 누군가를 정말 사랑한다면 그 사람을 위해서 무엇을 드린다는 것이 결코 아깝지 않습니다. 사랑하는 사람에게는 모든 것을 다 주어도 아깝지 않습니다. 사랑하는 사람에게는 결코 인색함이 있을 수 없습니다. 오히려 드림으로써 행복합니다. 특별히 부모는 자녀에게 자신의 소중한 것을 다 주고도 기뻐하며 행복해 합니다. 그것은 자녀를 사랑하기 때문입니다. 부모의 자식 사랑은 자녀에게 소중한 것을 다 주고도 행복해 하는 사랑입니다.

동물의 세계도 마찬가지입니다. 어떤 동물학자가 모성애와 부성애를 비교하려고 실험을 했습니다. 철판 위에 어미 원숭이와 새끼 원숭이를 함께 올리고 원숭이들이 달아나지 못하도록 울타리를 치고는 거기에다 뜨겁게 불을 가열했습니다. 그리고 한참 후에 이 동물학자가 와서 보니 신기한 광경이 벌어졌습니다. 어미 원숭이가 그 철판 위에서 새까맣게 타서 죽어 있었습니다. 그런데 그 어미 위에는 새끼 원숭이가 앉아 생명을 보존하고 있었습니다. 여기에서 원숭이의 모성애의 위대성을 발견할 수 있었다고 합니다.

어느 가정에 고등학교 시절부터 패싸움이나 절도 등 온갖 사고를 치는 불량아들이 있었습니다. 이 아들은 부모가 아무리 타일러도 소용이 없었습니다. 그래서 아들이 감옥에 가서 인생을 망칠 것을 내다본 아버지는 아들보다 먼저 교도소에 들어가 아들이 오는 것을 막겠다는 극단적인 결단을 하게 되었습니다. 그리고 마음에도 없는 도적질을 하는 체하다가 발각되어 교도소에 들어가게 되었습니다. 아내와 아들이 면회를 갔을 때 아버지가 말했습니다. "아들아, 이 아버지를 용서해라. 사는 것이 너무 힘들어 순간적으로 실수를 했다. 아버지가 이 모양이니 넌들 바른 길을 갈 수 있었겠니? 그러나 한 가지 부탁이 있다. 너는 꿈에라도 이런 곳에 들어와서는 안 된다. 교도소는 인간을 처참하게 만드는 곳이란다." 면회가 끝나고 어머니는 눈물로 절규하며 아들에게 자초지종을 말했습니다. "너 때문이다. 네 놈이 그곳에서 젊은 시절을 다 보낼까 봐 미리 네가 오는 것을 막아 보려고 그렇게 한 것이란다." 그 후 큰 충격을 받은 아들은 그때부터 새로운 인생을 살기 시작했습니다. 아들은 검정고시를 거쳐 전문대에 입학하여 새로운 각오로 살게 되었습니다.

이 이야기는 이철환 씨의 '연탄길'의 소 제목 '먼 불빛'에 나오는 내용입니다. 작가는 책 말미를 "아버지는 아들을 위해 스스로 어둠이 되었다. 빛을 거부했던 아들의 어둠 속으로 들어와 끝내는 그르치고야 말 그의 인생 앞에 불빛 하나를 밝혀 주었다. 어둔 밤바다와 같은 인생에서 표류할 때마다 두고두고 바라 볼 먼 불빛, 아버지, 아버지."라고 맺었습니다. 부모의 사랑은 자식에게 모든 것을 다 주는 사랑입니다.

이 사랑보다 더 위대한 사랑이 바로 우리 주님의 사랑입니다. 주 예수 그리스도는 이 땅에 인간의 몸을 입고 오시어 우리의 모든 죄를 대속하시고 십자가에서 살 찢고 피 흘려 생명까지 주셨습니다. 주님은 먼저 우리를 사랑하시어 자신을 주셨습니다. "우리가 아직 죄인 되었을 때에 그리스도께서 우리를 위하여 죽으심으로 하나님께서 우리에 대한 자기의 사랑을 확증하셨느니라"(롬 5:8) 주님은 우리를 사랑하심으로 자신의 모든 것을 다 주셨습니다. 이 사랑을 받은 우리도 주님의 은혜에 감사함으로 주님을 사랑하며 섬기는 것입니다.

디베랴 바다에서 밤새도록 물고기를 잡던 시몬 베드로에게 부활하신 예수님이 찾아 오셨습니다. 주님을 세 번이나 모른다고 부인한 베드로이지만 주님은 그를 사랑하셨습니다. 그리고 베드로 역시 믿음이 약하여 넘어졌지만 누구보다도 주님을 사랑한 제자입니다. 그래서 주님이 시몬 베드로에게 "요한의 아들 시몬아 네가 나를 사랑하느냐?"고 세 번 물으셨을 때 "주여, 내가 주님을 사랑하는 줄 주님이 아십니다."라고 대답할 수 있었습니다. 주님으로부터 다시 "내 양을 치라"는 사명을 받았을 때도 베드로는 감사함으로 자신의 모든 생애를, 아니 목숨까지 바치면서까지 주님을 섬길 수 있었습니다. 그러나 그는 그런 섬김을 통해 행복을 누렸습니다.

우리도 주님의 은혜에 감사함으로 자신의 옥합을 깨뜨리는 행복을 체험합시다. 사랑하는 주님을 위하여 자신의 향유를 바치는 행복을 체험합시다. 마리아는 주님으로부터 많은 은혜를 받았습니다. 그래서 그 은혜에 감사하여 귀한 옥합을 깨뜨려 주님께 향유를 바칠 수 있었고 그로 인하여 행복할 수 있었습니다.

우리도 우리를 위하여 모든 것을 주신 주님의 은혜에 감사하며 주님을 사랑함으로 섬겨야 합니다. 우리가 주님을 사랑하면 주님을 위해 우리의 귀한 옥합을 깨뜨릴 수 있습니다. 이것이 섬기는 행복입니다. 지금까지 자신의 귀한 옥합을 주님을 위해 깨뜨린 적이 있습니까? 우리 모두 주님의 은혜에 감사함으로 우리의 옥합을 깨뜨려 주님께 바치는 행복을 누립시다.

2. 최선을 다한 섬김의 행복입니다

은혜를 받은 자는 헌신을 하되 최선을 다한 후에 행복해 합니다. 은혜를 받은 마리아는 주님을 위해 향유가 담긴 옥합을 깨뜨렸습니다. "마리아는 지극히 비싼 향유 곧 순전한 나드 한 근을 가져다가 예수의 발에 붓고 자기 머리털로 그의 발을 닦으니 향유 냄새가 집에 가득하더라"(3)

마리아가 깨뜨린 향유는 몇 방울 정도가 아니라 한 근이나 되는 엄청난 양이었습니다. 그러니 온 집 안에 향유 냄새로 가득할 수밖에 없었습니다. 이 300데나리온의 향유는 일반 근로자가 안식일을 제외한 1년 동안 먹지도 쓰지도 않고 열심히 일해야 모을 수 있는 거액입니다. 오늘날의 화폐 단위로 일당을 5만 원으로 계산한다면 약 1,500만 원입니다. 요즈음 많은 분들이 몸에 향유를 바르거나 향수를 뿌립니다. 여러분이 바르는 향유는 얼마짜리입니까? 1,500만 원짜리 향유나 향수를 사용하는 사람은 없을 것입니다.

마리아는 이러한 거액의 향유를 예수님에게 아낌없이 부어 드렸습니다. 사실 마리아의 이러한 행동은 우리에게 엄청난 도전을 줍니다. 마리아는 최선을 다하여 주님께 바쳤습니다. 이 광경을 본 가룟 유다가 불평을 쏟아 놓았습니다. "제자 중 하나로서 예수를 잡아 줄 가룟 유다가 말하되 이 향유를 어찌하여 삼백 데나리온에 팔아 가난한 자들에게 주지 아니하였느냐 하니 이렇게 말함은 가난한 자들을 생각함이 아니요 그는 도둑이라 돈궤를 맡고 거기 넣는 것을 훔쳐 감이러라"(4-6)

다른 복음서에 보면 다른 제자들도 마리아를 비평한 내용(마 26:8; 막 14:4)이 나오지만 그것은 부주의로, 혹은 피동적으로 한 것입니다. 그러나 가룟 유다는 이 구절에 나타난 대로 자신의 탐욕을 채우려는 위선자(僞善者)였습니다. 유다는 탐심이 강한데다 평소에도 공금을 훔쳐간 도둑이었습니다. 결국 그는 스승인 예수님마저 은 30에 팔아버리는 큰 죄인이 되었습니다. 그가 마리아를 향해서 비난하는 것은 그의 탐심 때문이었습니다. 주님을 위해 바치는 것이 아까워서 돌려서 비판하고 불평하는 일은 예전이나 지금이나 여전합니다. 가룟 유다는 마리아가 주님을 위해 최선을 다하여 섬기는 것을 낭비로만 보았습니다. 왜 어려운 사람들을 돕지 않고 그것을 주님께 다 바치느냐고 비판하며 불평했습니다. 이것은 잘못된 시각과 판단에서 온 것입니다.

여기서 우리가 눈여겨 볼 것은 마리아는 최선을 다하여 예수님을 섬겼다는 사실입니다. 마리아가 깨뜨린 옥합은 결코 낭비가 아니었습니다. 마리아는 사랑하는 주님을 위하여 무엇이든 아끼지 않고 바치는 믿음의 사람이었습니다. 그녀는 자신이 할 수 있는 한 최선을 다해 주님을 섬긴 믿음의 사람입니다. 그것은 예수님께서 마리아를 칭찬하신 것으로 알 수 있습니다. 본문에 보면 예수님께서 "그를 가만 두어 나의 장례할 날을 위하여 그것을 간직하게 하라"(7)고 말씀하셨습니다.

마리아가 주님께 귀한 향유 옥합을 깨뜨린 이러한 헌신이 기념될 만한 것은 향유가 고가이기 때문만은 아닙니다. 마리아가 향유를 부어 예수님의 머리에서 발끝까지 적시었다는 것은 예수님의 장사를 위한 것이었습니다. 예수님은 마리아가 옥합을 깨뜨려 자신에게 부어 주는 것이 바로 자신의 장례를 위한 것이라고 말씀하셨습니다. 마리아가 옥합을 깨뜨려 주님께 바친 것은 십자가에서 우리 죄를 대신하여 죽으실 예수님의 장사를 준비하는 행위였습니다. 가룟 유다의 말처럼 결코 헛된 낭비가 아니었습니다. 예수님은 최선을 다하여 섬기는 마리아를 칭찬하셨습니다. "내가 진실로 너희에게 이르노니 온 천하에 어디서든지 이 복음이 전파되는 곳에서는 이 여자가 행한 일도 말하여 그를 기억하리라"(마 26:13) 마리아는 최선을 다하여 예수님을 섬김으로써 기쁨과 행복을 누렸습니다. 그녀가 옥합을 깨뜨려 예수님께 부어드린 것은 최선을 다한 봉사요 섬김이었으며 주님께 전부를 드리는 마음이었습니다.

당시에 향유를 붓는 세 가지 유형이 있었습니다. 첫째는 옥합을 열어 향유를 조금 붓는 방법입니다. 이것은 최소한의 예의를 지키는 헌신의 방법입니다. 당시 팔레스틴에서는 귀한 손님이 내방할 때 향유가 준비된 집에서는 손님의 머리에 향유를 몇 방울 씩 떨어뜨리는 습관이 있었다고 합니다. 그것으로 최소한의 훌륭한 예의가 되었습니다. 둘째는 옥합을 열어 향유를 전부 붓는 방법입니다. 이 정도면 최고의 헌신으로 평가 받을 만합니다. 그리고 그 옥합은 다시 사용할 수가 있었습니다. 세 번째 방법은 마리아처럼 귀한 옥합을 깨뜨려 향유를 전부 붓는 것이었습니다. 이 경우는 이제 다시는 이 옥합과 향유를 다른 대상에게는 결코 사용할 수 없습니다. 이처럼 마리아의 섬김은 오직 주님 한 분께만 전부를 드리는 최선의 섬김이었습니다.

이것은 마리아가 주님께 드린 이 헌신이 전부를 드리는 헌신이었음을 보여줍니다. 마리아는 주님께 체면치레나 흉내만 내는 최소한의 헌신이라거나 향유를 다 드리는 최고의 헌신도 아니었습니다. 마리아의 헌신은 옥합까지 깨뜨려 전부를 드린 최선을 다한 헌신이었습니다. 마리아의 헌신을 보신 예수님은 "그는 힘을 다하여 내 몸에 향유를 부어 내 장례를 미리 준비하였느니라"(막 14:8)고 칭찬하셨습니다.

우리는 마리아의 최선을 다한 섬김을 본 받아야 합니다. 주님을 사랑하고 섬기는 일에 우리도 최선을 다해야 합니다. '50% 정도면 되겠지.' '70%만 해도 많이 하는 것 아닌가?', '90% 정도 헌신하면 최고의 헌신이라 할 수 있겠지.' 아닙니다. 우리 주님은 최선을 다해 헌신하며 섬기기를 원하십니다. 우리는 예배생활과 기도생활에도 최선을 다해야 합니다. 전도하는 일과 교회를 섬기는 일에도 최선을 다하고 헌금도 최선을 다해서 해야 합니다. 모든 삶에 있어 최선을 다하여 섬길 때 행복을 누릴 수 있습니다.

인도의 어느 선교사가 이상한 일을 목격했습니다. 갠지스 강가에 한 여자가 서 있었는데 병으로 앓고 있는 갓난아이는 팔에 안았고 다른 건강한 아들은 옆에 서 있었습니다. 그 여자는 오랫동안 그 자리에 서 있었는데 얼마 후에 그 선교사가 다시 와서 보니 그 여자의 옆에 서 있던 건강한 아들이 보이지 않았습니다. 선교사가 그 여자에게 옆에 있던 건강한 아들은 어디 갔느냐고 물었습니다. 그러자 그 여자는 "그 아들을 강에 던져 악어들이 먹게 했다."고 대답했습니다. 그 이유를 묻자 "나의 신(악어)에게 가장 좋은 것을 준 것이다."라고 말했습니다.

세상의 헛된 힌두교를 믿는 인도인들도 그들의 신에게 최선의 것으로 헌신합니다. 무지하고 어리석은 이 여자에게서 우리가 배울 것은 자기가 섬기는 신에게 자신이 할 수 있는 한 최고의 것을 바친다는 것입니다. 한 마디로 자기가 섬기는 신에게 최선을 다해 섬긴다는 것입니다. 그렇다면 우리를 죄악에서 구원하여 천국 백성으로 삼기 위해 십자가에서 피 흘려 죽어주신 존귀하신 주님께 우리는 무엇을 어떻게 바쳐야 하겠습니까? 주님께 최선의 것으로 헌신하고 최선을 다해 섬기는지 자신에게 물어 봅시다.

우리의 옥합을 깨뜨려야 합니다. 주님은 저와 여러분을 위해 가장 귀한 옥합을 깨뜨려 주셨습니다. 목숨까지도 아낌없이 깨뜨려 주셨습니다. 그런데 우리는 아직도 옥합을 움켜쥐고 아까워만 하고 있습니다. 그러면서도 주님께 계속 달라고만 합니다. 우리가 많은 것을 주님으로부터 받았지만 아직도 우리의 옥합을 깨뜨리지 못한 채 계속 달라고만 하지는 않습니까? 자신의 옥합은 깨뜨리지 않은 채 하나님의 옥합만 깨뜨려 달라고 하지는 않습니까? 내가 바칠 수 있는 옥합, 우리가 주님을 위해 깨뜨릴 수 있는 나만의 옥합이 있습니다. 예수님은 말씀하십니다. "네 마음을 다하고 목숨을 다하고 뜻을 다하여 주 너의 하나님을 사랑하라"(마 22:37) 마리아가 행복했던 것은 최선을 다하여 주님을 섬겼기 때문입니다.

우리 모두 마리아처럼 최선을 다해 우리의 옥합을 깨뜨려 섬김으로써 참 기쁨과 행복을 소유하고 살아갑시다.

3. 가장 적절한 시기에 주님을 섬기는 행복이었습니다

마리아는 기회를 놓치지 않고 주님을 섬겼습니다. 마리아는 가장 적절한 시기를 놓치지 않고 주님을 위해 옥합을 깨뜨리는 복을 받았습니다. 그러나 가룟 유다는 마리아가 옥합을 깨뜨려 주님께 바치는 것을 보고 비판을 했습니다. "제자 중 하나로서 예수를 잡아 줄 가룟 유다가 말하되 이 향유를 어찌하여 삼백 데나리온에 팔아 가난한 자들에게 주지 아니하였느냐"(4-5)

한 마디로 왜 이것을 팔아서 가난한 자들에게 구제하지 않느냐는 것입니다. 그러나 예수님의 생각은 달랐습니다. 오히려 마리아를 칭찬하셨습니다. "그를 가만 두어 나의 장례할 날을 위하여 그것을 간직하게 하라 가난한 자들은 항상 너희와 함께 있거니와 나는 항상 있지 아니하리라"(7-8) 이 말씀은 섬길 수 있는 기회를 놓치지 말고 우선순위로 섬기라는 말입니다. 예수님의 말씀은 가난한 사람은 항상 우리 곁에 있으니 언제라도 마음만 먹으면 그들에게 도움을 줄 수 있다는 말입니다. 우리의 형편이 되고 마음만 먹으면 언제든지 가난한 사람들을 구제할 수 있습니다.

우리 교회도 구제하는 성도들이 많습니다. 특별히 구제헌금을 통해서 매달 꾸준히 정기적으로 구제에 동참하는 성도들도 있습니다. 그러나 예수님을 위해 봉사할 기회는 항상 있는 것이 아닙니다. 예수님이 십자가에서 죽으신 후에 치르는 장례는 역사상 단 한 번밖에 없는 사건입니다. 마리아는 그 기회를 놓치지 않았습니다. 예수님이 마리아의 행위에 대해서 말씀하셨습니다. "그를 가만 두어 나의 장례할 날을 위하여 그것을 간직하게 하라"(7) 이 말씀은 '그 여자로 하여금 붓고 남은 향유를 잘 보관했다가 후일에 나(예수님)의 장례 때에 사용하게 하라.' 는 뜻이 아닙니다. '그 여자가 향유를 붓는 행동을 중단시키지 말라. 그 행동은 나(예수님)의 장례를 예비하는 의미가 있다.' 라는 뜻입니다. 마리아는 이 귀하고 값비싼 향유를 지금까지 사용하지 않고 아껴 보관해 오다가 이제 결정적인 순간이 되자 예수님을 위해 깨뜨려 바쳤습니다. 예수님은 이런 마리아의 행위에 의미를 부여해 주셨습니다. 마리아가 향유가 담긴 옥합을 깨뜨린 것은 예수님의 장례를 위해서였습니다.

본문의 사건은 유월절 엿새 전, 즉 예수님이 십자가를 지기 닷새 전의 일이기 때문에 이제 5일 후면 예수님은 십자가에서 죽음을 맞게 됩니다. 마리아는 이 기회를 놓치지 않고 예수님의 장례를 기념하였습니다. 만약 마리아가 이 기회를 놓쳤다면 예수님의 장례를 기념하지 못했을 것입니다. 본문 사건 직후에 가룟 유다가 예수님을 팔기 위한 음모를 시작했기 때문입니다. 마리아는 여성 특유의 직관으로 만일 이런 상황에서 예수님이 돌아가시게 된다면 장례를 제대로 치르지 못할 것으로 판단했을 것입니다. 이 직관 역시 성령께서 그녀의 마음을 감동시켜 깨닫게 하신 것입니다. 마리아는 집으로 달려갔습니다. 그리고 아마 자신의 미래를 위해 예비한 듯한 소중한 자산이었던 고급 향유가 들어 있는 이 옥합을 가지고 와서 예수님께 깨뜨려 부어 드렸습니다. 마리아는 예수님의 장례를 위해 섬길 수 있는 절호의 기회를 놓치지 않았습니다.

여기에서 우리에게 교훈하는 것은 마리아는 기회가 왔을 때 그 기회를 놓치지 않고 섬겼다는 사실입니다. 그리고 마리아는 섬김으로 행복했습니다. 예수님을 위해 가장 적절한 때에 섬길 수 있었다는 것이 기쁘고 행복했습니다. 기회는 항상 있는 것이 아닙니다. 그리고 가장 적절한 기회라 생각되면 놓치지 말아야 합니다. 우리가 헌신하고 싶다고 항상 할 수 있는 것이 아닙니다. 기회가 지나가면 아무리 헌신하고 싶어도 할 수 없을 때가 옵니다. 세상에는 언제라도 할 수 있는 일과 오직 한 번밖에 할 수 없는 일이 있습니다. 우리는 기회를 놓치면 다시는 할 수 없는 일이 있을 때 그 기회를 놓치지 말아야 합니다.

우리 교회는 교회당 건축을 위해 기도하고 있습니다. 이 일은 우리 평생에 단 한 번의 기회일 수도 있습니다. 우리 모두 교회당 건축을 위한 기도운동에 동참해야 합니다. 하루 세 번 1분 이상 교회와 교회당 건축을 위하여 기도하는 이 일에 동참해야 합니다. 교회당 건축을 위한 헌금에도 우리의 옥합을 깨뜨려 섬기는 기회를 놓치지 말아야 합니다. 이 일은 하나님의 나라와 하나님의 영광을 위한 일이며 주 예수 그리스도의 구원 역사를 이 땅에 완성시키기 위한 일이기 때문입니다. 주의 복음을 보다 더 많은 사람들에게 전파하고 우리의 자녀들이 하나님의 역사를 더 잘 이어가게 하기 위한 일이기 때문입니다. 또한 우리의 이웃에게 그리스도의 사랑을 더욱 더 구체적으로 잘 실현하기 위한 좋은 기회이기도 합니다. 우리는 이 섬김의 기회를 놓치지 말아야 합니다. 우리의 옥합을 깨뜨릴 수 있는 기회를 놓치지 말고 주님을 위하여 사용할 줄 알아야 합니다.

크리스천 유머에 이런 이야기가 있습니다. 한 성도가 기도할 때마다 이런 기도를 했습니다. “하나님, 제가 조금만 더 경제적인 여유가 있다면 헌금을 드릴 수 있을 텐데 제게는 그런 여유가 없어요.” 같은 성도가 또 이렇게 기도했습니다. “하나님, 제가 조금만 더 시간이 있다면 시간을 드려 주님과 몸 된 교회를 섬길 텐데 제겐 시간이 없어요.” 그 성도가 또 이런 기도를 했습니다. “하나님, 저에게 조금만 더 재능이 있다면 저도 남들처럼 재능으로 주님을 멋지게 섬기고 싶은데 제게는 그런 재능이 없잖아요.” 그래서 그를 불쌍히 여기신 주님이 어느 날 그에게 ‘조금 더’의 재물과 ‘조금 더’의 시간과 ‘조금 더’의 재능을 주셨다고 합니다. 그런데 하나님이 아무리 기다려도 반응이 없자 어느 날 그에게 주셨던 ‘조금 더’의 재물과 ‘조금 더’의 시간과 ‘조금 더’의 재능을 도로 가져 가셨다고 합니다. 그랬더니 그가 이렇게 기도했다고 합니다. “하나님, 저에게 한 번만 더 옛날처럼 그 ‘조금 더’의 재물과 ‘조금 더’의 시간과 ‘조금 더’의 재능을 주시면 제가 기꺼이 주님을 섬기겠습니다.” 그러자 하나님이 “타임 아웃!” 하셨답니다.

우리는 주님의 은혜에 감사함으로, 그리고 사랑하는 주님을 위해 우리의 옥합을 깨뜨리는 행복을 누립시다. 그래서 주님께 우리의 최선을 다해 섬김으로 오는 행복을 누립시다. 우리는 가장 적절한 때에 주님께 바치는 기회를 놓치지 말아야 합니다. 우리 모두 생전에 주님을 위해 옥합을 깨뜨리는 행복을 누립시다. 아멘.

9유대인의 큰 무리가 예수께서 여기 계신 줄을 알고 오니 이는 예수만 보기 위
함이 아니요 죽은 자 가운데서 살리신 나사로도 보려 함이러라 10대제사장들이
나사로까지 죽이려고 모의하니 11나사로 때문에 많은 유대인이 가서 예수를 믿
음이러라 12그 이튿날에는 명절에 온 큰 무리가 예수께서 예루살렘으로 오신다
는 것을 듣고 13종려나무 가지를 가지고 맞으러 나가 외치되 호산나 찬송하리
로다 주의 이름으로 오시는 이 곧 이스라엘의 왕이시여 하더라 14예수는 한 어
린 나귀를 보고 타시니 15이는 기록된 바 시온 딸아 두려워하지 말라 보라 너
의 왕이 나귀 새끼를 타고 오신다 함과 같더라 16제자들은 처음에 이 일을 깨
닫지 못하였다가 예수께서 영광을 얻으신 후에야 이것이 예수께 대하여 기록
된 것임과 사람들이 예수께 이같이 한 것임이 생각났더라 17나사로를 무덤에서
불러내어 죽은 자 가운데서 살리실 때에 함께 있던 무리가 증언한지라 18이에
무리가 예수를 맞음은 이 표적 행하심을 들었음이러라 19바리새인들이 서로 말
하되 볼지어다 너희 하는 일이 쓸데없다 보라 온 세상이 그를 따르는도다 하
니라 20명절에 예배하러 올라온 사람 중에 헬라인 몇이 있는데 21그들이 갈릴리
벳새다 사람 빌립에게 가서 청하여 이르되 선생이여 우리가 예수를 뵈옵고자
하나이다 하니 22빌립이 안드레에게 가서 말하고 안드레와 빌립이 예수께 가서
여쭈니 23예수께서 대답하여 이르시되 인자가 영광을 얻을 때가 왔도다 24내가
진실로 진실로 너희에게 이르노니 한 알의 밀이 땅에 떨어져 죽지 아니하면
한 알 그대로 있고 죽으면 많은 열매를 맺느니라 25자기의 생명을 사랑하는 자
는 잃어버릴 것이요 이 세상에서 자기의 생명을 미워하는 자는 영생하도록 보
전하리라 26사람이 나를 섬기려면 나를 따르라 나 있는 곳에 나를 섬기는 자도
거기 있으리니 사람이 나를 섬기면 내 아버지께서 그를 귀히 여기시리라

(요한복음 12:9-26)

02

예루살렘 입성과 자신의 죽음을 예고하신 예수 그리스도

나사로를 죽음에서 다시 살리신 예수님께서 예루살렘에 입성하시어 이제 마지막 주간을 이곳에서 보내신 후에 이 땅에 오신 목적을 완성하려고 하십니다. 그리고 예루살렘에 입성하신 예수님은 자신이 십자가에 달려 돌아가실 것을 예고하셨습니다.

1. 다시 살아난 나사로의 간증

나사로가 다시 살아났다는 소식을 들은 많은 사람들이 그를 보려고 베다니로 왔습니다. "유대인의 큰 무리가 예수께서 여기 계신 줄을 알고 오니 이는 예수만 보기 위함이 아니요 죽은 자 가운데서 살리신 나사로도 보려 함이러라"(9)

이제 나사로는 사람들에게 신비스러운 존재가 되었습니다. 다시 살아난 나사로는 예수님의 증인이 되었을 뿐만 아니라 많은 유대인들로 하여금 예수님을 믿게 하는 장본인이 되었습니다. 나사로를 인하여 많은 유대인들이 예수님을 믿게 되었습니다(11). 그 이유는 예수님이 죽은 나사로를 살리심으로 나사로가 예수님의 기적의 주인공이 되었기 때문입니다. 하나님의 신비한 능력이 나사로에게 임하여 썩어서 냄새가 나던 몸이 다시 살아났기 때문입니다. 이제 나사로는 예수님을 증거하는 몸이 되었습니다. 나사로는 아무런 말도 하지 않고 가만히 있어도 그의 몸 자체가 하나님을 증거하는 몸이 된 것입니다. 사람들이 나사로 때문에 예수님을 믿었다는 말씀에는 나사로의 탁월함이나 헌신이나 신앙이나 위대한 능력이나 세상적인 어떤 위치가 아닌 예수님의 능력과 신비를 보았다는 의미가 숨어 있습니다. 사람들은 나사로를 보면서 하나님의 놀라운 은혜와 신비를 볼 수 있었습니다. 나사로의 몸에는 하나님의 영광이 머물고 하나님의 신비가 숨어 있었기 때문입니다.

예수님이 행하신 부활의 능력과 간증이 있는 나사로에게는 그 어느 누구보다 강한 전도의 능력이 있었습니다. 그는 하나님의 영광과 신비를 보여주고 있었습니다. 이 소문이 나자 나사로까지 죽이려고 모의하기에 이르렀습니다. "대제사장들이 나사로까지 죽이려고 모의하니 나사로 때문에 많은 유대인이 가서 예수를 믿음이러라" (10-11)

우리도 나사로처럼 우리의 삶을 통해서 주님의 능력을 보여 주어야 합니다. 만약 사람들이 우리를 보고 '저 사람만 같으면 예수님을 믿겠다.' 고 말한다면 그는 이미 훌륭한 전도인이 된 것입니다. '저 사람 같으면 신앙생활을 하겠다.' 고 결심한다면 그는 이미 부활의 생명을 가지고 있는 성도입니다. 반대로 '저 사람 때문에 예수님을 믿지 않겠다.', '저 사람 같으면 교회에 가지 않겠다.' 고 한다면 그 사람은 예수님의 생명이 있는 성도가 아니라는 증거가 됩니다.

스웨덴의 장애우 가수 레나 마리아(Lena Maria, 1968-)의 이야기입니다. 그는 가스펠 가수이자 국가대표 장애우 수영선수입니다. '88서울장애우올림픽' 에 참가한 바 있으며 그 후에도 몇 차례 우리나라에 와서 콘서트를 한 적이 있습니다. 그의 몸은 태어날 때부터 양 팔이 없고 한쪽 다리는 짧았습니다. 예수님의 능력으로 양 팔이 생기고 짧은 한쪽 다리가 길어진다면 더없이 좋겠지만 그런 기적은 일어나지 않았습니다. 여전히 그 모습 그대로입니다. 그러나 예수님을 모신 그의 마음과 인격은 예수님처럼 변화되었습니다. 정상인 못지 않게 아무런 구김도 없이 항상 기뻐하며 해맑은 미소를 보여 주었습니다. 그런 심령에서 나오는 목소리로 하나님을 찬양하기에 많은 사람들은 그를 가리켜 '천상의 목소리'의 소유자라고 칭송합니다. 한번은 그가 공연을 앞두고 TV에 출연한 자리에서 이런 질문을 받았다고 합니다. "레나, 당신이 그렇게 밝은 이유가 뭐죠?" 그는 망설이지 않고 대답했습니다. "그것은 예수님이 나와 함께 하시기 때문입니다. 예수님은 내 삶을 움직이시고, 내게 필요한 모든 것을 채워주시고, 또 내 곁에서 위로하시며 새 힘을 주시니까요." 여러분은 어떻게 생각하십니까? 이것은 기적이라 할 수밖에 없습니다. 놀라운 인격의 변화도 기적입니다. 하나님은 때때로 이런 방식으로 자신의 영광을 나타내십니다.

우리는 항상 마음속에 예수님의 인격을 담고 살아야 합니다. "너희 안에 이 마음을 품으라 곧 그리스도 예수의 마음이니"(빌 2:5) 그리고 우리의 삶속에 늘 성령의 열매를 맺어야 합니다. "오직 성령의 열매는 사랑과 희락과 화평과 오래 참음과 자비와 양선과 충성과 온유와 절제니 이같은 것을 금지할 법이 없느니라"(갈 5:22-23)

우리도 다시 살아난 나사로처럼 우리를 통해 예수님이 소개되는 삶의 전도자가 되어야 합니다. 아무런 말을 하지 않아도 우리 속에 예수님의 부활의 생명이 있고 부활의 주님과 동행한다면 우리는 훌륭한 전도인으로 살아갈 수 있습니다. 우리가 어디에 있든지 삶 속에서 우리 자신들로 인하여 예수님이 증거되어 많은 영혼들이 예수님 앞으로 돌아오는 역사가 나타나길 바랍니다.

2. 예루살렘으로 입성하시는 예수님

나사로를 부활시킨 예수님이 예루살렘으로 입성하셨습니다. "그 이튿날에는 명절에 온 큰 무리가 예수께서 예루살렘으로 오신다는 것을 듣고 종려나무 가지를 가지고 맞으러 나가 외치되 호산나 찬송하리로다 주의 이름으로 오시는 이 곧 이스라엘의 왕이시여 하더라" (12-13)

예루살렘에 도착하신 바로 그 주간을 '종려주일', '호산나 주일', '고난주간' 등으로 부릅니다. 고난 주간의 첫 날이 '종려주일(棕櫚週日), Palm Sunday)'로 불리는 것은 예수님의 예루살렘 입성 당시에 메시야로 개선하는 왕처럼 오시는 예수님을 환영하는 뜻으로 종려나무 가지를 흔든 데서 유래되었습니다. 한때 '호산나 주일(Dominica Hosanna)'이라고 부르기도 했는데 이 역시 그리스도의 예루살렘 입성 때에 그의 입성을 환영하는 무리가 '호산나'라고 외친 데서 유래된 말입니다. 그리스의 일부 교회에서는 종려주일을 주님께서 영광을 받으신 날로 보아 고난 주간에서 제외하기도 했습니다. 그러나 만왕의 왕이신 성자께서 어린 나귀를 타고 겸손한 인간의 모습으로 입성하심으로써 낮아짐을 보이셨으며, 이는 또한 마지막 주간에 당하실 시련의 시작이란 의미가 있기 때문에 일반적으로 동·서 로마 교회는 종려주일도 고난 주간에 포함시켰습니다. 옛날 서 로마 교회에서는 이날 그리스도의 수난사(受難史)를 낭독했기 때문에 '고난의 주일(Dominica Passionis)' 이라고도 했습니다. 이 외에도 '꽃의 날(Floridum, Dominica Florum)' 이라고 했는가 하면 부활절에 세례를 받기 위해 준비하는 세례 지원자들과 관련하여 '세례 지원자 주일(Dominica Competentium)' 이라고도 했습니다.

예수 그리스도의 예루살렘 입성은 예수님이 인류의 구원을 위해 메시야로 오셨음을 공개적으로 선포하는 동시에 일주일 후에 있을 부활의 승리를 예견한다는 의미에서 중요한 사건이었습니다. 인류의 구속 사역을 위해 고난의 발걸음을 내딛으며 예루살렘으로 입성하신 예수 그리스도 그분은 진정 평화의 왕이요 희생의 왕이요 만왕의 왕이셨습니다. 예수님은 어린 나귀를 타고 예루살렘으로 입성하셨습니다. "종려나무 가지를 가지고 맞으러 나가 외치되 호산나 찬송하리로다 주의 이름으로 오시는 이 곧 이스라엘의 왕이시여 하더라"(13) 백성들은 큰 기대를 가지고 호산나를 외쳤습니다. "호산나 찬송하리로다 주의 이름으로 오시는 이 곧 이스라엘의 왕이시여"

'호산나' 는 '오! 구원해 주시옵소서' 라는 뜻입니다. 구약에서는 여호와께 구원을 구하는 짧은 기도에 사용되었습니다. "여호와여 구하옵나니 이제 구원하소서"(시 118:25)는 구약시대의 초막절 때에 사람들이 제단 주위를 돌면서 외친 환성입니다. 이 축제 때의 기도는 거의 이 말로 시작되었다고 합니다. '호산나' 는 '종려주일(Palm Sunday)' 에 예수님의 마지막 예루살렘 입성을 환영했던 사람들의 환성입니다. 마태복음에서는 '다윗의 자손이여' 라고 기록하고 있습니다. "앞에서 가고 뒤에서 따르는 무리가 소리 높여 이르되 호산나 다윗의 자손이여 찬송하리로다 주의 이름으로 오시는 이여 가장 높은 곳에서 호산나 하더라"(마 21:9) 이스라엘 백성들은 예수 그리스도를 다윗의 혈통을 이은 메시야로 환영했습니다. '다윗의 자손'이란 말은 어떤 사람도 결코 부정할 수 없는 확고한 메시야에 대한 표현으로써 단순히 왕의 후손, 즉 왕족을 가리키는 말이 아니라 구약에서 예언되고 이스라엘 사람들이 오랫동안 대망해 온 메시야가 바로 예수라는 사실을 강조하는 말입니다. 따라서 '호산나 다윗의 자손이여'라는 말은 '메시야 만세'란 뜻으로 유월절 순례자들이 예루살렘에 나아갈 때에 습관적으로 부르던 행렬의 찬송이었습니다.

우리도 우리를 구원하려고 이 땅에 오신 예수 그리스도를 환영해야 합니다. 우리의 삶속에서 항상 예수님을 우리의 왕으로 영접하고 '호산나' 찬송하며 맞아야 합니다.

이때 많은 무리가 예수님을 환영하며 따랐습니다. 그러나 잠시 후 그들은 돌변하여 예수님을 배반하고 십자가에 못 박으라고 소리치고 말았습니다. 우리는 상황에 따라, 그리고 우리의 욕심 때문에 예수님을 배반하는 일이 있어서는 안 됩니다. 우리는 어떤 어려움이 오더라도 처음부터 끝까지 변함없이 주님을 사랑함으로 따라야 합니다. 우리는 끝까지 주님을 배반하지 말고 주님을 우리의 왕으로 모시고 찬양해야 합니다.

예수님은 예루살렘에 입성하실 때 나귀 새끼를 타셨습니다. "예수는 한 어린 나귀를 보고 타시니 이는 기록된 바 시온 딸아 두려워하지 말라 보라 너의 왕이 나귀 새끼를 타고 오신다 함과 같더라 제자들은 처음에 이 일을 깨닫지 못하였다가 예수께서 영광을 얻으신 후에야 이것이 예수께 대하여 기록된 것임과 사람들이 예수께 이같이 한 것임이 생각났더라"(14-16) 예수님은 예루살렘 입성을 앞두고 두 명의 제자를 보내실 때 "마을로 가서 아직 아무도 타 보지 않은 나귀 새끼가 매여 있는 것을 보면 풀어 끌고 오라"고 하셨습니다. 그리고 만일 누가 "너희에게 '왜 이리 하느냐?' 고 묻거든 '주가 쓰시겠다.' 하라."는 말씀도 하셨습니다. 예수님은 그들에게 그렇게 말하면 나귀를 내어 줄 것이라고 덧붙여 말씀하셨습니다. 제자들이 예수님의 말씀대로 하자 그들이 허락하여 나귀를 타고 입성하시게 되었습니다.

예수님이 나귀를 타신 것은 겸손을 나타냅니다. 스가랴 선지자는 나귀 새끼를 타신 예수 그리스도를 겸손한 분으로 묘사하고 있습니다. "시온의 딸아 크게 기뻐할지어다 예루살렘의 딸아 즐거이 부를지어다 보라 네 왕이 네게 임하시나니 그는 공의로우시며 구원을 베푸시며 겸손하여서 나귀를 타시나니 나귀의 작은 것 곧 나귀 새끼니라"(슥 9:9) 예수님은 겸손하게 나귀를 타셨습니다. 예수님의 지상 생애 역시 항상 겸손한 삶이었습니다. 낮은 자의 삶, 고난의 삶을 살다가 마지막에는 십자가를 지는 자리까지 낮아지셨습니다. 우리 주님은 겸손한 왕으로 오셨습니다.

우리도 겸손하신 예수님의 모습을 본 받아야 합니다. 우리의 삶속에서 항상 예수님을 우리의 왕으로 모시고 '호산나' 환영하며 나귀를 타신 주님을 본 받아 늘 겸손한 삶을 살아야 합니다.

3. 주님을 찾아 온 헬라인을 소개시켜 준 빌립과 안드레

유월절에 예루살렘으로 입성하신 예수님을 만나기 위해 헬라인들이 찾아 왔습니다. 당시 이스라엘 전역에는 헬라인들이 더러 살고 있었습니다. BC 336년, 헬라의 알렉산더 대왕에게 정복당한 이스라엘은 로마에 다시 정복될 때까지 오랫동안 헬라의 영향 아래에 있었습니다. 자연스럽게 이스라엘 전역에는 예수님 당시까지도 많은 헬라인들이 흩어져 살게 되었습니다. 그 헬라인 중 몇 사람이 유월절을 맞아 수많은 사람들로 북적거리는 예루살렘에서 놀라운 광경을 목격하게 되었습니다. 어린 나귀 새끼를 타고 입성하시는 예수님을 본 많은 이스라엘 사람들이 종려나무를 흔들며 '호산나'를 외치며 환영하는 모습을 본 헬라인들은 직접 예수님을 뵙고 싶었습니다. 그러나 그들이 예수님을 직접 뵙기란 쉬운 일이 아니었습니다. 왜냐하면 당시 유대인들은 헬라인과 같은 이방인들과는 상종은커녕 인간으로 취급조차 하지 않았기 때문입니다. 그들은 예수님을 만나 뵙고 싶어도 예수님을 직접 찾아갈 수 없었기 때문에 먼저 빌립을 찾아간 것입니다. "명절에 예배하러 올라온 사람 중에 헬라인 몇이 있는데 그들이 갈릴리 벳새다 사람 빌립에게 가서 청하여 이르되 선생이여 우리가 예수를 뵈옵고자 하나이다 하니"(20-21)

헬라인들이 다른 제자들을 다 제쳐놓고 빌립에게로 가서 예수님과의 면담을 주선해 줄 것을 요청했습니다. 그 이유는 빌립이 다른 제자들에 비해 주님을 소개하는데 앞장섰던 사람이기 때문입니다. 요한복음 1장 43-45절을 보면 빌립은 친구 나다나엘을 찾아가 예수님을 소개해 주었습니다. 빌립은 자청해서 나다나엘에게 예수님을 소개하려고 했습니다. 그리고 나다나엘이 "나사렛에서 무슨 선한 것이 날 수 있느냐"고 질문하자 빌립은 일단 "와서 보라"며 나다나엘을 예수님께로 인도했습니다. 이것으로 보아 빌립은 다른 사람들에게 예수님에 대한 소개를 잘 했던 사람이었음을 알 수 있습니다. 아마 이러한 빌립에 대한 소문이 제자들 사이에, 혹은 예수님에 대해 관심이 있는 사람들 사이에 퍼진 듯합니다. 그래서 헬라인들이 다른 제자들이 아닌 빌립을 찾아와 예수님과의 면담을 주선해 주도록 요청한 것으로 보입니다. 헬라인들로부터 요청을 받은 빌립이 즉각 행동에 옮겼습니다. "빌립이 안드레에게 가서 말하고 안드레와 빌립이 예수께 가서 여쭈니"(22) 빌립은 안드레에게 가서 헬라인들이 예수님과의 면담을 요청한다는 것을 말했습니다.

그러면 안드레는 누구입니까? 안드레도 빌립처럼 주님을 소개하는데 앞장섰던 사람입니다. 요한복음 1장 40-42절을 보면 안드레는 예수님의 제자가 된 즉시 제일 먼저 자기의 형제 시몬을 찾아가서 "우리가 메시야를 만났다"고 말한 후 그를 예수님에게로 인도해 왔습니다. 그때 예수님이 시몬에게 말씀하셨습니다. "네가 요한의 아들 시몬이니 장차 게바라 하리라 하시니라(게바는 번역하면 베드로라)"(1:42) 결국 베드로는 안드레의 전도로 예수님을 만날 수 있었고 나중에는 예수님의 제자들 중에서 리더로 섬기는 엄청난 복을 받았습니다.

예수님은 이 말을 들으시고 "인자가 영광을 얻을 때가 왔도다"(23)라고 말씀하셨습니다. 이 말씀은 이방인이 예수님 앞으로 돌아오는 것은 하나님께 영광이 된다는 말입니다. 죄인이 회개하고 돌아와 예수님을 믿게 되는 것이 예수님의 대속의 목적입니다. 한 영혼이 주님께로 돌아오면 예수님이 영광을 받으십니다.

여기서 우리가 배워야 할 것은 안드레도 빌립처럼 예수님을 전하는데 앞장 선 사람이었다는 것입니다. 주님을 위해 앞장서서 일하는 사람이 충성된 사람입니다. 적극적으로 영혼을 주님 앞으로 인도하는 사람이 충성스런 일꾼입니다.

우리도 많은 사람들을 주님 앞으로 인도해야 합니다. 사람들이 우리에게 찾아와서 예수님을 만나고 싶다는 말을 할 수 있는 제자들이 되어야 합니다. 우리 모두 많은 사람들을 주님 앞으로 인도한 빌립과 안드레와 같은 주의 제자들이 다 되도록 기도하며 힘을 씁시다.

4. 한 알의 씨앗이 되어야 합니다

예수님은 헬라인들이 만나 뵙기를 청하자 한 알의 밀알에 대한 위대한 설교를 하셨습니다. 예수님은 설교 때마다 항상 상황에 맞는 적절한 비유를 들어서 말씀하시는 위대하고도 탁월한 설교가였습니다. 들에서는 백합화를 보라고 하셨고 농촌에서는 씨 뿌리는 비유로 말씀하셨습니다. 그런가 하면 바닷가에서는 물고기 잡는 이야기를 하셨습니다. 또한 예수님은 그때 그때 대상에 맞는 설교를 하셨습니다. 무엇보다 예수님의 설교는 쉬웠습니다. 누구나 쉽게 알아들을 수 있는 설교였습니다. 예수님은 어려운 내용도 아주 쉽게 말씀하셨습니다.

"내가 진실로 진실로 너희에게 이르노니 한 알의 밀이 땅에 떨어져 죽지 아니하면 한 알 그대로 있고 죽으면 많은 열매를 맺느니라"(24) 예수님은 한 알의 밀알을 통하여 놀라운 진리를 말씀하셨습니다. 이 말씀은 상관관계의 원칙을 말씀하신 것입니다. 즉 원인이 있기에 결과가 있다는 것입니다. 거두려면 심어야 합니다. 이 한 알의 밀알 설교는 많은 열매를 맺을 수 있는 비결을 말씀하신 것입니다. 여기서 예수님의 '한 알의 밀이 땅에 떨어져 죽지 아니하면 한 알 그대로 있고 죽으면 많은 열매를 맺느니라' 는 말씀은 앞으로 예수님께서 십자가에 못 박혀 죽으심으로 많은 이방인들이 천국으로 들어오게 될 것을 가리키는 비유입니다.

이 말씀은 이사야 53장 10절의 예언이 그대로 성취되었음을 의미합니다. "여호와께서 그에게 상함을 받게 하시기를 원하사 질고를 당하게 하셨은즉 그의 영혼을 속건제물로 드리기에 이르면 그가 씨를 보게 되며 그의 날은 길 것이요 또 그의 손으로 여호와께서 기뻐하시는 뜻을 성취하리로다"(사 53:10) 예수님께서 십자가에서 죽으심으로 많은 영혼이 구원을 받아 영생을 얻게 될 것이라는 말씀입니다. 예수 그리스도의 십자가의 은혜를 믿는 자는 구원을 받습니다. 과거에도 그랬던 것처럼 지금 이 시간에도 이 지구촌 곳곳에서 수많은 사람들이 십자가에 달려 우리 죄를 대속하신 예수 그리스도를 믿음으로 구원받는 역사가 계속 되고 있습니다. 이것은 그리스도께서 십자가에서 자신의 생명을 버리신 결과 나타나는 구원 역사입니다.

우리에게도 예수님처럼 한 알의 밀알이 되는 희생이 필요합니다.

예수님은 말씀하십니다. "자기의 생명을 사랑하는 자는 잃어버릴 것이요 이 세상에서 자기의 생명을 미워하는 자는 영생하도록 보전하리라"(25) 여기서 말씀하시는 것은 희생의 원리입니다. 이 말씀은 그리스도께서 그를 믿는 자들이 지켜야 할 원리를 말씀하신 것입니다. 즉 예수님을 믿는 성도는 자신을 부인하고 그리스도만 따라가야 한다는 말씀입니다. '자기의 생명을 사랑하는 자'는 스스로의 힘으로 자기의 생명을 구원하려고 하는 자를 가리킵니다. 모든 사람들은 자기의 생명을 주님에게 맡기고 그분만 믿고 따라가야 합니다. 그러지 않으면 그들은 생명을 잃게 됩니다. 그러나 주님을 온전히 믿고 주를 위해 자신을 희생하는 사람, 즉 자기의 생명을 미워하는 자는 영생을 받습니다. 예수 그리스도께서 우리를 대신하여 십자가에서 죽으심으로 우리의 영원한 구원을 이루셨으니 우리 역시 우리 자신을 따르거나 자기의 생명만을 사랑하지 말고 예수님만 믿고 따라가야 한다는 말씀입니다. 주님을 믿고 사랑하는 성도는 우리를 위해 십자가에서 죽어주신 주님을 위해 희생도 감수해야 한다는 말씀입니다.

우리 예수님의 관심은 생명입니다. 생명을 더 얻으려면 죽어야 합니다. 아무리 생명이 있는 씨앗이라도 땅에 떨어져 흙에 묻혀야 싹이 나고 성장하여 열매를 맺을 수 있습니다. 생명은 있는데 땅에 떨어지지 않으면 후에는 그 생명조차도 죽고 맙니다. 우리 주님은 높고 높은 보좌를 버리시고 한 알의 밀알이 되어 이 땅에 오셨습니다.

'땅에 떨어져'란 말은 겸손을 의미합니다. 땅은 우리와 함께 있습니다. 세상의 모든 사람은 땅 위에서 살아갑니다. 땅은 모든 사람이

밟고 다닙니다. 밟히고 밟혀도 아무런 반응이 없습니다. 땅은 모든 것을 받아들입니다. 쓰레기나 오물도 말없이 받아들입니다. 햇빛도 받고 비도 맞습니다. 이런 겸손한 땅의 마음에 씨를 뿌리면 60배, 100배의 결실을 맺을 수 있습니다. 생명이 있는 씨앗이 겸손하게 땅에 묻혀야 열매를 맺을 수 있습니다. 동시에 땅에 떨어졌으면 죽어야 합니다. 그때 싹이 나고 성장하여 열매를 맺게 됩니다. 죽는다는 것은 희생이요 헌신입니다.

토인비 박사는 런던대학에서 학생들을 가르칠 때 늘 이렇게 강조했다고 합니다. "역사의 주인공이 되어라. 역사를 창조하는 사람이 되어라." 어떻게 하면 역사를 창조하는 사람이 될 수 있는가에 대한 토인비 박사의 대답은 이렇습니다. "인류 역사를 연구해 보면 시대마다 역사를 빛낸 인물들이 있었다. 그들의 삶의 공통점은 자신이 살고 있는 그 시대를 위하여 자신을 희생 제물로 드렸다는 점이다. 그래서 누구든 그 시대의 역사를 창조하고자 하는 사람은 자신을 희생 제물로 드려라. 한 알의 밀알이 되어라."

우리 자신이 한 알의 밀알이 되어야 합니다. 우리 주님은 우리가 바로 그런 사람이 되기를 원하십니다. 우리는 한 알의 밀알로 살아야 합니다. 그리스도를 위하여 우리가 희생할 줄 아는 한 알의 밀알이 될 때 많은 열매를 맺게 될 것입니다.

우리 주님은 말씀하십니다. "사람이 나를 섬기려면 나를 따르라 나 있는 곳에 나를 섬기는 자도 거기 있으리니 사람이 나를 섬기면 내 아버지께서 그를 귀히 여기시리라"(26) 주님을 따르는 사람이 주님을 섬기는 사람입니다. 그리고 주님을 따르는 사람은 주님과 함께 고난도 받게 됩니다. 그런 사람은 장차 주님과 함께 거하며 하나님 아버지의 사랑을 받게 됩니다. '나 있는 곳에 나를 섬기는 자도 거기 있으리니'란 말씀은 주 예수님을 믿는 성도는 장차 예수님과 함께 천국에서 살게 된다는 말입니다. 그리고 주님을 섬기며 따르는 자는 아버지께서 그를 귀하게 여겨 영화롭게 하실 것입니다. 주님은 제자들에게 주님과 복음을 위하여 고난을 받는 자는 천국에서 영생을 받을 뿐만 아니라 이 세상에서도 100배의 복을 받을 것이라고 약속하셨습니다.

아도니람 저드슨은 1788년 매사추세츠 주의 한 조합교회(Congregational Church) 목사의 아들로 태어났습니다. 어릴적 부터 종교적인 감수성이 있어서 개신교 목사인 아버지가 설교하는 모습을 흉내 내었다고 합니다. 1808년 앤도버 신학교(Andover Theological Seminary) 시절에 그는 신학교 친구들과 선교사가 될 것을 기도로 다짐했습니다. 1810년에 신학교를 졸업한 그는 큰 교회에서 좋은 대우를 받으며 일할 수 있었지만 선교사가 되기 위해 거절했습니다. 1812년 2월 5일, 아내 낸시와 함께 미국 조합교회 소속의 인도 선교사로 임명받아 인도 캘커타에 입국하였으나 동인도회사와의 갈등으로 선교활동을 중단해야만 했습니다. 이때 저드슨은 윌리엄 캐리의 영향으로 침례교로 교파를 옮기게 되었습니다. 1813년에는 당시 선교사가 없던 버마 랭군 지역에 입국하여 카렌족을 대상으로 전도하기 시작했습니다. 아내와 함께 현지인에게 버마어와 문법을 배웠습니다. 1817년에는 신학교에서 배운 라틴어와 그리스어로 마태복음을 번역했습니다. 한 명의 세례교인을 얻기 위해 6년간 전도에 열정을 불태운 결과 1819년에는 첫 현지인 성도인 정원지기에게 세례를 집전하였습니다. 1년 후인 1820년에는 10명의 버마인들이 세례를 받았습니다. 그런가 하면 1820년대 버마와 영국 간의 갈등으로 1년 6개월간 수감되기도 했습니다. 그리고 종교의 자유를 보장해 준다는 조건을 제시한 영국군의 버마어 통역으로도 활동한 바 있습니다. 마침내 선교활동에 지친 아내 낸시와 딸은 병으로 세상을 떠나고 말았습니다. 그는 가족과의 사별이란 아픔으로 인하여 2년간 우울증에 시달려야만 했습니다. 1834년에는 버마 랭군에 교회를 세우고 여성 선교사 사라 보이드맨과 재혼을 했습니다. 1845년에는 선교에 필요한 자금 확보를 위해 미국으로 돌아가던 중에 부인 사라가 병으로 세상을 떠나고 말았습니다. 그는 미국 각지를 다니며 전도에 대해 역설을 했습니다. 그러다가 작가 에밀리 첩보크와 또 결혼을 했으나 그 역시 3년간 버마에서 선교사로 동역하다가 질병을 얻어 1850년에 치료차 미국으로 가는 길에 뱅골 만에서 세상을 떠났습니다. 그리고 그의 시신은 수장되었습니다.

버마의 선교사로서 50년이라는 긴 세월을 선교와 투옥으로 보낸 저드슨 목사가 보스톤으로 돌아왔을 때 1만 여 명의 군중이 그의 설교를 듣기 위해 몰려왔습니다. 그는 늙고 허약해져 혼자의 힘으로는 연단에 오르거나 서 있을 기력조차 없어 의자에 앉지 않으면 안 되었습니다. 그의 입술이 움직이는 것을 볼 수는 있었지만 한 마디도 알아들을 수는 없었습니다. 그러나 청중은 소리를 내어 울기 시작했고 그날 21명의 청년들이 앞으로 나와 외쳤습니다. "버마로 가겠습니다. 저드슨을 대신하여 우리가 전도합시다." 그는 임종 때 이런 말을 했습니다. “나는 지금 수업을 마치고 교실에서 뛰어 나오는 소년처럼 기쁜 마음으로 갑니다. 나는 그리스도 안에서 힘찬 확신을 가졌습니다.” 그리스도를 만날 준비가 되어 있는 사람은 그처럼 행복할 수 있습니다. 그의 선교 결과 버마에는 6만 명의 그리스도인이 태어났으며 전 세계에 흩어진 많은 선교사들에게는 선교의 비전과 용기를 심어 주었습니다.

예수 그리스도는 우리를 위하여 한 알의 밀알이 되어 십자가에서 죽으셨습니다. 예수 그리스도의 겸손과 희생으로 주 예수 그리스도를 믿는 사람마다 구원을 받게 하셨습니다. 우리도 주와 복음을 위하여 한 알의 밀알이 되는 희생을 함으로써 많은 열매를 맺어야 하겠습니다. 아멘.

[27]지금 내 마음이 괴로우니 무슨 말을 하리요 아버지여 나를 구원하여 이때
를 면하게 하여 주옵소서 그러나 내가 이를 위하여 이때에 왔나이다 [28]아버
지여, 아버지의 이름을 영광스럽게 하옵소서 하시니 이에 하늘에서 소리가
나서 이르되 내가 이미 영광스럽게 하였고 또다시 영광스럽게 하리라 하시
니 [29]곁에 서서 들은 무리는 천둥이 울었다고도 하며 또 어떤 이들은 천사가
그에게 말하였다고도 하니 [30]예수께서 대답하여 이르시되 이 소리가 난 것은
나를 위한 것이 아니요 너희를 위한 것이니라 [31]이제 이 세상에 대한 심판이
이르렀으니 이 세상의 임금이 쫓겨나리라 [32]내가 땅에서 들리면 모든 사람을
내게로 이끌겠노라 하시니 [33]이렇게 말씀하심은 자기가 어떠한 죽음으로 죽
을 것을 보이심이러라 [34]이에 무리가 대답하되 우리는 율법에서 그리스도가
영원히 계신다 함을 들었거늘 너는 어찌하여 인자가 들려야 하리라 하느냐
이 인자는 누구냐 [35]예수께서 이르시되 아직 잠시 동안 빛이 너희 중에 있으
니 빛이 있을 동안에 다녀 어둠에 붙잡히지 않게 하라 어둠에 다니는 자는
그 가는 곳을 알지 못하느니라 [36]너희에게 아직 빛이 있을 동안에 빛을 믿으
라 그리하면 빛의 아들이 되리라 예수께서 이 말씀을 하시고 그들을 떠나가
서 숨으시니라

(요한복음 12:27-36)

03

빛의 자녀가 되십시오

예수님이 한 알의 밀알에 대한 설교를 하신 후 하나님께 기도하자

하늘로부터 그리스도를 영화롭게 하겠다는 소리가 들렸습니다. 그리고 예수님의 설교는 계속되었습니다. 예수님은 모인 무리에게 빛의 아들이 되라고 말씀하셨습니다.

1. 하나님께서 예수님의 기도에 응답하셨습니다

"지금 내 마음이 괴로우니 무슨 말을 하리요"(27)

예수 그리스도께서 다가오는 고난을 두려워하셨습니다. "지금 내 마음이 괴로우니"라는 말씀에는 이제 어둡고 음울한 고통의 시간이 다가오고 있다는 의미가 내포되어 있습니다. 예수님의 영혼이 크게 고통할 때가 다가오고 있다는 말씀입니다. 예수님은 우리 영혼의 죄로 인하여 고통을 맛보셨습니다. 예수 그리스도는 우리를 구속하고 구원하기 위해 많은 고난을 받으며 십자가에 달리셨습니다. 자신을 우리의 죄에 대한 희생 제물로 삼으려는 순간 그의 영혼에는 큰 고통이 찾아 왔습니다. 그때 예수님은 이렇게 기도하셨습니다. "아버지여 나를 구원하여 이때를 면하게 하여 주옵소서"(27) 고난이 임하지 않게 해달라는 기도가 아니라 그 고통을 통과할 수 있도록 해달라는 기도였습니다.

우리는 예수님의 기도 속에서 인간적인 감정이 넘치고 있음을 볼 수 있습니다. 인성을 가지고 이 땅에 오신 예수님은 신실하고 열렬한 기도로 성부 하나님께 호소하셨습니다. 그분의 기도에서 아버지 하나님을 바라보며 고민하는 영혼의 모습을 엿볼 수 있습니다. 그러나 예수 그리스도는 자신 앞에 큰 환난과 어려움이 있지만 하나님 아버지의 뜻이 이루어지길 바라셨습니다.

예수님은 “그러나 내가 이를 위하여 이때에 왔나이다”(27)라고 하셨습니다. 이때는 바로 고통의 때를 말합니다. 즉 이 말씀은 십자가를 질 고통의 시각이 가까웠다는 말입니다. 예수님은 바로 이 고난의 때를 잘 아셨습니다. 그리고 자신이 바로 이 고난의 때를 위해 오셨다고 말씀하십니다. 십자가를 질 때가 가까웠음을 아신 예수님은 아버지의 뜻에 자신을 맡기셨습니다. 처음에는 고난을 피하고 싶었지만 곧 ‘하나님 아버지의 뜻대로 행하시옵소서’라고 기도하셨습니다. 인성을 가진 예수님은 십자가의 고난을 피하고 싶었으나 신성을 가진 예수님은 하나님 아버지의 뜻대로 살기를 결심하셨습니다. 예수님은 자신이 당해야 할 십자가의 고난을 피할 수 없다는 것을 아시고 기꺼이 수용하셨습니다. 예수님이 이 땅에 오신 것과 고난을 받으시는 모든 것은 예수님이 자발적 관여하신 것입니다. 만약 고난을 피하신다면 이제까지 행한 모든 것이 다 수포로 돌아갈 수밖에 없습니다. 그래서 예수님은 자신의 고난에 관한 모든 것을 하나님의 뜻에 따르겠다는 말씀입니다. 우리 예수님은 자신이 고난당하는 것이 하나님의 뜻이므로 하나님의 뜻에 복종하며 고난당할 각오를 하셨습니다.

우리도 이 세상에서 믿음생활을 할 때 육신적으로는 어려움과 환난을 피하고 싶어 면하게 해달라고 기도하지만 영으로는 다시 아버지의 뜻대로 해달라고 기도하게 됩니다. 이것이 믿음의 사람이 취해야 할 자세입니다. 우리 모두 주님의 뜻대로 살기 위해 노력하고 애쓰는 믿음의 사람들이 되어야 합니다. 비록 우리 앞에 환난과 어려움이 있고 힘이 들더라도 하나님 아버지의 뜻이 이루어지도록 기도하는 삶이 되어야 합니다.

예수님은 이어서 기도하셨습니다. "아버지여, 아버지의 이름을 영광스럽게 하옵소서"(28) 이 기도는 "아버지여 당신의 뜻이 이루어지옵소서"와 같은 취지의 기도입니다. 왜냐하면 하나님의 뜻은 곧 하나님 자신이 영광을 취하려는 것이기 때문입니다. 즉 이 말씀은 하나님의 영광을 위하여 자신이 고난을 감수하겠다는 뜻입니다. 우리 인생은 하나님께 범죄함으로 인해 하나님의 영광을 손상시켰습니다. 그러나 죄인인 우리 인생은 결코 이 잘못을 배상할 수 없을 뿐 아니라 우리를 대속해 줄 어떤 피조물도 없습니다. 따라서 오직 예수 그리스도만이 우리를 죄악에서 구원해 주시고 십자가에 죽으심으로 하나님의 영광을 다시 회복시킬 수 있습니다. 우리 예수님은 자신이 십자가를 지고 수치를 당하심으로 하나님의 침해된 영예를 회복시켜 주셨습니다. 예수 그리스도는 오직 하나님의 영광만을 위해 살기를 원하셨고, 또 그렇게 되기를 기도하셨습니다. 우리의 삶의 목적도 오직 하나님의 뜻을 이루는 것이 되어야 하고, 또 오직 하나님의 영광만을 위하여 살아야 합니다.

하나님은 예수님의 기도에 즉각 응답하셨습니다. 하나님은 하늘로부터의 소리를 통해 응답하셨습니다. "이에 하늘에서 소리가 나서 이르되 내가 이미 영광스럽게 하였고 또다시 영광스럽게 하리라"(28) 하나님은 그리스도를 통해 이미 그의 이름이 거룩히 여김을 받으셨습니다. 하나님의 이름은 그리스도의 생애에서, 즉 그의 교훈과 기적과 그가 보이신 거룩함과 선함의 모든 행위를 통해서 영화롭게 되셨습니다. 이제 그리스도의 죽음과 고난을 통해 더욱 영화롭게 되실 것입니다. 그의 지혜와 권세, 그의 공의와 거룩함, 그의 진리와 선하심은 이미 큰 영광을 받으셨습니다. 예수님은 십자가에서 파괴된 율법에 대한 변상을 완전히 치르셨습니다. 하나님은 그 보상을 받으셨고 스스로 자신의 만족을 공포하셨습니다. 하나님은 그리스도를 통해 영광을 받으셨습니다.

우리도 예수 그리스도처럼 무엇을 하든지 하나님의 영광을 나타내는 삶을 살아야 합니다. 그리스도를 힘입어 하나님의 이름을 거룩하게 하는 영광에 참여하는 성도들이 되어야 합니다. 이것이 하나님의 소리에 대한 반응입니다.

"곁에 서서 들은 무리는 천둥이 울었다고도 하며 또 어떤 이들은 천사가 그에게 말하였다고도 하니"(29) 하늘에서 음성이 들린 것은 사실입니다. 정확히 천둥이 치는 듯한 소리로 들렸다면 그것은 분명히 하나님의 음성임이 틀림이 없습니다. 혹은 만일 천사들이 그에게 말했다 하더라도 그들은 하나님의 사자들이므로 그 말은 곧 하나님의 말씀임이 분명합니다. 그러나 그들은 하나님의 말씀을 정확하게 알아듣지 못했습니다.

예수님은 말씀하십니다. "예수께서 대답하여 이르시되 이 소리가 난 것은 나를 위한 것이 아니요 너희를 위한 것이니라"(30) 예수님은 그 소리가 전해진 이유를 "나를 위한 것이 아니니 단순히 나를 격려하고 만족시키려고 난 소리가 아니라(그렇다면 그 소리는 그의 귀에 사적으로 속삭여졌을 것이다.) 너희를 위한 것"이라고 말씀하셨습니다. 다시 말하면 "그 소리를 들은 너희 모두가 아버지께서 나를 보내셨음을 믿게 하기 위해서"라는 말씀입니다. 우리 주 예수님과 아버지께서 영광을 받으시는 것에 관련하여 하늘에서 들려온 음성은 우리가 그에게 순복하고 의지하도록 하기 위하여, 즉 우리 때문에 난 것입니다. 다시 말하면 이 소리는 고난을 당하며 주님을 따르는 모든 제자들에게 위로하기 위해서라는 말씀입니다. 그래서 주님으로부터 응답을 받은 제자들은 주님을 위하여 생명을 포기할 수도 있는 큰 위로와 힘을 얻게 되었습니다. 하나님의 영광을 위하여 더 크게 헌신할 수 있게 된 것입니다.

우리도 하나님의 영광을 위해 어떤 어려움이 오더라도 인내하며 믿음으로 헌신함으로써 하나님의 위로와 응답을 받는 삶을 살아야 합니다.

2. 십자가에서 죽으심으로 많은 사람들을 구원하셨습니다

예수님은 이제 자신이 십자가에 달리실 것을 말씀하시며 이 세상을 심판하겠다고 하십니다. "이제 이 세상에 대한 심판이 이르렀으니 이 세상의 임금이 쫓겨나리라"(31)

이 말씀은 예수님 자신이 고난을 받으며 죽으신 후에 나타날 결과를 말씀하신 것입니다. 예수님이 십자가에서 죽으심으로 세상의 죄는 처분되고 마귀의 계획은 파괴됩니다(1:29). 따라서 새로운 영적 질서가 시작되어 마침내 만물이 새롭게 되는 우주적 구원이 임하게 됩니다(계 21:5). 다시 말하면 예수님 자신이 죽으셨다가 부활하신 결과 찾아올 구원 운동의 역사를 진술하는 것입니다.

여기서 '이 세상의 임금' 은 사단을 의미합니다. 사단은 세상의 물질을 이용하여 세상 사람들을 지배하고 있기 때문입니다. 그는 이 세상의 흑암에 대한 지배자입니다. 즉 어두운 세상과 그 안에 사는 '어둠 가운데 행하는 자들' 의 지배자입니다(고후 4:4; 엡 6:12). 예수님의 십자가의 구원 역사로 인하여 죄 문제가 해결됨에 따라 이 세상의 임금인 마귀가 쫓겨날 것입니다. 예수님은 자신의 십자가의 구속 사건으로 인해 마귀의 권세가 무너지고 메시야가 승리할 것을 말씀하시는 것입니다. "여자의 후손은 네 머리를 상하게 할 것이요 너는 그의 발꿈치를 상하게 할 것이니라"(창 1:15)는 예언이 이루어질 것이란 말씀입니다. 마귀는 예수님을 십자가에 달리게 하심으로 이겼다고 생각했겠지만 예수 그리스도는 사흘 만에 다시 부활하심으로 사단의 머리를 치셨습니다. 사단은 예수님의 십자가 사건으로 이미 패배했습니다. 이제 마지막 때가 가까워짐에 따라 날뛰고 있지만 결국 실패하고 말 것입니다. 주 예수 그리스도를 믿는 성도들, 십자가의 보혈로 용서받은 우리는 주의 도우심으로 이 세상의 임금인 마귀를 이길 수 있습니다.

예수님은 계속 말씀하셨습니다. "내가 땅에서 들리면 모든 사람을 내게로 이끌겠노라 하시니 이렇게 말씀하심은 자기가 어떠한 죽음으로 죽을 것을 보이심이러라"(32-33) 예수님의 '내가 땅에서 들리면 모든 사람을 내게로 이끌겠노라' 는 말씀은 자신이 십자가에 높이 달려 못 박혀 죽으실 것을 의미합니다(3:14). 그리고 주님은 속죄의 죽음을 통해서 만국에서 그의 모든 백성을 모으십니다. 예수님은 모든 나라에서 그를 믿을 자들을 모으셨으며 십자가의 보혈을 믿는 모든 사람들이 예수님 안에서 새 생명을 얻게 하셨습니다. 성령께서 영혼들을 주님 앞으로 인도하심으로 거듭나게 하시고 구원받게 하셨습니다.

예수님의 십자가의 죽음이 세상에서 선택된 자들에게는 은혜와 사면의 심판입니다. 그리스도는 십자가 위에서 의로우신 하나님과 죄악된 세상 사이를 중재하셨습니다. 그는 죄를 대속하는 희생 제물이 되셨고, 또 죄인들에게는 구원의 보증이 되셨습니다. 따라서 예수님이 우리의 범죄로 인하여 유죄 판결을 받아 상처를 받음으로써 이 세상을 심판하신 것과 같습니다. 왜냐하면 이 십자가의 죽으심으로 인하여 영원한 의가 유대인들뿐 아니라 온 세상을 위해 들어 왔기 때문입니다(요일 2:1-2; 단 9:24).

이 말씀을 들은 무리의 반응입니다. "이에 무리가 대답하되 우리는 율법에서 그리스도가 영원히 계신다 함을 들었거늘 너는 어찌하여 인자가 들려야 하리라 하느냐 이 인자는 누구냐"(34) 이들은 하늘로부터의 음성을 들었고, 또 그리스도로부터 직접 은혜로운 말씀을 들었지만 그들은 예수님을 반대했습니다. 그들은 "영원한 제사장"이 되시며(시 110:4), "그의 왕위를 하늘의 날과 같게 하리로다"(시 89:29), "영원한 장수로소이다", "그의 나이가 여러 대에 미치게 하시리이다"(시 21:4; 61:6)라는 말씀을 인용하여 메시야가 죽지 않을 것으로 알고 있었습니다.

이들은 성경을 많이 알면서도 예수 그리스도가 고난 받아야 한다는 그 말씀에 대해서는 전혀 무지한 자들이었습니다. 이들은 가장 중요한 핵심을 놓치고 말았습니다. 성경의 다른 부분은 많이 알아도 예수 그리스도에 대해서 모른다면 그것은 성경을 모르는 것이나 마찬가지입니다. 이들은 그리스도께서 영광을 받으시는 것만 생각하고 고난 받으실 것, 즉 십자가에서 들려질 것에 대해서는 알지 못하는 실수를 범했습니다. 이들은 예수 그리스도의 가르침에 혼란이 왔습니다. 그리스도께서 십자가에 못 박혀 죽으실 것이라고 했는데 의외로 그가 영화롭게 되실 것을 말씀하셨을 뿐 아니라 땅에서 들릴 것이며 모든 사람들을 자기에게로 이끌 것이라고 말씀하셨기 때문입니다.

그러나 유대인들은 예수님이 하신 말씀의 역설적인 면을 이해하지도 믿지도 못했습니다. 그것은 그들의 마음이 완악해졌기 때문입니다. 그래서 그들이 "이 인자는 누구냐?"고 물었습니다. 그들이 이 질문을 한 것은 가르침을 받기 위해서가 아니라 지금까지 그를 향하여 빈정거리고 모욕하면서 훼방했던 것처럼 또 다른 비난거리를 찾기 위해서였습니다. 이들이 말하고자 하는 핵심은 이렇습니다. "너는 인자가 죽어야 한다고 말하지만 우리가 알기로는 메시야는 죽임을 당하실 분이 아니다. 그렇다면 네가 어찌 메시야라고 할 수 있느냐? 자칭 인자라고 하는 네가 메시야일 수 없다면 이제 네가 누구를 사칭하려고 하느냐?"

오늘날에도 하나님의 말씀을 온전히 믿지 않고 자신의 생각대로만 믿는 사람들이 있습니다. 예수님을 자기들이 정해 놓은 틀 안에서만 믿는 사람들입니다. 성경은 전체를 보아야 합니다. 그런데 성경을 부분적으로만 믿고 순종하는 사람들도 있습니다. 이들은 그리스도를 오해하며 바로 믿지를 못합니다. 그러나 우리는 성경을 바로 믿어야 합니다. 그리스도의 영광도 믿어야 하고 고난도 믿어야 합니다. 십자가도 믿어야 하고 부활도 믿어야 합니다. 우리는 성경 전체를 믿고 순종해야 합니다.

예수님은 자신을 비방하며 불신하는 그들의 질문에 대답하지 않으셨습니다. 그러나 악을 도모하고자 애쓰는 무리에게는 상냥하게 타이르셨습니다.

여기서 우리는 자신을 반대하는 자들을 대하신 예수님의 방법을 배워야 합니다. 예수님은 자신을 거역한 자들을 온유함으로 대하셨습니다(딤후 2:25). 그리고 그들과 쓸데없는 논쟁을 하지 않고 피하셨습니다. 불신앙으로 악의적인 감정으로 대하는 그들과 소일할 시간도 없으셨지만 촌음도 낭비할 수가 없었기 때문입니다. 우리도 불신앙적인 일에 적대감을 가지고 싸우려는 사람들에게도 예수님처럼 온유하게 대하고 피함으로써 우리의 귀중한 정신과 시간을 헛된 일에 낭비하지 말아야 합니다.

3. 빛의 아들이 되라고 말씀하셨습니다

예수님이 이 땅에 머무시는 동안 복음을 전할 시간이 있었는데 그것은 예수님의 특권이었습니다. 그러나 그 기간은 잠깐이었습니다. "예수께서 이르시되 아직 잠시 동안 빛이 너희 중에 있으니 빛이 있

을 동안에 다녀 어둠에 붙잡히지 않게 하라 어둠에 다니는 자는 그가는 곳을 알지 못하느니라"(35)

여기서의 '잠시 동안' 은 예수님을 믿을 기회를 말합니다. 기회는 언제나 잠깐입니다. 사실상 기회라는 것은 사람이 당면한 그 현재밖에 없습니다. 미래를 자기의 시간이라고 할 수 없습니다. 미래는 우리에게 감추어져 있습니다. 미래의 기회는 우리의 것이 될 수도 있지만 안 될 수도 있습니다. 따라서 우리에게 주어진 기회는 현재 뿐임을 알아야 합니다. 그러나 사람들은 기회가 잠깐이라고 생각하지 않기 때문에 시간을 낭비하게 됩니다. 공부하는 학생의 기회도 그때뿐입니다. 나중에 천천히 하겠다고 공부할 시기를 미루면 후회하게 됩니다. 신앙생활도 기회가 오면 천천히 하겠다며 청년의 시절을 나태하게 보낸다면 그것은 자신을 속이는 일이 됩니다. 우리가 섬기고 봉사할 수 있는 기회는 잠시 뿐임을 기억하여 시간을 잘 활용하는 지혜로운 성도들이 되어야 합니다.

특별히 우리는 빛 되신 예수 그리스도를 믿어 빛의 아들이 되어야 합니다. "너희에게 아직 빛이 있을 동안에 빛을 믿으라 그리하면 빛의 아들이 되리라 예수께서 이 말씀을 하시고 그들을 떠나가서 숨으시니라"(36) 빛 되신 예수 그리스도를 믿는 일은 무엇보다 중요합니다. 예수님이 육신으로 세상에 계셨던 시기는 단 한 번 팔레스틴에서 뿐입니다. 그런데 그때의 유대인들은 그를 배척했습니다. 이것은 그들의 인생에서 최대의 실수요 천재일우의 귀한 기회를 놓친 안타까운 일이 아닐 수 없습니다. 그들은 예수님을 믿고 영원한 생명을 얻을 수 있는 기회를 놓친 것입니다. 유대인들은 그 기회를 붙잡았어야 했고 그분을 믿었어야 했습니다. 그 기회를 놓친 그들은 어둠속에서 살다가 심판의 곳으로 들어가고 말았습니다. 너무도 안타까운 일입니다. 그래서 예수님은 "너희에게 아직 빛이 있을 동안에 빛을 믿으라"고 두 번이나 역설(力說)하신 것입니다. 예수님은 우리의 태양이시며 빛이시지만 십자가의 죽음으로 그 빛을 잠시 잃게 되므로 빛이 있을 동안에 그 빛을 믿으라고 하십니다. 그런데도 유대인들은 빛 되신 예수님을 배척했습니다. 빛이 그들과 함께 거한 것은 잠시였습니다. 예수 그리스도는 곧 그들을 떠나시게 되고 그 후에는 그들의 유대교회는 붕괴되고 하나님의 나라는 그들에게서 사라질 것이며 맹목과 무지가 이스라엘을 지배하게 될 것입니다. 그러므로 빛 되신 예수 그리스도를 소유할 동안에 이 특권을 최대한 활용해야 합니다. 우리는 빛이 있을 동안에 빛을 충분히 활용해야 합니다.

우리 성도들은 빛 되신 예수 그리스도를 믿는 빛의 자녀들입니다. 어둠의 자녀가 아니라 빛의 자녀이기 때문에 우리는 빛의 자녀답게 살아야 합니다. 하나님을 아버지로 섬기는 자들은 빛의 자녀들입니다. 위로부터 태어난 빛의 자녀들은 하늘의 상속인들입니다. 그러므로 빛 되신 주 예수 그리스도를 믿는 빛의 아들은 복음의 빛, 즉 예수 그리스도를 믿습니다.

우리는 빛 되신 그리스도의 복음을 믿고 따라야 합니다. 복음은 빛 되신 예수 그리스도에 대한 계시이기 때문입니다. 그리스도의 복음에 기록된 그대로 믿어야 합니다. 우리는 오직 빛 되신 주님의 말씀을 믿되 전적으로 믿어야 합니다. 그리고 우리는 복음의 안내를 따라야 합니다. 예수 그리스도는 우리를 빛 가운데로 안내하는 안내자이십니다.

어떤 한 사람이 크리스마스이브에 숲속을 산책하고 있었습니다. 어둠이 내리고 적막이 가득한 겨울 숲속의 차갑고 무거운 눈이 나무들을 얼어붙게 했습니다. 참으로 마음이 무거운 밤이었습니다. 전나무가 울창하게 들어서 있지만 하나 같이 눈의 무게를 이기지 못해 탄식하는 듯 힘들어 하고 있었습니다. 밤이 되자 온 숲속이 적막과 죽음의 기운으로 가득했습니다. 그런데 어디선가 달빛이 스며들더니 전나무에 쌓인 눈들이 그 달빛에 반사되면서 빛을 발하기 시작했습니다. 실로 아름다운 광경이 펼쳐졌습니다. 그 달빛에 온 숲이 잠에서 깨어나 노래하는 듯했습니다. '달이 솟아오르기 전후가 어찌 이리 다를 수 있단 말인가!' 이 사람은 큰 깨달음을 안고 산길을 내려왔습니다. '달빛을 받을 때 빛을 발산하는 전나무들처럼 나의 인생도 예수님의 빛을 받을 때 비로소 빛을 발산하게 되는구나!' 가족들에게 이 사실을 실감나게 알리고 싶었습니다. 그래서 전나무 한 그루를 베어 집으로 가지고 왔습니다. 가지마다 촛불들을 매달아 빛이신 예수님의 탄생을 상징하고 싶었습니다. 이것이 크리스마스트리의 시작입니다. 이 사람이 바로 종교개혁을 주도했던 마틴 루터입니다.

예수님은 이 땅에 있는 우리 속에 찾아오신 빛이십니다. 빛 되신 예수님을 우리 마음속 깊이 영접해야 합니다. 그 풍성하고 놀라운 빛을 여러분의 영혼 깊숙이 충만하게 받아들이십시오. 빛 되신 예수님의 자녀로 살아가면 어둠과 질병과 고통과 원망이 물러가게 됩니다.

우리는 빛 되신 예수님을 온전히 믿어야 합니다. 빛 되신 예수님의 자녀답게 주님의 인도하심을 받으며 살아가는 우리 모두가 되길 바랍니다. 아멘.

37이렇게 많은 표적을 그들 앞에서 행하셨으나 그를 믿지 아니하니 38이는 선
지자 이사야의 말씀을 이루려 하심이라 이르되 주여 우리에게서 들은 바를
누가 믿었으며 주의 팔이 누구에게 나타났나이까 하였더라 39그들이 능히 믿
지 못한 것은 이 때문이니 곧 이사야가 다시 일렀으되 40그들의 눈을 멀게 하
시고 그들의 마음을 완고하게 하셨으니 이는 그들로 하여금 눈으로 보고 마
음으로 깨닫고 돌이켜 내게 고침을 받지 못하게 하려 함이라 하였음이더라
41이사야가 이렇게 말한 것은 주의 영광을 보고 주를 가리켜 말한 것이라 42그
러나 관리 중에도 그를 믿는 자가 많되 바리새인들 때문에 드러나게 말하지
못하니 이는 출교를 당할까 두려워함이라 43그들은 사람의 영광을 하나님의
영광보다 더 사랑하였더라 44예수께서 외쳐 이르시되 나를 믿는 자는 나를 믿
는 것이 아니요 나를 보내신 이를 믿는 것이며 45나를 보는 자는 나를 보내신
이를 보는 것이니라 46나는 빛으로 세상에 왔나니 무릇 나를 믿는 자로 어둠
에 거하지 않게 하려 함이로라 47사람이 내 말을 듣고 지키지 아니할지라도
내가 그를 심판하지 아니하노라 내가 온 것은 세상을 심판하려 함이 아니요
세상을 구원하려 함이로라 48나를 저버리고 내 말을 받지 아니하는 자를 심판
할 이가 있으니 곧 내가 한 그 말이 마지막 날에 그를 심판하리라 49내가 내
자의로 말한 것이 아니요 나를 보내신 아버지께서 내가 말할 것과 이를 것을
친히 명령하여 주셨으니 50나는 그의 명령이 영생인 줄 아노라 그러므로 내가
이르는 것은 내 아버지께서 내게 말씀하신 그대로니라 하시니라

(요한복음 12:37-50)

04

세상을 구원하러 오신 예수님

예수님은 세상을 구원하려고 오셨습니다. 구원은 주 예수 그리스

도를 믿어야 가능합니다. 그러나 유대인들은 믿지 않았습니다. 그들의 조상들로부터 이미 배우고 구약 성경에 예언된 메시야를 믿지 않았습니다.

오늘날에도 예수님을 믿지 않으면 구원받을 수 없습니다. 예수님은 우리를 구원하려고 이 세상에 오셨습니다.

1. 유대인들의 불신앙

유대인들은 예수님이 행하신 많은 표적을 보고도 믿지 않았습니다. "이렇게 많은 표적을 그들 앞에서 행하셨으나 그를 믿지 아니하니"(37)

요한복음에는 예수님께서 유대인들의 불신앙을 단식하는 내용이 나옵니다. 예수님이 많은 표적을 행하신 것은 인간의 호기심을 일으키려는 것이 아니라 자신의 메시야이심을 증거하는 하나의 표적, 즉 증표로 보여주신 것입니다. 문제는 예수님이 많은 표적을 행하셨지만 그들이 믿지 않았다는 것입니다. 그처럼 많은 표적들을 보았음에도 불구하고 그들이 믿지 않았으니 그들 자신들에게 죄책이 돌아갈 수밖에 없습니다.

"이는 선지자 이사야의 말씀을 이루려 하심이라 이르되 주여 우리에게서 들은 바를 누가 믿었으며 주의 팔이 누구에게 나타났나이까 하였더라"(38) 이 말씀은 이사야 53장 1절의 인용으로 그리스도를 믿는 자들의 수효가 많지 않을 것이란 말입니다. 여기서의 '주의 팔'은 주님의 능력, 곧 사람의 마음의 눈을 열어 복음을 깨닫게 하시는 능력을 가리킵니다. 그때에는 예수님을 믿는 자들이 그다지 많지 않았습니다. 이사야 선지자의 예언이 그대로 성취된 것입니다. 유대인들은 주의 팔이 나타나고 메시야에 대해 들었지만 믿지 않았습니다. 보고도 믿지 않은 것입니다.

"그들이 능히 믿지 못한 것은 이 때문이니 곧 이사야가 다시 일렀으되 그들의 눈을 멀게 하시고 그들의 마음을 완고하게 하셨으니 이는 그들로 하여금 눈으로 보고 마음으로 깨닫고 돌이켜 내게 고침을 받지 못하게 하려 함이라 하였음이더라"(39-40) 이 말씀의 뜻은 하나님께서 선한 인간들을 강퍅하게 만드셨다는 말이 아닙니다. 이것은 인간이 하나님을 반역했기 때문에 하나님께서 그들을 악화되는 대로 그냥 버려두셨다는 의미입니다. 그런데 이 말씀에는 유대인들이 예수님을 배반하고 반역하는 것 역시 하나님의 거룩하신 계획에 들어 있다는 의미도 포함되어 있습니다. 그러나 유대인들이 완악하게 되어 믿지 못하는 것은 그들 자신들이 받아야 할 죄책입니다.

여기서 우리는 구원은 하나님의 주권적인 은혜임을 알 수 있습니다. 우리가 구원받는 것은 전적으로 하나님의 주권에 달려 있습니다. 하나님은 구원받을 자를 창세 전에 선택하셨다가 때가 되어 불러주셔서 회개하고 예수님을 믿게 하심으로 구원을 선물로 주셨습니다. 그런데 부름을 받는 사람도 있지만 받지 못하는 사람도 있습니다. 똑 같이 말씀을 듣고 초청을 받아도 믿는 사람이 있는가 하면 믿지 않는 사람도 있습니다. 이것은 하나님의 주권적인 역사입니다. 우리가 회개하여 예수님을 믿고 천국을 확신하는 것은 하나님의 은혜로 되는 것입니다.

유대인들이 예수님의 많은 표적을 보고 말씀도 들었지만 믿지 않는 것은 그들이 선택을 받지 못했기 때문입니다. 그러므로 우리가 예수 그리스도를 구주로 믿고 그의 말씀을 그대로 믿는 것은 전적으로 하나님의 은혜임을 알고 감사하며 살아야 합니다.

그런데 관리들 중에서 예수님을 믿는 사람들이 나타났습니다. "관리 중에도 그를 믿는 자가 많되"(42) 여기서 '관리'들은 산헤드린 공의회의 지도층 인물들을 가리킵니다. 그들은 세상의 영광에 사로잡혀 있는 사람들입니다. 권세를 가지고 높은 자리에 앉아 있는 사람들은 그다지 부러울 것이 없는 사람들입니다. 이들은 어려운 일을 하지 않으려는 경향이 있습니다. 몸조심을 하는 소위 복지부동의 사람들입니다. 그런데 그런 관리들 중에 예수님을 믿는 사람들이 많다는 것은 놀라운 일입니다. 그들이 예수님을 메시야로 믿었다는 말입니다. 여기서 하나님께서 택한 백성들은 우리가 생각하지 못하는 곳곳에 있다는 사실을 알 수 있습니다.

악한 아합 왕과 이세벨이 하나님의 선지자들을 박해하고 죽이는 살벌한 궁중 안에 있는 그의 왕궁을 맡은 오바댜는 믿음이 좋은 신자였습니다. 그는 그의 지위를 이용해서 하나님의 선지자 100명을 50명씩 나눠 굴에 숨겨서 음식을 제공하며 보호해 준 훌륭한 믿음의 사람이었습니다. 원수의 소굴에도 하나님의 백성이 있었습니다. 로마 제국이 기독교를 무섭게 박해할 때도 로마 황제의 가족들 중에 예수님을 믿는 사람들이 있었습니다. 그들이 교회에 힘이 되어 주고 보호해 주는 일도 했습니다. 이것은 전적으로 하나님의 주권적인 은혜입니다.

예수님을 믿는 관리들은 많았지만 공개적으로는 신앙을 고백하지 못했습니다. 그 이유를 성경은 이렇게 말씀합니다. “바리새인들 때문에 드러나게 말하지 못하니 이는 출교를 당할까 두려워함이라”(42) 그들이 신앙을 공적으로 고백하지 않았다는 것은 그들의 믿음이 약하다는 증거입니다. 예수님을 믿는다고 신앙을 고백하면 유대교로부터 출교를 당할 수 있다는 불안감 때문이었습니다. 한번 신앙이 약해지면 계속 약해질 수밖에 없습니다. 베드로의 경우 예수님을 모른다고 한번 부인하기 시작하자 계속해서 세 번이나 부인하고 말았습니다. 우리도 경계해야 합니다.

관리들이 자신의 신앙을 드러내지 못한 이유를 성경은 이렇게 정의하고 있습니다. “그들은 사람의 영광을 하나님의 영광보다 더 사랑하였더라”(43) 그들은 하나님의 영광보다 사람의 영광을 더욱 사랑했기 때문입니다. 진정 하나님을 사랑하는 성도라면 인간의 칭찬이나 영광이 아닌 하나님의 칭찬과 영광을 찾아야 됩니다. 요한 칼빈은 이렇게 말했습니다. “하나님의 판단보다도 사람의 박수를 택하는 것은 어리석다고 하기보다 차라리 짐승과 같은 행동이라고 할 수 있다.”

사람이 명예를 탐하면 명예의 종이 됩니다. 이런 사람은 혹 의를 행하다가도 명예를 위한 일이라면 언제라도 중단합니다. 하나님을 믿는 백성이 경계해야 할 것 중에 하나는 바로 하나님보다 세상의 명예를 좋아하는 것입니다. 하나님은 그의 종들 중에서 명예주의에 속한 자를 버리십니다.

부흥사 D.L. 무디(Moody)가 언제나 자신을 감추고 명예를 좋아하지 않았던 것도 그가 하나님께 쓰임을 받은 이유 중에 하나라고 합니다. 그는 가능하면 자신의 말보다 다른 사람의 말을 인용하는 것을 좋아했고 강단에도 최대한 다른 사람들을 내세웠다고 합니다. 자신의 명예를 드러내지 않고 다른 사람들을 세워주었다는 말입니다. 이것이 겸손입니다. 겸손은 참 신자의 모습입니다. 우리는 어디에서나 누구 앞에서라도 담대하게 신앙을 고백할 수 있어야 합니다. 그리고 항상 자신의 영광보다 하나님의 영광을 나타내는 삶을 살아야 합니다.

우리는 자신의 영광보다 하나님의 이름과 그의 영광을 위해서 살아야 합니다. 우리가 비록 고난을 당하고 손해를 보더라도 담대하게 그리스도를 고백하며 하나님의 영광을 나타내는 삶을 살아야 합니다.

2. 예수님은 우리를 구원하려고 이 세상에 오셨습니다

예수님은 유대인들에게 구원의 메시지를 선포하신 후에 믿음을 권고하셨습니다. "나를 믿는 자는 나를 믿는 것이 아니요 나를 보내신 이를 믿는 것이며 나를 보는 자는 나를 보내신 이를 보는 것이니라"(44-45)

이 권고의 내용은 예수님은 하나님과 사람 사이의 중보자란 말씀입니다. 예수님을 믿는 것이 곧 하나님 아버지를 믿는 것이라고 하셨습니다. 요한복음의 특징 중에 하나는 예수 그리스도는 하나님께서 보내신 자, 즉 중보자라는 것입니다. 예수님은 하나님이십니다. 그러므로 예수님을 믿는 것은 바로 하나님을 믿는 것이며 예수님을 본 사람은 하나님을 본 것입니다. 왜냐하면 예수님과 하나님은 하나이시기 때문입니다.

제자 빌립이 "주여 아버지를 우리에게 보여 주옵소서 그리하면 족하겠나이다"(14:8) 하고 말하자 예수님이 말씀하셨습니다. "빌립아 내가 이렇게 오래 너희와 함께 있으되 네가 나를 알지 못하느냐 나를 본 자는 아버지를 보았거늘 어찌하여 아버지를 보이라 하느냐 내가 아버지 안에 거하고 아버지는 내 안에 계신 것을 네가 믿지 아니하느냐 내가 너희에게 이르는 말은 스스로 하는 것이 아니라 아버지께서 내 안에 계셔서 그의 일을 하시는 것이라 내가 아버지 안에 거하고 아버지께서 내 안에 계심을 믿으라 그렇지 못하겠거든 행하는 그 일로 말미암아 나를 믿으라"(14:9-11) 예수님은 이 말씀을 통해 하나님과 자신이 하나임을 강조하셨습니다. 예수님과 하나님은 하나입니다. 그것을 우리는 '신인 양성'이라고 합니다. 우리 예수님은 하나님인 동시에 사람이란 말입니다. 예수님은 하나님의 아들로 이 세상에 오셨습니다. 하나님이신 예수님이 인간의 몸을 입고 오신 이유는 죄가 없으신 하나님만이 우리 인간의 죄를 용서해 주실 수 있기 때문입니다. 인간은 모두가 다 죄인이기 때문에 스스로 의롭게 할 수 없을 뿐더러 죄인이 죄인의 죄를 구속해 줄 수도 없습니다. 그래서 죄가 없으신 하나님이 인간의 몸을 입고 이 세상에 오셔야만 했습니다. 그분이 바로 예수 그리스도이십니다.

예수님은 하나님으로 인간의 몸을 입고 이 세상에 오시어 십자가에서 죽으시고 우리를 죄악에서 구원하신 하나님이십니다. 그러므로 예수님을 본 사람은 하나님을 본 것이며 예수님을 믿는 사람은 하나님을 믿는 사람입니다. 예수님은 자신이 세상의 빛으로 오셨다고 말씀하십니다. "나는 빛으로 세상에 왔나니 무릇 나를 믿는 자로 어둠에 거하지 않게 하려 함이로라"(46) 하나님은 그리스도를 통해서 자신의 모습을 나타내 보이셨습니다. 하나님 본체의 형상을 그리스도에게, 즉 "그리스도의 얼굴에 있는 하나님의 영광을 아는 빛"(고후 4:6) 속에 자신을 나타내셨습니다. 예수님은 빛으로 이 세상에 오신 하나님이십니다.

"나는 빛으로 세상에 왔나니"란 말씀은 그리스도의 성격을 말씀해 주고 있습니다. 예수님은 세상의 빛입니다. 이 말씀 속에는 태양이 아침에 떠오르기 전에도 이미 존재했던 것처럼 그리스도께서 이 세상에 오시기 전에도 이미 빛으로 존재하셨다는 의미가 함축되어 있습니다. 물론 예언자들과 사도들이 세상에 빛을 비추고 있었지만 위에 있는 세계, 즉 천국에서 빛으로 존재하다가 세상에 빛으로 오신 분은 오직 예수 그리스도뿐입니다(3:19).

예수님이 이 세상에 빛으로 오신 목적을 성경은 이렇게 증거합니다. "무릇 나를 믿는 자로 어둠에 거하지 않게 하려 함이로라"(46) 그리스도인들은 빛 되신 그리스도 안에 있으면 그리스도의 빛을 받아 더 이상 어두움 속에 머물 필요가 없습니다. 우리가 그리스도를 만나기 전에는 죄악의 어두움 속에서 죄를 지으며 살았습니다. 그러나 이제는 예수 그리스도께서 이 세상에 오심으로 빛을 보게 되었습니다. 그러므로 우리는 빛 되신 예수 그리스도 안에서 빛의 자녀가 되었습니다. 빛 되신 예수님은 어두운 죄악 중에서 우리를 구원하러 오셨습니다.

빛 되신 예수님은 우리를 구원하십니다. "사람이 내 말을 듣고 지키지 아니할지라도 내가 그를 심판하지 아니하노라 내가 온 것은 세상을 심판하려 함이 아니요 세상을 구원하려 함이로라"(47) 예수님은 우리가 심판받는 것을 원치 않으십니다. 그래서 이 세상의 모든 사람들을 구원하려고 이 땅에 빛으로 오셨습니다. 누구라도 주 예수 그리스도를 믿으면 구원받아 하나님의 나라, 영원한 천국에 들어갈 수 있게 하셨습니다. 예수님은 이 세상에 구원을 주시려고 오신 우리의 주님이십니다. 빛 되신 예수님을 만난 사람이라면 누구나 예수님의 빛을 받아 그 빛을 비추며 살아야 합니다.

미국의 정치가였던 벤자민 프랭클린은 자기가 사는 필라델피아 시민들에게 선한 일을 하려고 마음을 먹었습니다. 그래서 그는 예쁜 등을 하나 준비해서 대문 앞에 선반을 만들어 그 위에 올려 놓았습니다. 그러자 동네 사람들이 이상하게 생각했습니다. 등불은 집 안에 두는 것으로 알았기 때문에 집 밖에 두는 것은 낭비라고 생각했습니다. 그러나 한 주가 지나고 한 달이 지나자 사람들은 뭔가 깨닫기 시작했습니다. 집 밖에 등불을 밝혀둔 후로는 밤길을 가는 사람들이 넘어지지 않을 뿐더러 멀리서도 방향을 알 수 있었습니다. 그래서 이것을 좋게 생각한 사람들이 하나 둘씩 집 밖에 등불을 놓기 시작했습니다. 그러자 길거리가 환하게 되었습니다. 이것이 오늘날 가로등을 설치하게 된 계기가 되었습니다. 만약 길거리에 가로등이 없다면 어떻게 되겠습니까? 얼마나 캄캄하고 어둡겠습니까? 세계적으로 가로등을 설치하게 된 것은 벤자민 프랭클린이라는 한 사람이 이웃을 위해 집 밖에 등불을 밝히면서 부터입니다. 한 사람의 선한 행동이 많은 사람들에게 감동과 감화를 준 것입니다.

우리는 빛 되신 예수님의 빛을 받아 어둠 속에 다니지 말고 빛을 비추는 삶을 살아야 합니다. 빛 되신 예수님은 우리를 영원한 빛으로, 그리고 하나님의 나라 천국으로 인도하십니다. 이 세상에서도 빛 되신 예수님은 어두움을 물리치고 주위를 아름답게 변화시켜 주십니다. 우리는 이웃들에게 희망과 기쁨을 주는 빛 되신 예수님을 소개해야 합니다.

우리는 어디에서 무엇을 하든지 항상 빛 되신 예수님과 동행하면서 예수님의 빛을 받아 그 빛을 비추며 살아야 합니다.

3. 심판이 있습니다

우리를 구원하시려고 이 세상에 빛으로 오신 예수님은 우리가 그를 믿기만 하면 누구든지 구원을 받게 하셨습니다. 그러나 예수 그리스도를 믿지 않고 그분의 말씀을 믿지 않는 사람은 구원을 받을 수 없습니다. 주 예수님을 저버리고 그분의 말씀을 받아들이지 않는 사람에게는 반드시 심판이 있습니다. 성경은 증거합니다. "나를 저버리고 내 말을 받지 아니하는 자를 심판할 이가 있으니 곧 내가 한 그 말이 마지막 날에 그를 심판하리라"(48)

'그리스도의 말씀을 듣고도 믿지 않는' 자들은 장차 심판을 받게 됩니다. 복음을 듣지 못하여 믿음을 가질 수 없었던 사람들이 아니라 복음을 듣고도, 또는 들을 기회가 있었는데도 이를 거절한 사람들입니다. 세상의 모든 사람은 그들이 받은 빛에 의하여 심판을 받게 될 것입니다. 율법이 없이 죄를 지은 사람들은 율법 없이 심판을 받게 됩니다. 예수님을 저버리고 예수님의 말씀을 받지 않은 사람들도 심판을 받을 것입니다.

여기서 예수님을 '저버린다'는 것은 조소와 멸시로 거절하는 것을 의미합니다. 복음이 선포되는 곳에 중립이란 있을 수 없습니다. 예수님을 믿어 그의 추종자가 되거나 예수님을 믿지 않고 원수가 되거나 둘 중의 하나가 될 수밖에 없습니다.

그리고 심판은 하나님의 말씀에 의해 시행될 것입니다. 세상 끝날에 그 말씀이 심판할 것이라고 하셨습니다. 하나님의 말씀이 심판의 기준이 됩니다. "내가 한 그 말이 마지막 날에 그를 심판하리라"(48) 우리는 하나님의 말씀의 권위를 믿어야 합니다. 예수님은 말씀하십니다. "내가 내 자의로 말한 것이 아니요 나를 보내신 아버지께서 내가 말할 것과 이를 것을 친히 명령하여 주셨으니"(49)

그런데 이 말씀을 하신 예수님은 자신이 하신 말씀이 아니라고 하셨습니다. 그 이유는 예수님 자신이 '스스로 한 말씀이 아니기 때문'이라고 하십니다. 하나님의 아들로 이 세상에 오신 예수 그리스도는 인간적인 생각이나 마음의 평온함에서 얻어진 것으로 말씀하지 않았습니다. 또 함부로 말씀하시거나 독단적으로 행동하지도 않았습니다. 오직 하나님 아버지께서 주신 말씀을 그대로 전달만 하셨습니다. 하나님은 자신의 일을 그리스도에게 위임하시고 이 세상에 전권대사로 보내셨습니다. 그러므로 그리스도께서 이 세상에서 하실 일은 하나님과 인간 사이에 조화를 이루어 평화의 조약을 맺고 하나님의 뜻을 이 세상에 심는 일이었습니다.

하나님은 그의 가르침을 그리스도에게 위임하시고 세상에 보내셨습니다. 이것은 일국의 대사가 상대국에 가서 반드시 그대로 전해야 하는 본국의 훈령과도 같은 것입니다. 여기서 우리가 주의해 볼 것은 우리 예수님은 하나님의 아들인 동시에 하나님께로부터 받은 것을 우리에게 가르치기 전에 먼저 자신이 하나님의 뜻에 복종하셨다는 사실입니다. 하나님께서 첫 아담에게 명령하셨을 때는 그가 불순종함으로 우리를 파멸로 이끌었습니다. 그러나 두 번째 아담이신 예수 그리스도께 명령하셨을 때는 그가 복종함으로 우리를 구원하셨습니다.

구약의 예언자들은 때때로 자기 자신의 말을 했지만 그리스도는 언제나 성령의 역사하심 가운데 말씀하셨습니다. 예수님은 자신의 설교와 이야기 등을 통하여 해야 할 말과 지금 전해야 할 것, 그리고 마지막 날 심판 때에 있을 일들에 대한 것 등을 성령의 역사 속에서 하달 받았습니다. 그것은 예수님의 모든 사역은 하나님으로부터 위임되고 하달 받았기 때문입니다.

하나님의 말씀은 영생입니다. "나는 그의 명령이 영생인 줄 아노라 그러므로 내가 이르는 것은 내 아버지께서 내게 말씀하신 그대로니라"(50) 이 말씀에는 사람의 후손이 영원히 계속될 것과 생명과 행복이 언제까지나 그들과 함께 지속될 것이라는 뜻이 포함되어 있습니다. 예수님의 말씀은 바로 하나님의 말씀입니다. 그러므로 그 말씀은 영생입니다.

이 세상 사람들이 가장 슬퍼하며 두려워하는 것은 바로 죽음입니다. 그 이유는 죽은 후에는 영원히 소멸되는 것으로 생각하기 때문입니다. 그러나 예수 그리스도를 믿는 자, 곧 그의 말씀을 믿는 자는 영생을 받습니다. 우리가 받을 영생은 이 세상의 것과는 비교가 안 됩니다. 영생은 이 세상에서 우리의 영혼이 육신의 몸을 벗은 후에 하나님이 계신 곳에 가서 괴로움 대신 평안함을 누리며, 슬픔 대신 즐거워하며, 질병 대신 건강하며, 죽음 대신 영원히 사는 것입니다. 영생이 있는 천국에는 밤이 없고 낮뿐이며, 원수가 없고 사랑만 있는 곳입니다. 우리는 그곳에서 영원무궁토록 그와 함께 영화를 누리게 됩니다. 예수님은 말씀하셨습니다. "내가 진실로 진실로 너희에게 이르노니 내 말을 듣고 또 나 보내신 이를 믿는 자는 영생을 얻었고 심판에 이르지 아니하나니 사망에서 생명으로 옮겼느니라"(5:24)

미국 오레건 주 포틀랜드에서 목회하던 어느 목사님에게 어느 날 아침 그 지역에 있는 한 병원으로부터 전화가 왔습니다. 죽어가는 펠릭스 리치라는 환자가 목사님 한 분과 상담하고 싶다는 내용이었습니다. 그는 가능한 한 빨리 가겠다고 약속하고 급히 차를 몰아 그의 병실에 도착했습니다. 리치는 "목사님, 저희 삼촌도 목사님이었는데 하나님에 관한 이야기를 할 때마다 저는 듣지 않았답니다. 아내가 늘 저를 교회로 데려가려고 했지만 저는 가지 않았어요. 이제 저는 창조주를 만나러 가야 하는데 저의 일생은 죄로 가득합니다. 어떻게 하죠?" 하고 걱정스러운 듯이 물었습니다. 목사님은 회개와 용서에 대한 성경 구절을 인용하면서 누구든지 진실하게 자신의 죄를 회개하면 하나님께서 용서해 주신다는 말을 한 후에 기도해 주었습니다. 그때 리치는 회개하고 자신의 일생을 하나님께 맡겼습니다. 목사님은 다음날, 그리고 그 다음날에도 문병을 갔는데 놀랍게도 리치의 몸은 점점 회복되어 갔습니다. 그는 불과 몇 주 후에 퇴원하여 주일에 목사님이 시무하는 교회에 나타났습니다. 그 후로 8년 동안 매주일 한 번도 거르지 않고 같은 자리에 앉아 예배를 드렸습니다. 그러던 어느 날 그는 갑작스럽게 심장마비로 세상을 떠났습니다. 창조주를 만날 준비가 된 그는 영원한 천국에서 영생을 누리게 되었습니다.

우리의 영생은 예수 그리스도와 그의 말씀 안에 있습니다. 예수 그리스도와 그분의 말씀을 믿는 자에게는 영생이 있습니다.

예수 그리스도를 믿는 자에게는 구원이 있습니다. 그러나 그분을 믿지 않고 그의 말씀을 믿지 않는 자는 심판을 받을 것입니다. 우리는 빛 되신 예수 그리스도 안에서 빛을 비추는 삶, 주 예수 그리스도를 믿고 그의 말씀을 믿음으로 영생을 누리는 삶을 살아야 합니다. 아멘.

1유월절 전에 예수께서 자기가 세상을 떠나 아버지께로 돌아가실 때가 이른
줄 아시고 세상에 있는 자기 사람들을 사랑하시되 끝까지 사랑하시니라 2마
귀가 벌써 시몬의 아들 가룟 유다의 마음에 예수를 팔려는 생각을 넣었더라
3저녁 먹는 중 예수는 아버지께서 모든 것을 자기 손에 맡기신 것과 또 자기
가 하나님께로부터 오셨다가 하나님께로 돌아가실 것을 아시고 4저녁 잡수
시던 자리에서 일어나 겉옷을 벗고 수건을 가져다가 허리에 두르시고 5이에
대야에 물을 떠서 제자들의 발을 씻으시고 그 두르신 수건으로 닦기를 시작
하여 6시몬 베드로에게 이르시니 베드로가 이르되 주여 주께서 내 발을 씻
으시나이까 7예수께서 대답하여 이르시되 내가 하는 것을 네가 지금은 알지
못하나 이 후에는 알리라 8베드로가 이르되 내 발을 절대로 씻지 못하시리
이다 예수께서 대답하시되 내가 너를 씻어 주지 아니하면 네가 나와 상관이
없느니라 9시몬 베드로가 이르되 주여 내 발뿐 아니라 손과 머리도 씻어 주
옵소서 10예수께서 이르시되 이미 목욕한 자는 발밖에 씻을 필요가 없느니라
온 몸이 깨끗하니라 너희가 깨끗하나 다는 아니니라 하시니 11이는 자기를
팔 자가 누구인지 아심이라 그러므로 다는 깨끗하지 아니하다 하시니라 12그
들의 발을 씻으신 후에 옷을 입으시고 다시 앉아 그들에게 이르시되 내가
너희에게 행한 것을 너희가 아느냐 13너희가 나를 선생이라 또는 주라 하니
너희 말이 옳도다 내가 그러하다 14내가 주와 또는 선생이 되어 너희 발을
씻었으니 너희도 서로 발을 씻어 주는 것이 옳으니라 15내가 너희에게 행한
것 같이 너희도 행하게 하려 하여 본을 보였노라 16내가 진실로 진실로 너희
에게 이르노니 종이 주인보다 크지 못하고 보냄을 받은 자가 보낸 자보다
크지 못하나니 17너희가 이것을 알고 행하면 복이 있으리라

(요한복음 13:1-17)

05

제자들의 발을 씻기신 예수님

예수님은 이 세상에서의 사역을 마치고 하나님 나라로 돌아가실

때가 가까이 다가온 것을 알고 세상에 있는 제자들을 향한 사랑을 직접 몸으로 보여 주셨습니다. 그것은 제자들의 발을 씻기는 일이었습니다. 스승이신 예수님이 제자들의 발을 씻기신 일은 아주 충격적인 일이었습니다. 제자가 스승의 발을 씻겨드리는 것은 통상적인 일이지만 스승이 제자의 발을 씻기신 것은 뜻밖의 일이었습니다. 제자들의 발을 씻기신 사건을 통해 우리에게 주는 교훈이 있습니다.

1. 예수님께서 제자들의 발을 씻기신 이유가 있습니다

그것은 주님이 떠나실 때가 가까워지자 유다가 그를 배반할 결심을 했기 때문입니다. "마귀가 벌써 시몬의 아들 가룟 유다의 마음에 예수를 팔려는 생각을 넣었더라"(2)

예수님은 가룟 유다의 계획을 이미 알고 대비하셨습니다. 유다는 이미 사탄의 덫에 걸렸고 이제는 베드로와 남은 제자들을 목표로 공격을 시도하려고 하기 때문에 사탄의 공격으로부터 제자들을 보호하기 위해서입니다(눅 22:31). 만일 이리가 양떼를 공격하여 한 마리를 물어 가면 그때야말로 목자가 남은 양들을 더 철저히 보호할 때입니다. 상처에 감염이 되면 그때가 바로 소독약을 바를 때입니다. 예수님께서 마리아가 가지고 온 귀한 향유로 머리에 기름 부음을 받았을 때 가룟 유다가 그것을 못마땅하게 여겨 중얼거리는 것을 다른 제자들이 들었습니다(요 12:4; 마 26:8 참조). 이것을 잘 아시는 주님은 유다의 불평하는 소리를 들은 제자들이 그와 더불어 악에 물들지 않게 하기 위해서입니다. 그래서 몸소 종의 모습으로 제자들의 발을 씻겨 주심으로 제자들을 강하게 무장시켜 임박한 위험에 대비케 하신 것입니다.

지금은 열두 제자 중 한 명인 가룟 유다가 주님을 배반할 음모를 꾸미고 있습니다. 그러나 주님은 그 한 제자의 잘못으로 인하여 다른 모든 제자들까지 버림 받지는 않을 것임을 보여 주고자 하셨습니다. 동료 중 한 명이 사탄의 마음을 품고 배신자가 되었다 해서 남은 제자들까지 그가 저지른 잘못에 대한 대가를 지불할 필요는 없었습니다. 예수 그리스도는 그의 교회 안에 위선자가 있었음에도 불구하고 교회를 사랑하셨습니다. 그의 제자들 가운데 유다와 같은 사람이 섞여 있다는 것을 알고도 그의 제자들에게 친절하게 대해 주셨습니다.

여기서 우리가 기억할 것은 우리도 원수들로부터 받을 위협이 악하게 느껴질수록 그에 대비하여 더욱 열심히 준비해야 된다는 사실입니다. 우리에게 미리 대비하는 지혜가 필요합니다. 우리는 항상 지혜롭게 준비하는 예수님의 모습을 배워야 합니다.

2. 제자들에게 본을 보이신 데는 서로 낮아져 섬기라는 교훈이 있습니다

"저녁 잡수시던 자리에서 일어나 겉옷을 벗고 수건을 가져다가 허리에 두르시고 이에 대야에 물을 떠서 제자들의 발을 씻으시고 그

두르신 수건으로 닦기를 시작하여"(4-5)

제자들의 발을 씻기신 것은 종의 모습입니다. 당시 종들은 손님이 오면 발을 씻겨 주었습니다. 주께서 제자들의 발을 씻기신 행위 자체는 당시 노예 중에서도 가장 천한 계급의 사람이 했습니다. 그리스도께서 허리를 굽혀 무릎을 꿇고 제자들의 발을 씻기신 것은 우리에게 섬김의 본을 보여주신 것입니다. 이 사건은 주님의 겸양을 더욱 돋보이게 합니다. 실은 이 일은 제자들이 했어야 했습니다. 그리스도와의 관계에서 볼 때 그들은 생도요 하인이었으므로 그들이 주님의 발을 씻어 드려야 했습니다. 또한 제자들은 주님께 의존되어 모든 희망을 주님께 걸고 있던 사람들입니다. 이 세상의 많은 사람들이 그들의 상사에게 아첨하기 위하여 천한 일도 마다 않고 자원해서, 또는 눈치를 보면서까지 하기도 합니다. 그런데 예수님은 스승임에도 이 일을 하셨습니다.

본문의 이 사건을 통해 예수님은 우리에게 겸손하게 섬기는 삶을 살아갈 것을 가르쳐 주셨습니다. 세상 사람들의 판단에 따른다면 예수님은 저녁 잡수시던 자리에서 일어나 겉옷을 벗고 예복을 갈아입으신 후 제자들을 물리고 주님께 충성을 표하는 예식을 하도록 했어야 합니다. 그런데 주님은 그와 반대로 자신의 위대한 겸손을 본보기로 보여 주셨습니다. 예수님은 이 일을 위하여 저녁 잡수시던 자리에서 일어나셨습니다. 그리고 식사 중에 제자들의 발을 씻어 주신 것은 식사 중에도 부름 받을 수 있다는 것과 음식보다 의무를 다하는 것이 더 중요하다는 것을 몸소 가르쳐 주기 위해서입니다.

여기서 예수님은 우리의 가장 가까운 사람들에게 어떻게 행할 것인가를 몸소 보여주시고 싶었던 것입니다. 사랑하는 제자들에 대한 자신의 사랑을 보여주시는 동시에 우리에게는 '내가 너희에게 하는 것처럼 너희도 서로 섬기며 종노릇'을 해야 한다는 것을 가르쳐 주신 것입니다. 예수님은 발을 씻기기 위해 먼저 하인의 복장을 갖추셨습니다. "자리에서 일어나 겉옷을 벗고 수건을 가져다가 허리에 두르시고"(4)란 말씀은 하인들이 그의 한쪽 팔에 수건을 걸치거나 앞치마를 하는 것처럼 하셨다는 말입니다. 예수님은 제자들의 발을 씻기기 위해 먼저 길게 늘어진 겉옷을 벗고 봉사하기에 적합한 옷차림으로 준비하셨습니다.

우리도 먼저 섬기는데 방해되는 것들을 정리한 후에 허리띠를 띠고 나서야 합니다. 우리 주님은 한 제자도 빠뜨리지 않고 씻기셨습니다. "이에 대야에 물을 떠서 제자들의 발을 씻으시고 그 두르신 수건으로 닦기를 시작하여"(5) 예수님은 옆에 있는 물 항아리에서 대야에 물을 떠서 제자들의 발을 씻기신 후에 수건으로 닦으셨습니다. 어떤 사람들은 주님께서 모든 제자들의 발을 씻기신 것이 아니라 네댓 사람만 씻기셨다고 하지만 이러한 추측에 찬성할 만한 아무런 근거가 없습니다. 우리 예수님은 모든 제자들의 발을 씻어 주셨습니다. 이것은 주께서 그의 제자들 중 최후의 한 사람까지도 포용적이고 관대한 사랑으로 사랑하셨다는 것을 보여줍니다.

그러면 예수님이 '가룟 유다의 발까지 씻겨 주셨겠느냐'는 주장에 대해서는 찬성할 여지가 없습니다. 왜냐하면 유다도 그 자리에 있었기 때문입니다. 그리고 예수님은 자신을 배반할 줄 알면서도 배반자 가룟 유다의 발까지도 다 씻기시는 사랑의 주님이시기 때문입니다.

예수님은 우리에게 섬김의 본을 보여 주심으로 서로 낮아져 섬길 것을 가르쳐 주셨습니다. 우리 주님은 지금도 모든 이들의 발을 씻어 주시기를 바라십니다. 예수님이 이 세상에 오신 것은 우리를 섬기기 위해서입니다. 예수님은 이 땅에 계시는 동안 평생 섬기는 일을 하셨습니다.

주님이 제자들의 발을 씻기신 일은 주님의 모든 사역 중에 대표적인 것으로 볼 수 있습니다. 우리 주님은 자신이 하나님과 동등하며 모든 것이 그의 것임을 다 아셨습니다. 그럼에도 불구하고 주님은 영광의 자리를 버리고 하늘나라의 빛의 겉옷 대신에 인간의 몸을 입고 허리띠를 두르신 하인의 형태로 오셨습니다. 예수님은 누구의 도움을 받으려고 오신 것이 아닙니다. 오히려 우리를 돌보시고 피와 영혼까지 쏟아가며 죽으심으로 우리의 죄를 씻을 수 있는 대야를 준비하셨습니다.

한때 성공회의 감독을 꿈꾸었던 사무엘 브랭글이라는 청년이 구세군에 지원하기 위해 대서양을 건너 영국으로 왔습니다. 그러나 부스 장군은 그의 지원을 마지못해 허락하면서 그에게 겸손한 마음을 키워 주려고 다른 훈련생들의 군화를 닦으라고 명령했습니다. 낙심한 브랭글은 '내가 군화나 닦으려고 내 꿈을 좇아 대서양을 건너 왔단 말인가?' 하며 서운한 마음을 갖게 되었습니다. 그러던 어느 날 그는 환상 중에 예수님께서 무식한 어부들의 발 위로 허리를 굽히시는 모습을 보았습니다. 그때 그는 조용히 말했습니다. "주님은 그들의 발을 씻기셨습니다. 저는 그들의 구두를 닦겠습니다."

테레사 수녀가 어느 날 한 어린이의 상처를 지극한 정성으로 치료해 주고 있을 때 인근에 살던 주민이 물었습니다. “수녀님, 당신은 당신보다 더 여유롭게 살거나 높은 지위를 가진 사람들이 편안하게 사는 것을 보면 부러운 생각이 안 드시나요? 당신은 평생 이렇게 사는 것에 만족하십니까?” 그러자 테레사 수녀가 대답했습니다. “허리를 굽혀 섬기는 사람에게는 위를 쳐다볼 시간이 없답니다.”

콜롬비아 신학교의 스티븐 올포드 박사에게 학생들이 질문을 했습니다. “저희들에게 크리스천 리더십의 비결이 무엇인지 말씀해 주십시오.” 그러자 올포드 박사가 대답했습니다. “비결이요? 무릎을 꿇으십시오. 눈에 눈물이 흐르게 하십시오. 그리고 심장이 깨어져도 참으십시오.”

우리도 겸손하신 예수님의 섬기는 자세를 본 받아야 합니다. 우리도 예수님처럼 낮아져서 섬기는 삶을 살아야 합니다.

3. 제자들의 발을 씻기심으로 우리에게 사랑의 교훈을 가르쳐 주셨습니다

“유월절 전에 예수께서 자기가 세상을 떠나 아버지께로 돌아가실 때가 이른 줄 아시고 세상에 있는 자기 사람들을 사랑하시되 끝까지 사랑하시니라”(1)

예수님은 이 세상을 떠나실 때가 가까이 왔음을 아셨습니다. 그때는 십자가를 지고 그의 백성들을 위하여 피 흘려 구속의 역사를 이룰 때입니다. 예수님은 그의 자녀들을 사랑하셨습니다. 우리 주님께서 세상에 있는 자기 사람들을 사랑하시되 끝까지 사랑하신 것은 의심할 여지가 없습니다. 우리 주님은 하나님 아버지께서 자신에게 주신 사람들, 특히 그의 제자들을 지극히 사랑하셨습니다. 그것은 그들이 그리스도를 위하여 헌신한 사람들이기 때문입니다.

"자기 사람들을 사랑하시되 끝까지 사랑하시니라"에서 '자기 사람'은 '그의 사람(his own)', 즉 '예수님의 사람'을 말합니다. 예수님은 이 세상에 있는 '그의 사람들'에게 정중하게 대하셨습니다. 예수님은 제자들을 구원하기 위하여 자신을 헌신함으로써 선의의 사랑을 베푸셨습니다. 또한 그들을 동료로 받아들이고 그들과 깊은 교제를 나눔으로써 만족할 만한 사랑을 주셨습니다. 비록 어둡고 부패하고 죄악으로 가득한 세상에 살고 있는 그들이었지만 그래도 그들을 사랑하셨습니다. 이제 하나님 나라로 돌아가실 때가 눈앞에 왔는데도 주님은 이 땅에 남아 있을 그의 사람들에게 모든 관심을 집중하셨습니다. 그들은 누구보다 그의 보호를 받아야 할 사람들이었기 때문입니다. 우리 예수님은 제자들을 대하실 때 마치 아픈 어린 자녀에게 더욱 마음이 가는 것과 같은 심정으로 사랑을 베푸셨습니다. 주님은 그의 사람들을 한결같이 끝까지 사랑하셨습니다. 그 사랑은 무궁한 사랑이었으며(렘 31:3) 시작에서부터 결과에 이르기까지 변함없는 사랑이었습니다.

우리 예수님은 겟세마네 동산에서 밤을 새워 기도하신 다음 날 새벽에 대제사장들과 바리새인들이 군병들을 이끌고 예수님을 잡으러 온 자리에서 한 번 더 제자들을 향한 사랑을 나타내 보이셨습니다. 자신을 잡으려고 온 사람들에게 "너희가 누구를 찾느냐?"(18:4)고 물으신 주님은 "내가 그니라…나를 찾거든 이 사람들이 가는 것은 용납하라"(18:8)시며 끝까지 제자들을 보호해 주셨습니다. 예수님의 사랑은 십자가에서도 그대로 나타났습니다. 예수님은 극한 고통 중에도 하나님께 원수들을 용서해 달라고 기도하신 후 "다 이루었다"는 말씀을 마지막으로 숨을 거두셨습니다.

예수님이 우리에게 보여주신 사랑은 끝이 없고 모자람이 없는, 그리고 책임을 완수하신 사랑입니다. 주님의 이 사랑으로 우리가 부름을 받아 하나님의 자녀가 되었습니다. 주님은 우리를 붙드신 그 사랑의 손을 절대 놓지 않고 끝까지 함께 해 주십니다. 우리도 주님으로부터 받은 다함이 없는 사랑을 이웃에게 실천하며 살아야 합니다.

카자흐스탄의 한 청년의 간증입니다. 그의 할아버지는 이슬람 종교의 지도자인 '이맘' 이었습니다. 어머니는 그에게 어려서부터 '이맘' 이 되라 했고 그도 역시 '이맘' 이 되고자 했습니다. 그러나 아버지는 일찍 돌아가시고 동생이 여섯이나 되는데 이슬람 신학교에 들어가면 가족을 돌볼 사람이 없었습니다. 그래서 장남인 그는 신학교 입학은 가정이 안정된 후로 미루고 먼저 돈을 벌어 가족을 부양하고자 버스 운전기사가 되었습니다. 그는 결혼해서 자녀도 넷이나 있었지만 가정은 돌보지 않고 바람을 피우며 밖으로만 돌았습니다. 그러던 어느 추운 겨울날이었습니다. 그는 날이 너무 추워 시동이 걸리지 않아 버스 아래로 들어가 불로 엔진을 녹이고 있었습니다. 그런데 다른 버스 기사가 그를 보지 못하고 후진을 하다가 버스 바퀴가 그의 다리를 지나갔습니다. 고함 소리에 그 기사는 다시 한 번 버스를 앞으로 움직여 다리를 또 한 번 지나갔습니다. 그가 의식을 잃었다가 깨어보니 병원이었습니다. 다음날 의사는 다리를 잘라야 한다고 말했습니다. 다리를 보니 피부가 새까맣게 죽어 있었습니다. 소식을 듣고 달려온 아내가 울었습니다. 아내로부터 듣게 된 소식은 그의 딸이 유방암에 걸려 수술을 받아야 한다는 것이었습니다. 그 다음날에는 또 태어난 지 3개월 된 손자에게 우유를 먹이다가 잘못하여 식도가 막혀 위 수술을 해야 한다며 울었습니다. 아내가 집에 다녀오는 중에 버스 정류장에서 혼자 울고 있었는데 동네 사람이 지나가다가 이유를 물었습니다. "지금 남편은 버스에 다리가 눌려 절단해야 하고 딸은 유방암 수술을 해야 하고 손자는 위 수술을 해야 합니다. 집이 가난하여 세 명을 수술할 돈도 없는데다 수술 결과도 알 수 없습니다. 어쩌면 이렇게 기막힌 일이 한꺼번에 일어날 수 있습니까? 어찌 하면 좋습니까?" 그 말을 들은 동네 사람은 "나는 예수님을 믿습니다. 하나님만이 당신을 도와줄 수 있겠네요. 지금 교회로 가는 중인데 당신들을 위해 기도하겠습니다. 함께 교회에 가서 기도하지 않겠어요?" 하고 말했습니다. 그래서 그의 아내는 지푸라기라도 잡으려는 심정으로 그 사람을 따라갔습니다. 목사님은 카자흐스탄의 여러 도시에 있는 교회에 전화를 해서 함께 기도할 것을 요청했습니다. 다음날은 주일이었습니다. 원래 주일에는 수술을 하지 않지만 급한 상황이라 수술 일정이 계획되었습니다. 그런데 주일 아침에 감각이 없던 다리가 뜨거워졌습니다. 누군가 만지는 것만 같았습니다. 수술 준비를 하려고 들어온 간호사에게 "내 다리가 이상한데 보시오." 했더니 간호사는 소리를 지르며 뛰어나가 의사를 불러왔습니다. 의사가 깜짝 놀라며 썩은 다리가 회복되는 기적이 일어났다고 말했습니다. 그는 수술을 하지 않고도 아무런 이상 없이 회복되어 퇴원하게 되었습니다. 뿐만 아니라 딸과 손자까지 수술을 하지 않아도 건강이 회복되어 일주일 만에 퇴원하게 되었습니다. 그래서 아내와 자녀들은 열심히 신앙생활을 했습니다. 건강을 회복하여 집으로 돌아온 그는 아내와 자녀들이 달라진 것을 보았습니다. 가족들은 하나 같이 그에게 순종적이었으며 진심으로 사랑해 주었습니다. 새벽에 일찍 일어난 어느 날 그는 아내가 무엇인가를 열심히 기록하는 것을 보고 다그쳤습니다. "네가 누군가에게 연애편지를 쓰는 것 아니냐?" 아내는 지금까지의 일을 상세히 얘기하며 자신은 그리스도인이 되었고 지금은 성경을 기록하고 있다고 말했습니다. 그러자 남편은 "나는 이슬람의 '이맘' 이 될 사람인데 네가 기독교인이 되면 안 돼. 당장 그만 둬." 하며 성경을 찢었습니다. 그때부터 무서운 박해가 계속 되었습니다. 아령으로 내리쳐서 팔이 부러지기도 하고 다리미를 던져서 머리가 깨어지기도 했습니다. 그러나 아내는 신앙을 포기하지 않았습니다. 그가 일하던 직장 동료들에게 말했더니 그들은 더 강하게 박해하라고 부추겼습니다. 그가 휘발유 한 통과 술 한 병을 사들고 집으로 와서 반 병 쯤 마셨을 즈음에 아내가 들어왔습니다. 아내의 몸에 기름을 붓더니 성냥을 들고 위협을 했습니다. "예수를 믿지 않겠다고 말해라. 그러지 않으면 불로 태우겠다." 아내가 예수님을 부인할 수 없다고 하자 성냥을 그어 던졌습니다. 그런데 성냥개비가 부러지면서 불이 없는 쪽은 아내에게로 불이 붙은 쪽은 그와 반대 방향으로 날아갔습니다. 순간 아들이 달려와 그를 안고 울부짖었습니다. "엄마를 죽이고 아버지가 감옥에 가면 우리는 어떻게 살아요." 아들이 차라리 교회당을 태워버리겠다고 기름통을 들고 나가려는 것을 아내가 가로막으며 말했습니다. "차라리 나를 태워라. 교회는 아무런 잘못이 없다." 순간 남편이 아내의 눈을 보니 그렇게 평안할 수가 없었습니다. 그는 밤새 괴로워 울었습니다. 아침에 아내가 들어와 그를 붙잡고 말했습니다. "하나님이 제게 '네가 승리했다. 네 남편이 이제 그리스도인이 될 것이다.' 하고 말씀하셨어요. 여보, 함께 교회에 갑시다." "내가 어떻게 교회에 갈 수 있겠냐? 하나님을 향해 온갖 몹쓸 욕을 한데다 예수님을 믿는다고 당신에게 그렇게 나쁜 짓을 했는데…." "예수님은 벌써 다 용서하셨어요. 하나님은 당신을 사랑하세요." 그는 아내를 따라 교회로 갔습니다. 그날 목사님은 하나님의 사랑에 대한 메시지를 전했습니다. 그 후 하나님의 사랑을 발견한 그는 예수님을 영접하여 그리스도인이 되었다고 합니다. 주님의 사랑은 지금도 놀라운 기적을 만들어가고 있습니다.

우리도 예수 그리스도께서 보여주신 아름다운 사랑을 받았습니다. 이제 우리는 그리스도의 사랑을 우리의 이웃들에게 실천함으로써 세상을 변화시키는 제자의 길을 걸어가야 합니다.

4. 우리도 매일 씻어야 합니다

예수 그리스도께서 그의 제자들의 발을 씻기신 것은 죄의 오염으로부터의 영혼 청결의 중요성을 인식시키기 위해서였습니다. 이것은 베드로와의 말씀 가운데 분명하게 나타나 있습니다. 제자들의 발을 씻기시던 예수님이 시몬 베드로에게 이르렀을 때 베드로가 거부했습니다. "시몬 베드로에게 이르시니 베드로가 이르되 주여 주께서 내 발을 씻으시나이까"(6), "베드로가 이르되 내 발을 절대로 씻지 못하시리이다"(8)

여기서 베드로가 "내 발을 절대로 씻지 못하시리이다"라고 단호히 거절한 것으로 보아 그의 겸손과 공손함을 볼 수 있습니다. 베드로는 과거와 똑같이(눅 5:8) 지금도 그의 주인 되신 예수님께 진심으로 존경하는 마음이 있었음을 볼 수 있었습니다. 이때 예수님이 말씀하셨습니다. "내가 너를 씻어 주지 아니하면 네가 나와 상관이 없느니라"(8) 그러자 베드로가 "주여 내 발뿐 아니라 손과 머리도 씻어 주옵소서"(9) 하고 대답했습니다.

베드로는 자신이 잘못 알고 있음을 깨달은 즉시 자신의 잘못을 인식하고 마음을 바꾸었습니다. 베드로는 "주님, 제가 서둘러 말한 것이 부끄럽습니다."라며 자신의 말을 철회하는 데도 주저하지 않았습니다(9). 이제 베드로는 자신의 발을 씻어 주시는 행위가 마땅히 거절해야 할 주님의 수치가 아니라 자신이 받아들여야 할 그리스도의 권세요 은혜인 것을 깨닫게 되었습니다. 우리는 베드로의 이런 자세를 본 받아야 합니다. 잘못된 것은 단호히 철회할 수 있어야 합니다. 자신의 잘못을 깨달았을 때 그것을 취소하는 것을 수치로 생각하지 않는 사람이 훌륭한 사람입니다.

예수님이 다시 말씀하셨습니다. "이미 목욕한 자는 발밖에 씻을 필요가 없느니라 온 몸이 깨끗하니라 너희가 깨끗하나 다는 아니니라 하시니 이는 자기를 팔 자가 누구인지 아심이라 그러므로 다는 깨끗하지 아니하다 하시니라"(10-11) 여기서 예수님이 이미 깨끗해진 사람, 즉 목욕한 사람은 발만 씻으면 된다는 것을 우리에게 가르쳐 주셨습니다. 예수님의 십자가의 보혈로 구원받은 하나님의 백성들은 이미 모든 죄를 다 씻어 구원을 받았으므로 매일 짓는 죄만 씻어 용서받으면 된다는 말씀입니다. 목욕한 사람은 발만 씻으면 됩니다. 예수님을 영접하여 구원받은 성도는 이미 모든 죄를 용서 받았더라도 매일의 삶 속에서 짓는 죄는 씻어야 합니다. 우리는 매일 죄를 회개함으로 씻어야 합니다.

우리가 여기서 관심을 가져야 할 것은 은혜로 의롭다함을 받은 사람이라도 매일 자신을 돌아보아야 한다는 점입니다. 제사장들은 이미 성별되었고 씻김을 받았기 때문에 다시 씻을 필요가 없었지만 회막에 들어갈 때마다 그들의 발과 손을 씻음으로써 죽음을 면할 수가 있었습니다(출 30:19-20).

그리고 우리는 주님이 가룟 유다를 향하여 하신 말씀에 귀를 기울여야 합니다. 예수님은 말씀하셨습니다. "너희가 깨끗하나 다는 아니니라 하시니 이는 자기를 팔 자가 누구인지 아심이라 그러므로 다는 깨끗하지 아니하다"(10-11) 예수님은 유다를 생각하시며 "너희가 깨끗하나 다는 아니니라"고 말씀하셨습니다. 예수님은 이미 유다의 배반을 알고 계셨습니다. 유다를 포함한 모든 제자들이 세례를 받았으나 모두가 깨끗해진 것은 아니었습니다. 이것은 그리스도의 제자로 불리며 스스로 그리스도와 깊은 관계에 있다고 공언하는 사람들 중에도 깨끗하지 않은 사람들이 더러 있다는 말입니다. 우리 주님은 그의 백성과 그의 백성이 아닌 사람들을 다 알고 계십니다(유 2:19). 주님의 눈은 참된 사람과 비열한 사람, 깨끗한 사람과 불결한 사람을 구분하실 수 있습니다. 처음에는 주님의 제자로 자처하다가도 후에 배신하는 사람들이 있다는 말씀입니다.

우리 주님은 모든 제자들이 다 깨끗하지 않다는 것을 제자들 스스로가 알아야 할 필요성을 느꼈습니다. 제자들이 이런 사실을 알 때 비로소 자신에 대하여 살펴볼 수 있기 때문입니다. 우리에게 '나는 지금 주님의 제자인가? 아닌가? 진리를 따르는가? 아닌가?' 를 항상 돌아보며 살라는 말씀입니다.

우리는 항상 주님의 제자로서의 삶을 살려고 노력해야 합니다. 우리는 제자들의 발을 씻으신 예수님을 본 받아야 합니다. 예수 그리스도를 따르는 제자들의 도가 바로 섬김입니다. 다른 말로 말하면 섬길 줄 모르는 사람은 그리스도의 제자와는 아직 거리가 멀다는 말입니다. 교회는 서로 발을 씻겨주며 섬기는 곳입니다. 예수님이 제자들의 발을 씻겨주신 것처럼 서로 겸손히 낮아져서 섬기는 곳이 주님의 교회입니다. 교회는 하나님의 가정입니다. 믿은 지 오래 된 신자들과 믿음이 강한 신자들은 상대적으로 믿음이 약한 어린 신자들을 섬겨야 합니다. 성도들 중에 허물과 죄가 드러날 때 비난하고 책망하기는 쉽습니다. 그러나 진정한 십자가의 사랑은 그들의 허물과 죄를 씻겨주고 싸매어 주는 것입니다. 연약하여 시험에 들 때 격려하고 돌봐주는 것이 섬김입니다.

브라질의 성자로 불리던 미국의 선교사 멜랜드 부부는 브라질의 깊은 산골로 들어가 평생을 선교하며 보내는 동안 이름이 네 번이나 바뀌었다고 합니다. 그곳 주민인 폴리오 인디언들은 이 선교사 부부를 '백인'이라고 불렀습니다. 그것은 과거에 그들을 괴롭혔던 '백인'을 부르던 증오에 찬 명칭과 같은 것이었습니다. 그 후 멜랜드 부부가 의료 봉사를 통해 주민들의 생명을 구하며 병을 치료하는 헌신적인 생활을 하자 어느새 '존경하는 백인'이라고 부르게 되었습니다. 선교사 부부가 폴리오 인디언들의 언어를 열심히 배운 10년 뒤에는 그들과 다름없이 유창한 언어를 구사하면서 그들의 풍습대로 생활해 갔습니다. 그랬더니 그들은 선교사 부부를 '백인 인디언'이라고 불렀습니다. 어느 날 부상을 당한 인디언 소년의 발을 씻겨주던 멜랜드를 구경하던 인디언들이 "인디언의 발을 씻어 주는 백인을 보았는가? 이 사람은 하늘이 보내 준 사람이다."라고 말했습니다. 그때부터는 이 선교사 부부를 '하나님의 사람'으로 불렀습니다. 그 후로 이곳의 많은 인디언들이 하나님을 믿는 역사가 나다났다고 합니다. 예수님은 말씀하셨습니다. "너희 중에는 그렇지 않아야 하나니 너희 중에 누구든지 크고자 하는 자는 너희를 섬기는 자가 되고 너희 중에 누구든지 으뜸이 되고자 하는 자는 너희의 종이 되어야 하리라"(마 20:26)

우리도 예수님처럼 서로 낮아져서 겸손히 섬기는 삶을 살아야 합니다. 예수님의 무한한 사랑을 받은 우리도 이웃에게 사랑을 주며 섬기는 삶을 살아갑시다. 십자가의 보혈로 모든 죄를 용서 받은 우리는 매일 회개함으로 자신의 죄를 깨끗이 씻을 뿐 아니라 형제의 발도 씻어 주는 섬김의 삶을 살아가는 예수님의 제자들이 다 되어야 합니다. 아멘.

[18]내가 너희 모두를 가리켜 말하는 것이 아니니라 나는 내가 택한 자들이 누
구인지 앎이라 그러나 내 떡을 먹는 자가 내게 발꿈치를 들었다 한 성경을
응하게 하려는 것이니라 [19]지금부터 일이 일어나기 전에 미리 너희에게 일러
둠은 일이 일어날 때에 내가 그인 줄 너희가 믿게 하려 함이로라 [20]내가 진
실로 진실로 너희에게 이르노니 내가 보낸 자를 영접하는 자는 나를 영접하
는 것이요 나를 영접하는 자는 나를 보내신 이를 영접하는 것이니라 [21]예수
께서 이 말씀을 하시고 심령이 괴로워 증언하여 이르시되 내가 진실로 진실
로 너희에게 이르노니 너희 중 하나가 나를 팔리라 하시니 [22]제자들이 서로
보며 누구에게 대하여 말씀하시는지 의심하더라 [23]예수의 제자 중 하나 곧
그가 사랑하시는 자가 예수의 품에 의지하여 누웠는지라 [24]시몬 베드로가 머
릿짓을 하여 말하되 말씀하신 자가 누구인지 말하라 하니 [25]그가 예수의 가
슴에 그대로 의지하여 말하되 주여 누구니이까 [26]예수께서 대답하시되 내가
떡 한 조각을 적셔다 주는 자가 그니라 하시고 곧 한 조각을 적셔서 가룟
시몬의 아들 유다에게 주시니 [27]조각을 받은 후 곧 사탄이 그 속에 들어간지
라 이에 예수께서 유다에게 이르시되 네가 하는 일을 속히 하라 하시니 [28]이
말씀을 무슨 뜻으로 하셨는지 그 앉은 자 중에 아는 자가 없고 [29]어떤 이들
은 유다가 돈궤를 맡았으므로 명절에 우리가 쓸 물건을 사라 하시는지 혹은
가난한 자들에게 무엇을 주라 하시는 줄로 생각하더라 [30]유다가 그 조각을
받고 곧 나가니 밤이러라 [31]그가 나간 후에 예수께서 이르시되 지금 인자가
영광을 받았고 하나님도 인자로 말미암아 영광을 받으셨도다 [32]만일 하나님
이 그로 말미암아 영광을 받으셨으면 하나님도 자기로 말미암아 그에게 영
광을 주시리니 곧 주시리라 [33]작은 자들아 내가 아직 잠시 너희와 함께 있겠
노라 너희가 나를 찾을 것이나 일찍이 내가 유대인들에게 너희는 내가 가는
곳에 올 수 없다고 말한 것과 같이 지금 너희에게도 이르노라 [34]새 계명을
너희에게 주노니 서로 사랑하라 내가 너희를 사랑한 것 같이 너희도 서로
사랑하라 [35]너희가 서로 사랑하면 이로써 모든 사람이 너희가 내 제자인 줄
알리라 [36]시몬 베드로가 이르되 주여 어디로 가시나이까 예수께서 대답하시
되 내가 가는 곳에 네가 지금은 따라올 수 없으나 후에는 따라오리라 [37]베드
로가 이르되 주여 내가 지금은 어찌하여 따라갈 수 없나이까 주를 위하여
내 목숨을 버리겠나이다 [38]예수께서 대답하시되 네가 나를 위하여 네 목숨을
버리겠느냐 내가 진실로 진실로 네게 이르노니 닭 울기 전에 네가 세 번 나
를 부인하리라

(요한복음 13:18-38)

06

제자들의 배반과 부인을 예고하신 예수님

예수님은 자신이 떠나실 때가 가까이 다가온 줄 아시고 제자들의 발을 씻어 주시며 서로 섬기라고 하셨습니다. 이어서 제자들 중에서 자신을 배신할 것을 예언하시고 새 계명을 주시는 동시에 베드로까지 자신을 부인할 것을 말씀하셨습니다.

1. 선택받은 자와 받지 못한 자에 대해서 말씀하셨습니다

배반자 가룟 유다는 선택을 받지 못했습니다. 주님은 스승을 배반하려는 유다의 음모를 이미 알았지만 이제야 최초로 제자들에게 그 사실을 드러내셨습니다. 제자들은 주님이 배반을 당하실 것과 제자들 중 하나가 유다인 줄은 전혀 예상하지 못했습니다. 주님은 말씀하셨습니다. "내가 너희 모두를 가리켜 말하는 것이 아니니라 나는 내가 택한 자들이 누구인지 앎이라 그러나 내 떡을 먹는 자가 내게 발꿈치를 들었다 한 성경을 응하게 하려는 것이니라"(18)

주님은 아직 그 죄목과 범죄자에 대해서는 말씀하지 않고 다만 그들의 궁금증만 가중시켜 놓았습니다. 주님은 그의 제자들에게 "너희가 깨끗하나 다는 아니니라"고 하셨습니다.

"내 떡을 먹는 자가 내게 발꿈치를 들었다 한 성경을 응하게 하려는 것이니라"는 말씀은 시편 41편 9절의 다윗의 고백을 인용한 말씀으로 다윗이 매우 친근한 자에게 배신을 당하고 큰 손해를 본 경험을 들어 말씀하신 것입니다. 유다의 주석가들은 그 대적이 아히도벨일 것으로 생각합니다. 아히도벨은 다윗의 친구였지만 압살롬이 아버지 다윗의 왕위를 노리고 반란을 일으킨 밤에 다윗을 배신했습니다. 아히도벨은 기회주의자요 자신의 이익만을 챙기는 소인배에 불과했습니다. 아히도벨은 지금까지 다윗을 충실하게 모셨지만 그의 아들 압살롬의 군사가 많아져 세력이 그 쪽으로 기울어지는 것을 보고 친구를 배반하고 반란에 앞장섰습니다. 그가 배신했다는 소식을 전해 들은 다윗은 큰 충격을 받아 무릎을 꿇고 하나님께 기도했습니다. "여호와여 원하옵건대 아히도벨의 모략을 어리석게 하옵소서"(삼하 15:31) 그런가 하면 배신자가 아히도벨이 아닌 다른 친구라는 주장도 있습니다.

여기서 다윗이 그리스도의 모형으로 배반당했던 것처럼 그리스도 역시 가까운 사람으로부터 배반당하실 것을 짐작할 수 있습니다. 가룟 유다가 제자들 가운데 함께 있었던 것처럼 선한 사람들의 집단에도 악한 사람이 함께 뒤섞여 있다는 것을 교훈하는 말씀입니다. 이러한 현상은 우리가 천국에 가는 그날까지 계속될 것입니다.

예수님이 제자들에게 말씀하셨습니다. "내가 진실로 진실로 너희에게 이르노니 내가 보낸 자를 영접하는 자는 나를 영접하는 것이요 나를 영접하는 자는 나를 보내신 이를 영접하는 것이니라"(20) 이 말씀은 비록 유다와 같은 배신자가 있다 할지라도 다른 사도들의 권위는 손상되지 않을 것이란 말입니다. '내가 보낸 자', 곧 그리스도께서 보내신 사도들을 영접하는 자는 결국 그리스도를 영접하는 것과 같다는 말씀입니다. 하나님의 말씀을 전하는 종을 영접하는 것은 예수님을 영접하는 것과 같습니다. 즉 하나님의 말씀이 선포될 때 그것을 바로 믿는 자는 주님을 영접하는 것과 같다는 말씀입니다. 선택받은 자와 받지 못한 자의 차이가 바로 여기에 있습니다. 하나님께서 보내신 종들을 통해서 선포되는 하나님의 말씀을 바로 받아들이는 자는 선택받은 자요 받아들이지 않고 믿지 않는 자는 선택받지 못한 자라는 말입니다.

예수님은 제자들 중에 가룟 유다가 배신자란 것을 알고 마음이 괴로웠습니다. "예수께서 이 말씀을 하시고 심령이 괴로워 증언하여 이르시되 내가 진실로 진실로 너희에게 이르노니 너희 중 하나가 나를 팔리라 하시니"(21) 예수님이 심령에 괴로워하신 것은 그의 제자가 자신을 팔게 된다는 것이 너무도 큰 고통이었기 때문입니다. 제자에게 배반당하는 스승의 마음도 괴롭지만 이 사실을 공적으로 공개할 수밖에 없다는 사실이 더욱 괴로웠던 것입니다. 그러나 이제는 이 일을 말씀하지 않을 수 없게 되었습니다. 이것은 너무도 확실한 사실이기 때문에 예수님은 분명히 증언하셔야만 했습니다. 이 역시 남아 있는 제자들을 위해서도 필요했습니다. 지금은 깨닫지 못해도 때가 되면 제자들이 알게 될 것이며, 또 주님이 예언하신 말씀이 성취되었다는 것을 알아야 했기 때문입니다.

예수님의 말씀을 들은 제자들이 그 사람이 누군지 서로 의심하기 시작했습니다. “제자들이 서로 보며 누구에게 대하여 말씀하시는지 의심하더라”(22) 이것을 보면 배반자 유다를 제외한 다른 제자들은 아직 마음이 강퍅하지 않았음을 보여줍니다. 이때 베드로가 요한을 향하여 그 팔 자가 누구인지 물어보라고 했습니다. “예수의 제자 중 하나 곧 그가 사랑하시는 자가 예수의 품에 의지하여 누웠는지라 시몬 베드로가 머릿짓을 하여 말하되 말씀하신 자가 누구인지 말하라 하니”(23-24) 당시 유대인들은 식사할 때 식탁에 앉지 않고 왼팔에 의지하여 옆으로 비스듬이 누워서 먹었다고 합니다. 이때 예수님의 사랑하는 제자 요한이 예수님으로부터 가장 가까이에 있었습니다.

주님이 보시기에 요한은 다른 제자들에 비해 더욱 사랑스러웠습니다. 요한이란 이름은 ‘은혜롭다’는 뜻입니다. 지금 요한이 앉은 자리의 위치와 자세에 대해 예수님의 품에 의지하여 누웠다고 표현했습니다. 어떤 나라에서는 식탁에 앉을 때에 모두 기대는 자세를 취한다고 합니다. 첫째 사람의 가슴에 둘째 사람의 머리를 기대고 이어서 셋째 사람, 넷째 사람 순으로 앉는 것이 유행했다고 합니다. 그러나 그런 자세로는 자유롭게 먹을 수도 마실 수도 없기 때문에 그 내용이 사실인지는 확인할 수 없습니다. 아무튼 요한은 주님의 품에 기대었고, 이런 자세는 그 당시에 가장 사랑받는 자가 취하는 자세였습니다. 주님의 가슴에 기댄 요한의 자세로 보아 그는 다른 제자들보다 주님과 더욱 친밀한 관계에 있었음을 충분히 짐작할 수 있습니다. 시몬 베드로가 머릿짓으로 말하길, 주님이 말씀하신 자가 누구인지 예수님에게 가르쳐 달라고 말할 것을 종용했습니다. 이것을 보면 사도 요한은 누구보다도 예수님의 생각을 잘 알 수 있는 측근자였음이 확실합니다.

요한이 곧바로 예수님에게 물었습니다. "그가 예수의 가슴에 그대로 의지하여 말하되 주여 누구니이까"(25) 그러자 예수님이 대답하셨습니다. "내가 떡 한 조각을 적셔다 주는 자가 그니라 하시고 곧 한 조각을 적셔서 가룟 시몬의 아들 유다에게 주시니"(26) 그 당시에는 연회 주인이 떡 조각을 찍어서 손님에게 주는 것이 친절한 대접이었다고 합니다. 그런데 예수님이 유다에게 떡 한 조각을 적셔다 주셨습니다. 예수님은 자신을 배반할 유다에게 다시 한 번 회개할 기회를 주는 사랑을 베푸셨습니다. 그러나 그는 회개하지 않고 자기의 길로 가버렸습니다. "조각을 받은 후 곧 사탄이 그 속에 들어간지라 이에 예수께서 유다에게 이르시되 네가 하는 일을 속히 하라 하시니"(27) 사단이 유다 속에 들어간 것은 그가 끝까지 회개하지 않았기 때문입니다.

회개하지 않으면 사단이 역사합니다. 예수님은 끝까지 회개하지 않은 유다에게 "네가 하는 일을 속히 하라"고 말씀하셨습니다. 이 말씀은 '나를 배반하고 은 30에 팔아 십자가에 달리게 할 그 일을 하라' 는 뜻입니다. 예수님은 가룟 유다의 할 일을 다 아셨지만 다른 제자들은 예수님의 말씀이 무슨 뜻인지 전혀 몰랐습니다. "이 말씀을 무슨 뜻으로 하셨는지 그 앉은 자 중에 아는 자가 없고 어떤 이들은 유다가 돈궤를 맡았으므로 명절에 우리가 쓸 물건을 사라 하시는

지 혹은 가난한 자들에게 무엇을 주라 하시는 줄로 생각하더라"(28-29) 제자들은 "네가 하는 일을 속히 하라"는 예수님의 말씀을 '유월절에 쓸 물건을 사라.', 또는 '가난한 사람들에게 구제하라.' 는 뜻으로 이해했습니다. 우리 예수님은 가룟 유다가 할 일을 다 아셨지만 제자들은 전혀 눈치를 채지 못했습니다.

여기서 제자들의 영적 무지와 영적 둔감성을 발견할 수 있습니다. 예수님을 배반하는 일은 엄청난 사건으로 제자들에게도 큰 화가 닥치게 됩니다. 그런데도 제자들은 전혀 깨닫지 못했습니다. 그 결과 제자들은 미리 준비를 하지 못했고 결국 모두 시험에 들어 실패하고 말았습니다.

우리는 영적으로 민감하여 분별력이 있어야 합니다. 그러려면 항상 깨어서 기도하고 말씀을 가까이 해야 합니다. 가룟 유다가 배반을 실행하려고 나갈 때가 밤이었습니다. "유다가 그 조각을 받고 곧 나가니 밤이러라"(30) 유다는 주님을 팔 자로 지적되었을 때에 회개하지 않고 그냥 그 악한 계획을 실행하려고 그 자리를 떠났습니다. '나가니 밤이었다' 는 말씀에는 영적 의미가 있습니다. 그것은 회개하지 않은 그의 마음도 밤과 같이 캄캄하다는 의미인 동시에 그의 앞길도 영원히 캄캄할 것임을 암시하고 있습니다. 유다는 어둔 밤 가운데 살다가 영원한 어둠으로 갔습니다.

우리는 결코 유다처럼 주님을 배반하는 자가 되지 말고 영적으로 깨어서 항상 주님과 동행하는 삶을 살아야 합니다.

2. 새 계명을 주셨습니다

이제 예수님은 제자들에게 새 계명에 대해 말씀하십니다. 유다가 나간 후 곧 이어서 예수님이 말씀하셨습니다. "그가 나간 후에 예수께서 이르시되 지금 인자가 영광을 받았고 하나님도 인자로 말미암아 영광을 받으셨도다"(31)

이 말씀은 예수님의 죽음을 가리킵니다. 유다가 나간 것은 예수님에게 고난이 닥칠 것을 예고한 행동입니다. 그 뿐 아니라 다음 절에 "영광을 주시리니"라고 미래형으로 말씀하신 것은 그리스도의 죽음 후의 일, 즉 부활과 승천을 의미합니다. 그래서 31절의 '영광을 받았고' 란 과거형은 그리스도의 죽으실 고난을 가리킵니다. 예수님은 자신이 받을 고난, 즉 우리를 위한 십자가의 고난을 영광으로 받으셨습니다. 십자가는 고난이지만 영광입니다. 십자가 없는 부활은 없습니다. 고난 없는 면류관도 없습니다. 십자가는 고난인 동시에 영광입니다.

그리고 "만일 하나님이 그로 말미암아 영광을 받으셨으면 하나님도 자기로 말미암아 그에게 영광을 주시리니 곧 주시리라"(32)는 말씀은 하나님 아버지도 예수 그리스도를 통하여 영광을 받으셨다는 말입니다. 또한 하나님 아버지는 아들과 일체이므로 아들이 영광을 받으면 하나님 자신도 영광을 받는 동시에 하나님 역시 자신으로 말미암아 아들에게도 영광을 주십니다. 이 말씀은 하나님께서 그리스도를 부활 승천케 하셔서 자신이 계신 곳에 예수님도 함께 있도록 하신다는 말입니다. 십자가를 지고 부활하시어 이제 큰 영광스러운 하나님의 나라로 가시게 된 예수님께서 제자들에게 말씀하셨습니다. “작은 자들아 내가 아직 잠시 너희와 함께 있겠노라 너희가 나를 찾을 것이나 일찍이 내가 유대인들에게 너희는 내가 가는 곳에 올 수 없다고 말한 것과 같이 지금 너희에게도 이르노라”(33) 이 말씀은 하나님 아버지께서 아들 예수님에게 영광을 주시면 예수님은 아버지께로 가게 되고 그렇게 되면 예수님은 당분간 그의 제자들과 함께 할 수 없게 된다는 뜻입니다.

예수님은 이미 부활하여 천국으로 가셨으므로 이제 우리가 천국에 갈 때까지는 볼 수가 없습니다. 그러나 머잖아 우리가 주님의 나라에 가게 되면 주님과 함께 영원히 살게 될 것입니다.

예수님은 이제 제자들에게 새 계명에 대하여 말씀하십니다. “새 계명을 너희에게 주노니 서로 사랑하라”(34) 여기서 ‘새 계명’은 ‘서로 사랑하라’, 즉 이웃을 사랑하라는 말씀입니다. 구약에도 “네 이웃 사랑하기를 네 자신과 같이 하라”는 계명이 있고(레 19:18) 신약의 계명도 사랑이 중심입니다(롬 13:8-10). 그러나 예수님이 우리에게 주신 새 계명은 ‘사랑하라’는 계명인 동시에 구약의 예언적인 것이 성취된 종말관적인 사랑입니다(요일 2:8). 예수님의 보혈로 속죄함을 받은 하나님의 자녀들은 주님이 우리를 사랑하심 같이 우리도 다른 성도들을 사랑해야 한다는 말씀입니다(34절 하). 예수님이 말씀하시는 새 계명은 그가 우리를 위하여 피 흘려 죽어주셨던 것처럼 우리도 형제를 위하여 희생하고, 또 필요하다면 그들을 위하여 죽을 수도 있어야 한다는 말씀입니다.

우리 예수님이 새 계명을 주신 목적은 모세의 십계명을 폐지하려는 것이 아닙니다. 하나님의 계명은 선(善) 자체이므로 아름답고 좋은 것이며 우리에겐 복이 됩니다. 예수님의 제자들은 모세의 십계명을 그대로 세워 나갔습니다(마 22:37-40; 롬 13:8-10). 모세의 율법 중에서 유대인들만을 위한 제도들은 신약 시대에 다 폐지되었지만 전 인류를 위한 도덕적인 십계명은 폐지되지 않았습니다. 예를 들어 십계명 중에서 제4계명인 '안식일을 지키라'는 계명은 한 마디로 휴식하라는 계명입니다. 사람도 쉬고 짐승도 쉬라는 계명입니다. 이것은 하나님께서 우리에게 주신 복이요 은혜입니다. 아무리 세월이 흘러도 이 계명은 지켜지고 있습니다. 물론 안식일의 요일은 바뀌었지만 그 정신만은 변함이 없습니다. 구약 시대에는 제7일(토요일)이었던 것이 신약 시대에는 7일 중 첫날(주일)로 변경되었습니다. 그것은 구약의 안식일은 하나님의 창조(創造)를 기념한 것이지만 예수 그리스도를 믿는 우리 기독신자들에게는 예수님의 부활을 기념하는 것이기 때문입니다. 모세의 십계명의 정신은 한 마디로 사랑입니다. 하나님 사랑과 이웃 사랑이 십계명의 정신입니다.

그러면 이 새 계명을 지킬 수 있는 방법은 무엇입니까? 그것은 "내가 너희를 사랑한 것 같이 너희도 서로 사랑하라"(34)는 말씀에 순종하는 것입니다. 그리스도께서 우리를 위하여 희생하심으로써 몸소 사랑을 보여주셨습니다. 제자들의 발을 씻어 주셨고 우리의 죄를 대신하여 십자가 위에서 죽어주셨습니다. 예수 그리스도는 세상 사람들의 죄를 담당하셨습니다. 그러므로 예수 그리스도께서 우리를 사랑하신 것처럼 우리도 서로 사랑해야 한다는 말씀입니다.

"너희가 서로 사랑하면 이로써 모든 사람이 너희가 내 제자인 줄 알리라"(35) 이 말씀은 모든 사람들, 즉 세상은 우리가 서로 사랑하는 것을 보고서 예수님의 제자를 식별한다는 말입니다. 예수님의 제자 된 표시는 바로 사랑입니다. 그리고 이웃을 사랑하는 이 사랑을 통해 불신자들을 주님께로 인도하게 됩니다. 그러나 우리가 예수님처럼 대속의 희생은 할 수 없더라도 다른 사람들을 위하여 어느 정도의 짐을 짊어진다거나 섬길 수는 있습니다. 우리도 어느 정도의 희생적인 사랑은 할 수 있다는 말입니다. 그러나 우리는 이것을 알고 있지만 이웃을 사랑하는 일에는 한계가 있고 제대로 실천하기 또한 쉽지 않습니다. 예수님께서 우리에게 주신 새 계명은 서로 사랑하라는 것입니다. 예수님은 우리가 서로 사랑하면 하나님의 사랑을 알게 될 뿐 아니라 예수님의 제자임을 증명할 수 있다고 하셨습니다.

우리는 이웃을 사랑해야 합니다. 이웃의 영혼들을 사랑함으로 그들을 구원해야 합니다. 이웃을 향하여 우리가 도울 수 있는 한 도와야 합니다. 그리고 희생하고 섬길 수 있어야 합니다. 또한 사랑을 바로 실천하지 못하고, 또 많은 사랑을 하지 못하더라도 항상 책임감을 가지고 살아야 합니다. 요한복음 15장 10절에서는 "너희도 내 계명을 지키면 내 사랑 안에 거하리라"고 하셨습니다. 이 말씀은 내가 새 계명을 지킬 때 그리스도의 사랑 안에 머물게 된다는 말입니다. 다시 말하면 내가 다른 사람들을 위하여 희생한 적이 없기 때문에 잘 하지 못한다는 말입니다. 자녀를 위해 온갖 희생을 한 어머니는 그 자녀를 잊지 못해 계속적으로 그 자녀를 위하여 희생할 수 있습니다. 반면 어머니를 위하여 희생해 본 일이 없는 자녀는 어머니를 쉽게 잊어버립니다. 우리가 하나님의 사랑을 실천하면 그 사랑을 할 수 있습니다. 우리는 사랑을 실천하려고 노력해야 합니다. 이것이 새 계명을 지키는 방법입니다.

구세군 사관들 109명이 아일랜드의 '황후' 라는 배를 타고 가다가 배가 파선되어 모두 물에 빠지게 되었습니다. 그런데 그들 중에는 구명대가 없는 사람도 있었습니다. 그래서 구명대를 가진 사람은 "나는 당신보다 잘 죽을 수 있다."며 자신의 구명대를 벗어 주기도 했습니다. 그들은 내세를 확신했기 때문에 이처럼 죽기까지 사랑을 베풀 수 있었습니다.

우리가 끝까지 다른 사람을 위하여 희생할 의욕이 생기지 않는다면 최소한 한 가지만이라도 실천해야 합니다. 그것은 내가 다른 사람들을 위하여 죽기까지 희생해야 한다는 책임감만이라도 있어야 한다는 것입니다. 이것은 중요합니다. 이 책임감이 있는 사람은 행동에 옮기지는 못하더라도 책임감 때문에 최소한 겸손한 삶을 살아갈 수는 있기 때문입니다.

우리는 주 예수 그리스도로부터 십자가의 놀라운 사랑을 받은 백성들로서 '우리의 이웃을 사랑하라' 는 주님의 새 계명을 작은 것부터 실천할 수 있도록 기도하며 노력해야 합니다.

3. 베드로의 부인을 예고하셨습니다

예수님이 제자들 곁을 떠나실 것을 말씀하시자 베드로가 당황하여 물었습니다. "주여 어디로 가시나이까"(36) 그러자 예수님이 말씀하셨습니다. "내가 가는 곳에 네가 지금은 따라올 수 없으나 후에는 따라오리라"(36) 이 말씀은 예수님이 십자가에 달려 죽으셨다가 하나님이 계신 하늘나라로 가신다는 의미입니다. 예수님께서 제자들이 지금은 주님을 따라가지 못해도 후에는 그들도 천국으로 가게 될 것이라고 말씀하시자 베드로가 신앙을 고백했습니다. "주여 내가 지금은 어찌하여 따라갈 수 없나이까 주를 위하여 내 목숨을 버리겠나이다"(37) 베드로는 자신의 생각이 변하지 않을 것이라고 강력히 주장하고 있습니다. 즉 "주님, 지금은 왜 주님을 따를 수 없단 말씀입니까? 주님은 저의 성실성과 결단을 의심하십니까? 분명히 약속합니다만 그런 기회가 온다면 주님을 위해 생명도 기꺼이 바치겠습니다."라는 요청입니다. 베드로는 예수님이 가시는 곳이라면 어디든지 따라 가겠다는 고백을 하는 동시에 그는 주님이 죽으실 것이란 말씀으로 이해했습니다. 그래서 주님 없이 사는 것보다 주님과 함께 죽는 것이 더 낫다는 자신의 결심을 고백한 것입니다.

이 고백에서 베드로가 주님을 얼마나 사랑했는가를 알 수 있습니다. 주님을 위해서라면 생명까지도 바치겠다는 이 고백은 베드로의 솔직한 생각이었으며 그의 결단이 비록 경솔하기는 했으나 성실한 것으로 보아야 합니다. 베드로의 이러한 고백은 예수님을 진정으로 사랑했기 때문에 가능할 수 있었습니다.

우리가 진정으로 주님을 사랑한다면 주님을 위하여 고난도 기꺼이 받겠다는 고백을 할 수 있어야 합니다. 주님을 진정으로 사랑하고 믿는다면 주님의 일을 위해 자신이 희생할 수도 있어야 합니다. 그러나 우리의 힘과 고백만으로는 어렵습니다. 그것은 우리는 한없이 연약한 존재들이기 때문입니다. 그러므로 우리는 주님의 도움을 받아야 합니다. 주님의 도움이 없이는 우리는 아무것도 할 수 없기 때문입니다.

그러자 예수님이 말씀하셨습니다. "네가 나를 위하여 네 목숨을 버리겠느냐 내가 진실로 진실로 네게 이르노니 닭 울기 전에 네가 세 번 나를 부인하리라"(38) 주님은 우리가 우리 자신을 아는 것보다 더 잘 아십니다. 또한 우리가 자신을 발견할 수 있는 길을 제시해 줌으로써 결코 자만하지 못하게 하십니다. 주님은 베드로의 지나친 자만을 책망하셨습니다. 주님을 위해서라면 생명도 아끼지 않겠다는 베드로의 고백을 들으신 주님은 "네가 나를 위하여 네 목숨을 버리겠느냐"는 질문을 하시며 "진실로 진실로 네게 이르노니 닭이 울기 전에 네가 세 번 나를 부인하리라"고 엄숙히 말씀하셨습니다(38). 이 말씀은 닭이 처음과 마지막에 우는 그 짧은 시간에 베드로가 세 번이나 주님을 부인할 것이라는 말씀입니다.

여기서 닭 울음소리의 의미가 무엇입니까? 베드로가 세 번이나 부인하는 사건은 아무 일도 일어날 것 같지 않은 고요한 밤에 주님의 수난 사건이 발생하고, 또 베드로가 호언장담한 것이 실패하게 될 것을 선포하는 소리였습니다. 모두가 잠든 고요한 새벽, 닭이 우는 그 시간에 예수님을 세 번이나 부인할 것을 주님은 놀라운 통찰력으로 내다보고 가르쳐 주셨습니다. 새벽 시간에도 주님을 부인하는 사건이 일어날 수 있음을 보여주신 사건입니다. 또한 닭의 울음소리는 베드로에게 회개의 기회로 주신 소리입니다. 만일 주님의 이 예고가 없었다면 베드로는 결코 회개하지 않았을 것입니다. 베드로는 닭의 울음소리를 듣고 주님의 말씀이 생각이 나서 회개할 수 있었습니다.

우리 선교지인 남아프리카 공화국에 가면 개혁파 교회들이 많이 있습니다. 그 교회당 꼭대기의 십자가 옆에는 닭이 한 마리 달려 있습니다. 그 닭은 바로 베드로가 닭의 울음소리를 듣고 회개한 것을 상징합니다. 항상 깨어서 회개하고 기도할 것을 가르쳐 줍니다. 우리도 베드로가 들은 닭의 울음소리를 들어야 합니다. 닭의 울음소리를 들으라는 것은 "닭이 울기 전에 네가 세 번 나를 부인하리라"는 주님의 말씀을 기억하라는 뜻입니다. 우리는 항상 주님의 말씀을 기억하여 즉시 회개해야 합니다.

주님은 유다의 배신이 이미 마음 깊은 곳에서 계획되고 있음을 아셨습니다. 뿐만 아니라 베드로의 경우는 전혀 사전에 계획된 것이 아니었음에도 불구하고 분명하게 예견하셨습니다. 가룟 유다의 사악한 죄와 주님을 사랑하는 제자의 연약함도 다 알고 계셨습니다. 그러므로 우리는 결코 베드로처럼 장담을 하거나 호언을 해선 안 됩니다. 항상 겸손하게 낮아져서 자신의 연약함을 바로 알아 주님의 도움을 구하는 지혜로운 성도들이 되어야 합니다. 성경은 말씀합니다. "선 줄로 생각하는 자는 넘어질까 조심하라"(고전 10:12)

우리는 결코 유다처럼 주님을 배반하는 길로 가지 말아야 합니다. 끝까지 주님 곁에서 주님을 따라야 합니다. 그리고 '서로 사랑하라'

는 주님의 새 계명을 지키도록 최선을 다해야 합니다. 항상 깨어서 주님의 말씀을 붙잡고 주님께 충성을 다하며 세상 끝 날까지 이 믿음을 지킬 수 있도록 다짐하고 기도합시다. 아멘.

1너희는 마음에 근심하지 말라 하나님을 믿으니 또 나를 믿으라 2내 아버지
집에 거할 곳이 많도다 그렇지 않으면 너희에게 일렀으리라 내가 너희를 위
하여 거처를 예비하러 가노니 3가서 너희를 위하여 거처를 예비하면 내가
다시 와서 너희를 내게로 영접하여 나 있는 곳에 너희도 있게 하리라 4내가
어디로 가는지 그 길을 너희가 아느니라 5도마가 이르되 주여 주께서 어디
로 가시는지 우리가 알지 못하거늘 그 길을 어찌 알겠사옵나이까 6예수께서
이르시되 내가 곧 길이요 진리요 생명이니 나로 말미암지 않고는 아버지께
로 올 자가 없느니라 7너희가 나를 알았더라면 내 아버지도 알았으리로다 이
제부터는 너희가 그를 알았고 또 보았느니라 8빌립이 이르되 주여 아버지를
우리에게 보여 주옵소서 그리하면 족하겠나이다 9예수께서 이르시되 빌립아
내가 이렇게 오래 너희와 함께 있으되 네가 나를 알지 못하느냐 나를 본 자
는 아버지를 보았거늘 어찌하여 아버지를 보이라 하느냐 10내가 아버지 안에
거하고 아버지는 내 안에 계신 것을 네가 믿지 아니하느냐 내가 너희에게
이르는 말은 스스로 하는 것이 아니라 아버지께서 내 안에 계셔서 그의 일
을 하시는 것이라 11내가 아버지 안에 거하고 아버지께서 내 안에 계심을 믿
으라 그렇지 못하겠거든 행하는 그 일로 말미암아 나를 믿으라 12내가 진실
로 진실로 너희에게 이르노니 나를 믿는 자는 내가 하는 일을 그도 할 것이
요 또한 그보다 큰 일도 하리니 이는 내가 아버지께로 감이라 13너희가 내
이름으로 무엇을 구하든지 내가 행하리니 이는 아버지로 하여금 아들로 말
미암아 영광을 받으시게 하려 함이라 14내 이름으로 무엇이든지 내게 구하면
내가 행하리라

(요한복음 14:1-14)

07

길이요 진리요 생명이신 예수 그리스도

우리가 가야할 최종 목적지는 천국, 즉 하나님의 나라입니다. 그

런데 천국은 아무나 갈 수 있는 곳이 아닙니다. 하나님의 나라는 오직 길이요 진리요 생명이신 예수 그리스도를 통해서만 갈 수 있습니다. 예수님은 세상을 떠나실 때가 다가오자 제자들에게 천국으로 가는 길을 아주 쉽게 말씀해 주셨습니다. "내가 곧 길이요 진리요 생명이니 나로 말미암지 않고는 아버지께로 올 자가 없느니라"(6)

1. 예수님께서 제자들을 위로하셨습니다

예수님께서 제자들에게 세상을 떠나실 것을 말씀하시자 제자들이 근심하기 시작했습니다. 그래서 예수님이 제자들을 위로하셨습니다. "너희는 마음에 근심하지 말라 하나님을 믿으니 또 나를 믿으라"(1) 이 말씀은 제자들이 하나님도 믿고 예수님도 믿어야 한다는 의미입니다. 즉 이것은 예수님을 하나님과 동등하게 여기고 믿으라는 말입니다.

요한복음에는 예수님을 하나님과 동등으로 보고 하나 됨을 강조하고 있습니다. 하나님과 예수님은 하나입니다. 하나님께서 인간의 몸을 입고 이 세상에 오신 분이 바로 예수 그리스도이시기 때문입니다. 그래서 예수님은 제자들에게 "하나님 아버지를 믿는 것은 곧 나를 믿는 것이다. 너희는 근심하지 말라"고 말씀하신 것입니다.

여기서 예수님께서 제자들에게 자신을 믿으라고 하신 것은 일찍이 제자들에게 가르쳐 주신 내세에 대한 교훈을 믿으라는 뜻이 포함되어 있습니다. 예수님이 제자들에게 말씀하셨습니다. "내 아버지

집에 거할 곳이 많도다 그렇지 않으면 너희에게 일렀으리라 내가 너희를 위하여 거처를 예비하러 가노니 가서 너희를 위하여 거처를 예비하면 내가 다시 와서 너희를 내게로 영접하여 나 있는 곳에 너희도 있게 하리라"(2-3)

여기서 '내 아버지 집'은 천국을, '거할 곳(모나이, μοναι)'은 영구한 저택(邸宅)을 의미합니다. 주께서 예비하신 '거할 곳(영구한 저택)'은 본래부터 준비된 천국의 저택을 말합니다. 예수님은 자기 백성들을 위하여 이미 하늘나라에 좋은 집을 마련해 두시고 이것을 제자들에게 확신시켜 주고 있습니다. 예수님은 "내 아버지 집에 거할 곳이 많도다 그렇지 않으면 너희에게 일렀으리라"(2)고 말씀하셨습니다. 이 말씀의 뜻은 만일 아버지의 집에 거할 곳이 없다면 예수님이 그 사실을 제자들에게 벌써 말씀하셨을 것이란 말입니다. 좀 더 문법적으로 말하면 "그렇지 않으면 내가 너희를 위하여 처소를 예비하러 간다는 말을 하겠느냐?"로 번역할 수 있습니다. 예수님은 이미 제자들에게 그들을 위하여 하늘에 있을 곳을 예비하겠다고 말씀하신 바 있습니다.

우리 예수님은 그의 백성들을 위하여 이미 천국에 거할 곳을 준비해 두셨습니다. 그러므로 우리는 항상 천국을 소망삼고 살아야 합니다. 힘들고 어려울 때에는 주님이 우리를 위하여 오래 전부터 예비해 놓으신 천국을 바라보면 위로가 되고 힘을 얻을 수 있습니다.

미국의 유명한 부흥사 D.L. 무디는 "준비된 천국을 믿고 바라보는 신자는 벌써 천국에 들어가 있는 듯한 생활을 한다."고 말했습니다. 장차 우리가 들어가서 영원히 살게 될 천국을 생각하면 세상에서 어떤 일을 만나도 조급해 하거나 당황할 필요가 없습니다. 우리는 천국에서 영원토록 살게 될 사람들이기 때문입니다.

그런데 일부 신학자들은 천국을 부인합니다. 그런가 하면 우리가 천국에 들어가기 위해서는 많은 노력을 해야 한다고 말하는 사람들도 있습니다. 그러나 천국은 우리의 힘이나 노력으로는 들어갈 수 없습니다. 우리가 하나님께서 예비해 놓으신 천국에 들어갈 수 있는 길은 오직 주 예수 그리스도를 믿는 믿음뿐입니다.

천국은 이미 우리 예수님이 믿는 자들을 위하여 준비해 두셨습니다. 예수님은 말씀하셨습니다. “내가 너희를 위하여 거처를 예비하러 가노니”(2) 우리 주님께서 천국을 오래 전에 예비해 두시고 우리를 그곳으로 데리고 가셔서 주님과 함께 영원히 살게 하실 것입니다. “가서 너희를 위하여 거처를 예비하면 내가 다시 와서 너희를 내게로 영접하여 나 있는 곳에 너희도 있게 하리라”(3) 이 영원한 거처는 예수님과 제자들의 만남의 장소입니다. 천국은 우리가 예수님과 다시 만나는 곳이요 주님과 영원히 함께 살 곳입니다.

우리나라 철학자 가운데 서울대 교수로 재직하면서 고 박정희 대통령의 철학적 자문을 해오던 박종홍 교수는 아주 박학다식했던 분으로 알려져 있습니다. 특히 진리를 사랑하고 인격적으로도 뛰어나 많은 사람들이 존경했던 분입니다. 바로 이분이 ‘국민교육헌장’을 제정했습니다. 임종이 가까워진 1976년 어느 날 제자가 찾아와 위로를 했습니다. “선생님, 극락세계에서 영생하셔야죠.” 그러자 이분은 “아니야, 극락이 보이질 않아. 앞이 캄캄할 뿐이야.”라고 말했습니다. 인격적으로 훌륭하신 분이 눈앞이 캄캄하다고 하자 난처해진 제자가 말했습니다. "선생님, 그러면 예수님을 믿어 보십시오." 이 말에 그분이 예수님을 믿기로 작정하고 새문안교회의 강신명 목사님을 모셔다가 요한복음 3장 16절을 읽고 예수님을 영접한 후 세례를 받고 세상을 떠났습니다.

이분의 마지막 유언은 장례를 기독교식으로 해달라는 것이었습니다. 뛰어난 지식과 인격과 성실한 그의 인품으로 많은 사람들의 존경과 사랑을 받았지만 그것으로는 천국에 갈 수 없었습니다. 천국에 가는 길은 오직 예수밖에는 없습니다.

우리 예수님은 자신을 믿는 자들을 위하여 영원한 천국을 예비해 두시고 우리와 함께 살게 될 것이라고 말씀하셨습니다.

우리는 한시도 우리를 위해 예비하신 천국을 잊지 말아야 합니다. 힘들고 어려운 순간마다, 그리고 사랑하는 이들을 먼저 보낼 때마다 우리가 장차 영원히 예수님과 함께 살게 될 천국을 바라보며 힘과 용기를 얻어야 합니다.

2. 예수님만이 길이요 진리요 생명이십니다

예수님의 제자 도마가 물었습니다. "주여 주께서 어디로 가시는지 우리가 알지 못하거늘 그 길을 어찌 알겠사옵나이까"(5)

요한복음에는 도마가 충성스러우면서도 때로는 의심이 많고 둔한 제자로 표현되고 있습니다. 도마는 예수님이 천국에 대해 많은 말씀을 하셨지만 아직 제대로 이해하지 못하고 있습니다. 그것은 그가 영적 지각력이 떨어진다는 증거입니다. 그러나 이 도마의 질문 때문에 주님은 진리를 더욱 더 분명하게 말씀해 주셨습니다. "내가 곧 길이요 진리요 생명이니 나로 말미암지 않고는 아버지께로 올 자가 없느니라"(6) 헬라 원문에는 '길', '진리', '생명' 이란 말 앞에 '그' 라는 관사(ἡ)가 있어서 '그 길', '그 진리', '그 생명' 을 의미합니다. 다시 말하면 '그 길' 은 유일한 길이요(행 4:12), '그 진리' 도 유일한 진리요, '그 생명' 도 유일한 생명의 근원임을 가리킵니다.

여기서 우리가 주목할 것은 예수님만이 우리의 구원의 길이요 진리요 생명이란 사실입니다. 예수님은 그 시대의 다른 종교 사상과 타협하지 않았습니다. 예수님 당시에는 영혼이 자기의 힘으로 하늘에 간다는 영지파(노시스) 등 여러 가지 사상이 유행했습니다. 그러나 예수님은 그런 것들과 타협하는 혼합주의(Syncretism)를 용납하지 않았습니다. 예수님은 오직 유일한 '그 길' 이요 '그 진리' 요 '그 생명' 이라고 주장하셨습니다. 오직 예수님을 통해서만 구원받아 천국에 들어갈 수 있음을 말씀하셨습니다.

"나로 말미암지 않고는 아버지께로 올 자가 없느니라"(6) 예수님은 도마에게 천국에 가는 길을 분명하게 가르쳐 주셨습니다. 그러므로 천국에 가기 위해서는 반드시 예수 그리스도를 바로 알고 바로 믿어야 합니다. 예수님은 말씀하셨습니다. "너희가 나를 알았더라면 내 아버지도 알았으리로다 이제부터는 너희가 그를 알았고 또 보았느니라"(7) 그리스도를 아는 자는 아버지 하나님을 알게 됩니다. 그 이유는 그리스도는 하나님 아버지와 일체이기 때문입니다. 그러나 예수님의 제자들은 그때까지 그런 영적 지식이 부족했습니다. 그렇지만 예수님이 말씀하신 '이제부터' 는 그들이 그런 지식을 갖게 될 것이란 말입니다. '이제부터' 란 말은 이제 머잖아 곧 실현될 때를 말합니다. 곧 예수님이 십자가를 지고 죽으셨다가 부활 승천하시고 성령께서 강림하실 때를 가리킵니다.

그러나 아직도 확신이 없는 제자들이 있었습니다. "빌립이 이르되 주여 아버지를 우리에게 보여 주옵소서 그리하면 족하겠나이다"(8) 빌립은 여기서도 현실적이고 타산적입니다. 하나님은 영이시라 우리의 눈으로는 볼 수 없습니다. 그런데 빌립은 영(靈)이신 하나님 아버지를 감각적으로 보기를 원했습니다. 그러자 예수님이 말씀하셨습니다. "빌립아 내가 이렇게 오래 너희와 함께 있으되 네가 나를 알지 못하느냐 나를 본 자는 아버지를 보았거늘 어찌하여 아버지를 보이라 하느냐"(9) 예수님은 인간의 몸을 입고 이 세상에 오신 하나님이십니다. 그러므로 예수 그리스도를 본 자는 하나님 아버지를 본 것입니다. 우리는 하나님에 관한 모든 생각에 있어서 그리스도를 거울로 삼게 됩니다. 그리스도는 보이지 않는 하나님의 형상이기 때문입니다.

"내가 아버지 안에 거하고 아버지는 내 안에 계신 것을 네가 믿지 아니하느냐 내가 너희에게 이르는 말은 스스로 하는 것이 아니라 아버지께서 내 안에 계셔서 그의 일을 하시는 것이라"(10) 여기에서 '안에 거하고' 란 말은 성부와 성자의 본질상 연합을 가리킵니다. 그리고 '내가 아버지 안에' 라고 하신 것은 예수님께서 아버지를 향하여 자신을 겸허(謙虛)하게 낮춘 표현이며, '아버지께서 내 안에' 란 말은 '아버지께서 예수님의 겸허에 모든 능력과 지혜를 전달하셨다' 는 의미로 해석할 수 있습니다. 예수님은 제자들에게 이 사실을 믿으라고 말씀하셨습니다. "내가 아버지 안에 거하고 아버지께서 내 안에 계심을 믿으라 그렇지 못하겠거든 행하는 그 일로 말미암아 나를 믿으라"(11)

여기에서 '믿으라' 고 부탁하시는 것은 예수님의 말씀을 그대로 믿으라는 뜻입니다. 예수님은 자신을 따르는 제자들에게 자신의 말씀을 그대로 믿으라고 말씀하셨습니다. 예수님의 말씀을 그대로 믿는 것이 신앙입니다. 그러나 유대인들은 예수님의 말씀을 믿지 못했습니다. 그래서 예수님은 "내가 아버지 안에 거하고 아버지께서 내 안에 계심을 믿으라 그렇지 못하겠거든 행하는 그 일로 말미암아 나를 믿으라"(11)고 말씀하셨고 제자들에게도 역시 똑 같은 말로 부탁하셨습니다.

오늘날에도 예수님의 말씀을 믿지 못하는 사람들이 많습니다. 그러나 우리의 삶속에 역사하시는 주님을 보면 도저히 부인할 수가 없습니다. 우리 예수님은 세상에 계실 때 수많은 능력을 행하셨습니다. 수많은 병자들을 고쳐주셨으며 놀라운 기적들을 행하셨습니다. 그때 많은 사람들이 믿었습니다. 예수님의 제자들도 예수님의 행하신 일들을 보며 믿었습니다. 예수님은 지금도 우리의 삶속에서 역사하십니다. 우리는 그것을 보고 믿어야 합니다. 우리 예수님은 지금도 우리의 기도에 응답하십니다.

영국의 '죠지 뮬러' 는 누구보다도 예수님의 능력을 많이 체험한 사람입니다. 그는 전적으로 주님의 능력을 믿었기에 놀라운 일들을 수없이 체험했습니다. 하나님은 그에게 고아원을 지을 수 있도록 인도하셨습니다. 그런데 그는 누구에게도 도와달라는 부탁을 하지 않고 모든 것을 하나님께만 부탁했습니다. 그리고 하나님은 그에게 건물과 교사들과 고용인들과 음식과 의복 등 필요한 모든 것을 보내어 주셨습니다. 죠지 뮬러 목사님은 늘 하루에 2시간 이상 기도했습니다. 어느 겨울엔가 추위가 계속 되고 있을 때 보일러가 고장이 났습니다. 큰일이었습니다. 그때 뮬러 목사님은 간절히 기도했습니다. 하나님은 그의 기도에 응답하시어 보일러를 수리하는 일주일동안 따뜻한 날씨를 주셨습니다. 주님이 그의 기도에 응답하신 것입니다. 그런가 하면 수백 명의 고아들은 다음 끼니를 어디에서 공급 받을지도 모르는 채 마지막 식량을 먹는 일이 흔히 있었습니다. 그때마다 뮬러는 항상 기도했고 아이들은 한 끼도 거르는 일이 없었습니다. 어느 날 양식이 떨어져 아이들이 굶고 있을 때 목사님이 기도했습니다. 얼마 가지 않아 먹을 것을 실은 트럭이 고아원 마당으로 들어섰습니다. 목사님이 세상을 떠날 때에 하나님이 자신의 모든 기도를 다 들어주셨다며 감사했습니다. 그는 평생에 5만 번 이상의 기도를 응답 받았다고 했습니다.

목포에 있는 '공생원'의 윤치호 원장 역시 하나님의 역사를 많이 체험한 분입니다. 그 역시 가진 것이라곤 기도밖에 없었습니다. 그도 원생들이 먹을 것이 없어 끼니를 거르고 있을 때 일용할 양식을 달라고 그들과 함께 기도했습니다. 밖에는 비까지 내리고 있었습니다. 그때 공생원 안으로 리어카 한 대가 들어왔습니다. 그 리어카 안에는 먹을 것이 가득 들어 있었습니다. 사연인즉, 그날은 리어카 주인의 부친 회갑이라 손님이 많이 올 줄 알고 음식을 넉넉하게 장만 했는데 비가 오는 바람에 예상보다 적게 온데다 더운 날씨라 음식도 금방 상할 것 같아 가지고 온 것입니다. 아이들은 모처럼 기름진 음식으로 주린 배를 채울 수 있었습니다.

지금도 예수님은 우리의 삶속에서 역사하시며 위대한 일들을 행하십니다. 우리는 이런 일들을 경험하고 확인하고 믿어야 합니다. 우리는 지금도 주님이 우리의 삶속에서 역사하심을 믿고 그의 능력을 체험하며 살아갑시다.

3. 주님을 믿는 자는 더 큰 일을 행할 것입니다

예수님은 우리가 예수님을 믿으면 예수님이 하신 일뿐 아니라 그보다 더 큰 일도 할 수 있다고 말씀하셨습니다. "내가 진실로 진실로 너희에게 이르노니 나를 믿는 자는 내가 하는 일을 그도 할 것이요 또한 그보다 큰 일도 하리니 이는 내가 아버지께로 감이라"(12) 이 말씀은 사도들을 대상으로 하신 말씀입니다. "나를 믿는 자는 내가 하는 일을 그도 할 것이요"란 말씀은 곧 사도들이 그리스도께서 주신 권능에 의하여 이적을 행하며 기타 위대한 일들을 하되 예수님이 행하신 만큼의 능력도 능히 행할 수 있다는 말입니다. '그보다 큰 일' 은 그리스도께서 승천하심으로 성령이 오셔서 이루실 만국 전도와 구령(救靈) 사업을 가리킵니다. 예수님이 땅 위에서 행하신 일들은 미래의 '그 큰 일들' 을 위한 준비였습니다.

예수님은 위대한 구원 역사를 이루고 승천하셨습니다. 그리고 교회를 이 땅 위에 세우고 사도들과 일꾼들을 통하여 복음을 전파하게 하셨습니다. 이 일을 위해 성령을 보내 주셨습니다. 성령의 충만을 받은 사도들과 제자들은 온 세상에 나가서 주의 복음을 전하여 곳곳마다 교회를 세우고 많은 영혼들을 주님 앞으로 인도할 때 큰 부흥이 일어났습니다. 이 일은 놀라운 일입니다. 주님은 이 모든 것을 내다보시고 자신보다 더 큰 일을 행할 것이라고 말씀하셨습니다.

지금도 전 세계적으로 주의 복음을 전하는 위대한 일들이 진행되고 있습니다. 선교사들을 통하여 많은 영혼들이 주님 앞으로 돌아오고 있습니다. 그리고 우리 성도들을 통하여 우리의 이웃이 예수님께로 돌아오는 역사가 이어지고 있습니다. 우리 교회도 매 주일마다 새로운 영혼들이 주님 앞에 나와 구원을 받고 있습니다.

우리 주님은 약속하셨습니다. "너희가 내 이름으로 무엇을 구하든지 내가 행하리니 이는 아버지로 하여금 아들로 말미암아 영광을 받으시게 하려 함이라"(13) 이 말씀은 예수님이 사도들과 신자들의 기도에 응답해 주시겠다는 약속입니다. '내 이름으로 무엇을 구하든지' 란 말씀은 예수님의 권위(權威)나 공로(功勞)에 의지하여 그의 계명을 지키며 그의 뜻대로 기도하는 것을 말합니다.

그리고 '내가 행하리니' 란 말씀은 아버지께서 기도를 응답하시는 것은 아들로 말미암아 실행되는 것임을 가리킵니다. '영광을 받으시게 하려 함이라' 는 말씀은 기도의 응답은 언제나 인간의 사욕을 채우려는 것이 아니라 하나님의 거룩하신 뜻을 이루어 그에게 영광이 돌아가게 하는 것이 그 목적임을 의미합니다. 이런 기도의 응답은 그리스도의 중보적 역사로 실현되기 때문에 '아들로 말미암아' 라고 표현한 것입니다.

"내 이름으로 무엇이든지 내게 구하면 내가 행하리라"(14) 이 말씀은 앞 절의 약속을 거듭함으로써 고조하는 말씀입니다. 우리는 기도할 때에 반드시 예수 그리스도의 이름으로 기도해야 합니다. 그것은 나를 위하여 십자가에서 피 흘리며 죽어주신 예수님의 보혈로 우리가 죄를 용서 받아 하나님께 가까이 나아가 담대히 기도로 구할 수 있게 되었기 때문입니다.

불교를 믿다가 개종한 어느 할머니가 손을 싹싹 비비면서 기도하더니 마지막에는 "예수님의 이름으로 기도합니다. 나무아미타불" 하더랍니다. 이 기도는 잘못된 기도입니다. 우리는 마리아나 어느 제자 중 한 사람, 또는 성자들의 이름으로 기도해도 안 됩니다. 우리는 정확하게 예수 그리스도의 이름으로 기도해야 합니다. 또 아주 틀렸다고는 할 수 없지만 "주님의 이름으로 기도합니다.", 또는 "십자가의 공로로 기도합니다." 등도 정확한 표현이 될 수 없습니다. 다른 종교에서도 '주님' 이라고 하기 때문입니다. 그러므로 정확하게 "예수 그리스도의 이름으로 기도합니다.", 또는 "예수님의 이름으로 기도합니다." 등으로 기도해야 합니다. 그리고 "기도하였습니다.", "기도드렸습니다." 등의 과거형이 아닌 현재형으로 기도하는 것이 옳습니다. 반드시 "예수님의 이름으로 기도합니다.", 또는 "예수 그리스도의 이름으로 기도드립니다." 등의 현재형으로 기도해야 합니다. 그보다 기도에서 가장 중요한 것은 믿음으로 하는 것입니다. 예수님께서 내 기도에 응답해 주실 줄 믿고 기도해야 합니다.

예수님을 믿는 처녀가 믿지 않는 청년과 결혼을 했습니다. 결혼을 해서 불신 가정으로 들어가서 보니 하루 하루 고통스럽고 숨 막히는 삶의 연속이었습니다. 한번은 현관문 위에 매달아 놓은 '게' 에서 썩은 냄새가 진동을 해서 용기를 내어 쓰레기통에 버렸습니다. 그랬더니 시어머니는 그 다음날 싱싱한 게를 사다가 다시 매달아 놓았습니다. 물론 이것은 시어머니의 미신적인 신앙 행위에서 온 것입니다. 그래서 며느리는 다음날 아침부터 그릇에 밥을 담을 때마다 울면서 기도했습니다. "하나님, 이 밥을 먹는 사람들 모두가 예수님을 믿어 구원 받게 해주시고 썩은 게 대신에 십자가를 달고 귀신을 찾는 주문 대신에 찬송을 부르게 하옵소서." 결국 2년간의 눈물의 기도가 응답되어 이제는 그 가정에서 썩은 게가 매달려 있는 것을 볼 수 없게 되었습니다. 그리고 남편도 교회에 등록하게 되었고, 첫 아들의 돌이 되었을 때는 구역 식구들을 모두 초청해서 하나님께 감사의 예배를 드렸습니다. 기도의 응답입니다.

우리 예수님은 자신을 믿는 성도들을 위하여 천국에 거처를 준비해 두셨습니다. 예수님만이 길이요 진리요 생명이십니다. 예수님을 믿는 자만이 영원한 천국에 들어갈 수 있습니다. 예수님은 자신을 믿는 모든 성도들에게 더 큰 일을 이루게 하십니다. 예수님은 지금도 우리의 삶 속에서 역사하십니다. 우리가 예수님을 믿고 그의 이름으로 기도하면 반드시 응답해 주십니다. 예수님은 우리의 길이요 진리요 생명이십니다. 아멘.

[15]너희가 나를 사랑하면 나의 계명을 지키리라 [16]내가 아버지께 구하겠으니
그가 또 다른 보혜사를 너희에게 주사 영원토록 너희와 함께 있게 하리니
[17]그는 진리의 영이라 세상은 능히 그를 받지 못하나니 이는 그를 보지도 못
하고 알지도 못함이라 그러나 너희는 그를 아나니 그는 너희와 함께 거하심
이요 또 너희 속에 계시겠음이라 [18]내가 너희를 고아와 같이 버려두지 아니
하고 너희에게로 오리라 [19]조금 있으면 세상은 다시 나를 보지 못할 것이로
되 너희는 나를 보리니 이는 내가 살아 있고 너희도 살아 있겠음이라 [20]그날
에는 내가 아버지 안에 너희가 내 안에 내가 너희 안에 있는 것을 너희가
알리라 [21]나의 계명을 지키는 자라야 나를 사랑하는 자니 나를 사랑하는 자
는 내 아버지께 사랑을 받을 것이요 나도 그를 사랑하여 그에게 나를 나타
내리라 [22]가룟인 아닌 유다가 이르되 주여 어찌하여 자기를 우리에게는 나타
내시고 세상에는 아니하려 하시나이까 [23]예수께서 대답하여 이르시되 사람이
나를 사랑하면 내 말을 지키리니 내 아버지께서 그를 사랑하실 것이요 우리
가 그에게 가서 거처를 그와 함께 하리라 [24]나를 사랑하지 아니하는 자는 내
말을 지키지 아니하나니 너희가 듣는 말은 내 말이 아니요 나를 보내신 아
버지의 말씀이니라

(요한복음 14:15-24)

08

나를 사랑하면 나의 계명을 지키라

예수님은 그의 제자들에게 "너희는 마음에 근심하지 말라 하나님을 믿으니 또 나를 믿으라"(1)시며 천국에 거할 집을 마련하러 간다

고 말씀하셨습니다. 동시에 천국에 들어가는 길은 '길이요 진리요 생명이신 예수 그리스도를 통해서만 갈 수 있다' 고 말씀하셨습니다. 그리고 이어 본문에서는 "너희가 나를 사랑하면 나의 계명을 지키리라"고 말씀하십니다.

1. 주님을 사랑하면 그의 계명을 지켜야 합니다

예수님은 사도들에게 그의 계명을 지키라고 하셨습니다. "너희가 나를 사랑하면 나의 계명을 지키리라"(15)

'예수님의 계명을 지키는 것' 이 바로 '예수님을 사랑하는 것' 이라고 말씀하셨습니다. 그런데 곧이어 다음 절에서는 보혜사 성령에 관한 말씀을 하십니다. "너희가 나를 사랑하면 나의 계명을 지키리라" 고 말씀하신 후 "내가 아버지께 구하겠으니 그가 또 다른 보혜사를 너희에게 주사 영원토록 너희와 함께 있게 하리니 그는 진리의 영"(16-17)이라고 말씀하셨습니다. 이 말씀은 하나님의 백성들이 주의 계명을 지킬 때 보혜사가 오신다는 말입니다. 여기서의 '계명' 은 성도들이 서로 사랑하는 것을 말합니다. 예수님은 제자들에게 먼저 계명을 지키라고 말씀하셨습니다. 그 이유는 예수님이 천국으로 떠나시게 되면 제자들은 더 이상 예수님과 함께 할 수 없기 때문입니다.

제자들은 주님이 떠나시면 어떻게 해야 될지, 또 그들 앞에 어떤 일이 일어날 것인지 근심하고 있었습니다. 이것을 잘 아시는 예수님은 제자들에게 그의 계명을 지키라고 말씀하셨습니다. 주님의 계명을 지키면 그 계명이 제자들을 지켜주실 것이기 때문입니다. 제자들이 계명을 지킬 때 주님이 그들과 함께 하시어 힘을 얻게 하실 것입니다. 주님의 계명을 지킨다는 것은 주님을 사랑한다는 말입니다. 예수님을 사랑한다면 그의 계명을 지키는 것은 당연합니다. 그의 계명을 지키는 것은 주께서 주신 사명에 충성을 다하는 것입니다.

부활하신 예수님은 낙심하여 물고기를 잡으러 간 제자들을 만나러 디베랴 바다로 오셨습니다. 주님은 세 번이나 자신을 부인한 베드로에게 말씀하셨습니다. “요한의 아들 시몬아 네가 이 사람들보다 나를 더 사랑하느냐” 베드로가 대답했습니다. “주님 그러하나이다 내가 주님을 사랑하는 줄 주님께서 아시나이다” 예수님이 다시 말씀하셨습니다. “내 어린 양을 먹이라” 그리고 “요한의 아들 시몬아 네가 나를 사랑하느냐”고 물으셨습니다. 베드로가 다시 대답했습니다. “주님 그러하나이다 내가 주님을 사랑하는 줄 주님께서 아시나이다” 그러자 예수님은 다시 “내 양을 치라”고 말씀하셨습니다. 그리고 세 번째 다시 물으셨습니다. “요한의 아들 시몬아 네가 나를 사랑하느냐” 주께서 세 번째 “네가 나를 사랑하느냐” 하시므로 베드로가 근심하여 대답했습니다. “주님 모든 것을 아시오매 내가 주님을 사랑하는 줄을 주님께서 아시나이다” 이때 예수님은 “내 양을 먹이라”고 말씀하셨습니다.

여기에서 주님을 사랑하면 그의 계명을 지켜야 함을 보여줍니다. 우리가 주님의 계명을 지킴으로써 주님을 향한 사랑을 증거할 수 있습니다. 주님을 사랑하는 제자들은 그의 계명을 지켰습니다. 주님의 마지막 계명인 땅 끝까지 모든 족속에게 복음을 전하라는 말씀에 순종하여 그들은 목숨을 바치기 까지 그의 계명을 지켰습니다. 이것은 주님을 사랑했기 때문에 가능할 수 있었습니다. 사랑하는 주님을 위해서 그들은 기꺼이 생명도 내놓을 수 있었습니다. 주님의 계명을 지켰다는 것은 주님을 사랑한다는 증거입니다.

주후 32년 경인 어느 겨울날, 로마 황제는 군인들을 비롯한 모든 공무원은 이교 신전에서 제사를 드려야 한다는 칙령을 발표했습니다. 그 칙령에는 제사를 드리지 않는 사람은 직분을 잃을 뿐 아니라 사형을 당할 것이라고 적혀 있었습니다. 300년 동안 무적의 사단이었던 12사단의 대장은 부하들을 불러 그 칙령을 읽어 주며 말했습니다. "12사단 군사들이여, 여러분은 많은 전투에서 용기를 보여주었습니다. 이제 우리는 황제의 법에 순종함으로써 제국의 가이사에게 충성을 다합시다. 내일은 우리 사단이 신들에게 제사를 드릴 것입니다." 얼마 후 2명의 군인이 장군을 찾아와 12사단에는 40명의 그리스도인이 있는데 그들은 이교 신에게 제사를 드리지 않을 것이라고 보고했습니다. 장군은 화를 내며 말했습니다. "만약 제사에 참여하지 않는다면 무기를 압수 당하고 그 직책을 잃을 뿐 아니라 죽임을 당하게 될 것이오. 그렇게 알고 깊이 생각해서 좋은 쪽을 선택하라고 하시오." 그날 밤 진영에서 40명의 그리스도인들이 모여 시편을 읽으며 찬송을 불렀습니다. 다음 날 아침 그들이 제사 참여를 거부하자 처형하라는 장군의 명령이 떨어졌습니다. 팔과 목이 묶인 채 제사를 거부한 그리스도인들은 얼어붙은 호수 근처로 끌려갔습니다. 그리고 해가 지자 그들은 벌거벗긴 채 호수 한가운데로 끌려 들어갔습니다. 그들이 세운 큰 전과(戰果)를 참작해서 자신들의 주장을 철회할 기회가 주어졌습니다. 호수 옆에는 그리스도에 대한 신앙을 부인하고 제사를 드리기로 작정한 군사들을 위해 따뜻한 목욕탕이 준비되어 있었습니다. 어둠 속에서 이들이 호수 가운데로 끌려가자 차가운 바람이 얼어붙은 호수 위로 불었습니다. 목욕탕을 지키고 있던 보초병은 호숫가에서 장작불을 피워 몸을 녹이고 있었습니다. 그 보초병은 얼어붙은 호수 가운데에서 그리스도인들이 부르는 찬송 소리를 들었습니다. 그러나 밤이 깊어 갈수록 찬송 소리가 점점 약해졌습니다. 그때 보초병은 그리스도인들의 중얼거리는 기도 소리와 함께 천사의 목소리를 들었습니다. "그리스도의 좋은 군사 40명, 순교자 40명, 그리고 40개의 면류관이로다." 그런데 조금 후에 그 천사의 찬송 소리가 바뀌어 "그리스도의 좋은 군사 39명, 순교자 39명, 그리고 39개의 면류관이로다." 그때 그 보초병은 따뜻한 목욕탕 쪽으로 걸어오는 발자국 소리를 들었습니다. 그 보초병은 즉시 무기를 내려놓고 소리를 질렀습니다. "여기 내 옷을 입으시오. 내가 당신을 대신하겠소!" 그리고 그 보초병은 벌거벗은 채로 얼어붙은 호수 가운데를 향해 뛰어가며 노래를 불렀습니다. "그리스도의 좋은 군사 40명, 순교자 40명, 그리고 40개의 면류관이로다." 다음 날 아침에 장군은 죄수들을 모두 끌어내라는 명령을 했습니다. 얼어 죽은 시체들이 호수 한가운데 쌓여 있었고 그 가운데는 그 보초병의 시체도 있었습니다. 그가 주님을 안 것은 짧은 순간이었지만 그는 주님을 위하여 자신의 목숨을 바침으로써 주님의 품에 안긴 것입니다. 성경은 말씀합니다. "너는 그리스도 예수의 좋은 병사로 나와 함께 고난을 받으라 병사로 복무하는 자는 자기 생활에 얽매이는 자가 하

나도 없나니 이는 병사로 모집한 자를 기쁘게 하려 함이라"(딤후 2:3-4)

우리는 어떠합니까? 주님을 사랑한다면 그의 계명을 지켜야 합니다. 주님은 말씀하십니다. "사람이 나를 사랑하면 내 말을 지키리니 내 아버지께서 그를 사랑하실 것이요 우리가 그에게 가서 거처를 그와 함께 하리라 나를 사랑하지 아니하는 자는 내 말을 지키지 아니하나니 너희가 듣는 말은 내 말이 아니요 나를 보내신 아버지의 말씀이니라"(23-24) 본문에서 예수님은 주님을 사랑하는 것과 그의 계명을 지키는 것과의 밀접한 관계성을 무엇보다 반복하여 강조하셨습니다. 예수님을 사랑하는 사람은 그의 계명을 지켜야 한다는 말입니다. 즉 예수님의 계명을 지키는 사람이라야 그를 사랑하는 사람이란 말입니다. 다시 말하면 예수님의 계명을 지키지 않는 사람은 그를 사랑하지 않는 사람이란 말이 됩니다. 이렇게 여러 차례 반복하신 것을 보면 이 말씀은 단순한 것 같지만 아주 중요한 말씀임을 알 수 있습니다.

우리가 예수님을 사랑한다고 쉽게 말할 수는 있으나 그의 계명을 지키는 일에는 어떠한지 생각해 보아야 합니다. 우리가 예수님을 사랑한다면 입술로도 고백해야 하지만 우리의 삶 속에서도 예수님의 계명을 잘 지켜야 한다는 것을 명심해야 합니다. 한 마디로 주님을 사랑하는 사람은 주님의 계명을 지키는 사람이요 주님의 계명을 지키지 않는 사람은 주님을 사랑하지 않는 사람이란 말입니다.

우리는 천국 백성들입니다. 천국 백성은 주님을 사랑하며 그의 계명을 지키며 살아가는 사람입니다. 그러므로 우리는 날마다 주님을 사랑함으로 그의 계명을 기쁨으로 지켜야 합니다.

2. 계명을 지키면 주님의 사랑을 받습니다

"나의 계명을 지키는 자라야 나를 사랑하는 자니 나를 사랑하는 자는 내 아버지께 사랑을 받을 것이요 나도 그를 사랑하여 그에게 나를 나타내리라"(21)

이 말씀의 초점은 사랑에 맞추어져 있습니다. 예수님이 이 말씀을 하시자 대제사장에게로 간 가룟인 유다가 아닌 다른 유다가 주님께 물었습니다. "가룟인 아닌 유다가 이르되 주여 어찌하여 자기를 우리에게는 나타내시고 세상에는 아니하려 하시나이까"(22) 그러자 예수님은 "사람이 나를 사랑하면 내 말을 지키리니 내 아버지께서 그를 사랑하실 것이요 우리가 그에게 가서 거처를 그와 함께 하리라"(23)고 대답하셨습니다.

여기서 말씀하시는 '내 말'은 예수님이 이미 말씀하신 새 계명(13:34)을 가리키는데 이 새 계명은 성도들끼리 서로 사랑하라는 것입니다. 이 사랑은 예수 그리스도의 속죄의 사랑 안에서 이루어집니다. "우리가 사랑함은 그가 먼저 우리를 사랑하셨음이라"(요일 4:19) 우리는 예수님의 십자가의 사랑을 받았으니 그 사랑에 감사하여 서로 사랑해야 합니다. 십자가의 사랑으로 서로 사랑해야 합니다.

그리고 주님은 말씀하십니다. "나의 계명을 지키는 자라야 나를 사랑하는 자니 나를 사랑하는 자는 내 아버지께 사랑을 받을 것이요 나도 그를 사랑하여 그에게 나를 나타내리라"(21) '나도 그를 사랑하여 그에게 나를 나타내리라'는 말씀은 그리스도께서 성령으로 말미암아 우리에게 나타나실 것을 가리킵니다. 우리가 주님의 계명을 사랑하면 주께서 그의 사랑을 우리의 심령 속에 나타내십니다. 주님은 주의 계명을 지키는 자들에게 성령으로 사랑을 나타내신다고 하셨습니다. 제자들은 예루살렘을 떠나지 말고 약속하신 성령을 기다리라고 하신 말씀에 순종하여 10일 동안 열심히 기도했습니다. 그때 주님은 그의 계명을 지키는 제자들에게 성령으로 찾아 오셨습니다. 그러자 그들의 심령이 뜨거워졌습니다. 성령께서 담대함을 주시자 두려움에 떨던 그들이 자리를 박차고 일어나 복음을 전파했습니다. 주의 계명을 지키는 자는 주의 사랑을 받습니다.

하나님은 그의 말씀에 순종한 아브라함을 사랑하셨습니다. 하나님께서 아브라함에게 "너는 너의 고향과 친척과 아버지의 집을 떠나 내가 네게 보여 줄 땅으로 가라"(창 12:1)고 말씀하시자 즉각 순종한 그에게 복을 주셨습니다. 독자 이삭을 통해 야곱을 낳게 하셨고, 야곱을 통해 주신 열두 아들로 이스라엘의 열두 지파를 삼으시고 나라를 건설하게 하셨습니다. 그를 믿음의 조상으로 삼으신 것입니다. 하나님의 말씀에 순종하여 모리아 산에서 제물이 되고자 했던 이삭을 사랑하시어 한해 농사의 백배의 복을 주셨습니다. 하나님의 계명을 사랑하고 순종한 다윗을 사랑하시어 놀라운 사랑을 베풀어 주셨습니다. 이스라엘을 통일하게 하시고 가장 위대한 왕으로 세워 주시고 나라를 부강하게 해주시고 영토를 이스라엘 역사상 가장 넓게 확장시켜 주시고 솔로몬이란 지혜로운 아들을 주시고 성전 건축을 위한 모든 준비를 할 수 있는 복도 주셨습니다.

주님은 그의 계명을 사랑하여 지키는 자들을 사랑하십니다. 그러므로 우리는 항상 주의 계명에 순종할 자세가 되어 있어야 합니다.

프랑스 왕이 레오날드 우드(Leonard Wood) 경에게 만찬에 참여하라는 초청장을 보냈으나 답장이 없었습니다. 그런데 레오날드 우드 경은 다음 날 궁전의 한 홀에서 왕을 만났습니다. 프랑스 왕은 약간 의외라는 표정으로 반갑게 맞으며 말했습니다. "레오날드 경, 나는 당신을 이곳에서 보게 되리라고는 정말 기대하지 못했소. 어떻게 된 일이오?" 그러자 레오날드 경은 몹시 당황한 얼굴로 되물었습니다. "폐하께서 저를 초대하지 않으셨습니까?" "그랬었소. 하지만 경은 나의 초대에 아무런 응답도 보내지 않았소." 비로소 사태를 이해한 레오날드 우드 경은 정중히 대답했습니다. "왕의 초대에는 결코 가타부타 대답할 수 없습니다. 다만 순종만 있을 뿐입니다." 비로 이런 자세가 우리에게 필요합니다.

우리도 하나님 앞에서 이와 같은 아름다운 자세로 살아야 합니다. 주님의 계명에는 무조건 순종만 있을 뿐입니다. 주님은 주의 계명을 지키는 자에게 사랑을 베푸십니다. 하나님은 십계명에서 말씀하셨습니다. "너는 나 외에는 다른 신들을 네게 두지 말라 너를 위하여 새긴 우상을 만들지 말고 또 위로 하늘에 있는 것이나 아래로 땅에 있는 것이나 땅 아래 물속에 있는 것의 어떤 형상도 만들지 말며 그것들에게 절하지 말며 그것들을 섬기지 말라 나 네 하나님 여호와는 질투하는 하나님인즉 나를 미워하는 자의 죄를 갚되 아버지로부터 아들에게로 삼사 대까지 이르게 하거니와 나를 사랑하고 내 계명을

지키는 자에게는 천 대까지 은혜를 베푸느니라"(출 20:3-6)

우리 주님은 주의 계명을 지키는 자에게 사랑을 베푸십니다. 우리도 주님을 사랑함으로 주의 계명을 잘 지켜서 주의 사랑을 받아야 하겠습니다.

3. 보혜사 성령의 도우심이 있어야 합니다

예수님은 제자들에게 보혜사 성령을 보내 주시겠다고 약속하셨습니다. 신약 교회를 창립한 오순절 성령 운동은 하나님의 약속의 성취입니다. 신약의 교회 설립은 성령의 역사로 이루어졌습니다. 동시에 성도들이 주의 계명을 지키기 위해서도 성령의 도우심은 필수입니다. 그러나 우리의 힘만으로는 주님의 계명을 온전히 지킬 수 없습니다. 우리는 성령의 도우심이 없이는 주님을 사랑할 수도 없고 그의 계명을 지킬 수도 없습니다. "내가 아버지께 구하겠으니 그가 또 다른 보혜사를 너희에게 주사 영원토록 너희와 함께 있게 하리니 그는 진리의 영이라 세상은 능히 그를 받지 못하나니 이는 그를 보지도 못하고 알지도 못함이라 그러나 너희는 그를 아나니 그는 너희와 함께 거하심이요 또 너희 속에 계시겠음이라"(16-17) 우리는 성령의 도우심이 있어야 계명을 지킬 수 있습니다.

여기서 예수님께서 다른 성령을 보내 주겠다고 약속하실 때 사용하신 말씀은 성령이 단지 하나의 힘이 된다는 말이 아닙니다. 또 하나의 비인격적인 영향력이 아닌 인격자임을 알 수 있습니다. 헬라어의 '또 다른(카이알론, καιάλλον)' 이란 말은 '동일한 하나' 를 의미합니다. 성령은 그리스도와 동일한 분으로 하나의 인격체이십니다. '보혜사' 는 '곁에 있는 사람(파라클레토스, Παράκλητος)' 을 뜻하는 말입니다. 이 말은 요한일서 2장 1절에 나오는 '대언자' 로 번역된 말과 똑같은 말입니다. 성령은 우리의 변호자이십니다. 그리고 우리를 도우며 가르치고 중재하기 위하여 보냄을 받은 분입니다.

예수님은 말씀하셨습니다. "내가 너희를 고아와 같이 버려두지 아니하고 너희에게로 오리라"(18) 이 말씀은 주의 백성들을 혼자 버려두지 않고 성령을 보내어 믿음생활을 하는데 돕겠다는 말입니다. 예수님은 지금 제자들 곁을 떠나지만 곧 보혜사 성령을 보내어 그들과 함께 하겠다고 약속하십니다. "조금 있으면 세상은 다시 나를 보지 못할 것이로되 너희는 나를 보리니 이는 내가 살아 있고 너희도 살아 있겠음이라 그날에는 내가 아버지 안에, 너희가 내 안에, 내가 너희 안에 있는 것을 너희가 알리라"(19-20)

성령이 오시면 예수님이 우리 속에 함께 하심을 알 수 있습니다. 성령께서 하나님의 백성들의 삶속에 함께 역사하십니다. 성령께서는 믿음 안에서 말씀대로 살려고 하는 성도들과 함께 하십니다. 주님을 사랑하고 그의 계명을 지키려는 성도들을 혼자 버려두지 않겠다고 주님이 약속하셨기 때문입니다.

우리가 주님을 사랑하고 그의 계명을 지키기 위해서는 성령의 인도를 받아야 합니다. "술 취하지 말라 이는 방탕한 것이니 오직 성령으로 충만함을 받으라"(엡 5:18) 여기서 성령의 충만을 받으라는 말씀은 성령의 인도를 받으며 살라는 말입니다. 우리가 아무리 풍부한 지식과 경험을 갖추었다 해도 우리에게 사탄의 권세를 이길 힘은 없습니다. 다만 성령께서 우리 마음속에서 역사하실 때에만 승리할 수 있습니다. 우리는 성령 충만을 받기 위해서 날마다 쉬지 않고 기도하면서 하나님과 영적인 교통을 계속 해야 합니다.

미국의 우주항공국에서 아폴로 8호를 계획하고 진행시켰던 저명한 전자과학자 린드만 박사는 신앙이 좋은 분이었습니다. 그는 아폴로 8호가 우주 비행을 시작하기 위해서 발사대를 떠날 때에 하나님께 기도했습니다. 드디어 아폴로 8호의 우주 비행이 성공했습니다. 린드만 박사는 그 우주 비행이 성공적으로 끝나게 된 것은 하나님의 은혜임을 체험했습니다. 그는 살아 계신 하나님을 발견하고 신학을 공부했습니다. 자연과학자인 그는 후에 목사가 되고 신학교 교수가 되었습니다. 우리가 성령의 인도하심을 받을 때에 보람 있는 삶을 살아갈 수 있습니다.

우리는 성령 충만을 받기 위해 기도해야 합니다. 그리고 회개해야 하고 말씀을 들어야 하고 헌신해야 합니다. 성도는 인생의 중심을 살피시는 하나님을 기쁘시게 해드리는 온전한 헌신이 있을 때 성령 충만한 삶을 살 수 있습니다. 그리고 성령의 도우심을 간구해야 합니다. 하나님의 자녀로서 신령한 성품을 지닌 거듭난 그리스도인이라도 그 본성 안에는 옛사람의 죄 된 성품이 잔존해 있기 때문에 이 두 본성 사이에서 갈등을 일으킬 때가 많습니다. 이때 우리는 하나님의 자녀로서의 성품대로 살 것을 거부하고 옛사람의 욕구에 패배할 때가 많습니다. 이와 같은 영적갈등을 극복하기 위해서는 성령의 도우심을 구해야 합니다.

성령께서는 하나님의 자녀들에게 힘을 주시어 성령으로 충만한 삶을 살아갈 수 있도록 도우십니다. 그 결과 성도는 늘 성령 충만한 생활을 하게 됩니다. 그러므로 우리는 매일 성령의 충만을 구해야 합니다. 그리고 주님을 사랑하면 그의 계명을 지켜야 합니다. 주님의 계명을 지키기 위해서는 보혜사 성령의 도우심을 받아야 합니다. 그러므로 우리 모두 주님을 사랑하며 그의 계명을 지키도록 항상 성령의 충만을 구해야 합니다. 아멘.

25내가 아직 너희와 함께 있어서 이 말을 너희에게 하였거니와 26보혜사 곧
아버지께서 내 이름으로 보내실 성령 그가 너희에게 모든 것을 가르치고 내
가 너희에게 말한 모든 것을 생각나게 하리라 27평안을 너희에게 끼치노니
곧 나의 평안을 너희에게 주노라 내가 너희에게 주는 것은 세상이 주는 것
과 갖지 아니하니라 너희는 마음에 근심하지도 말고 두려워하지도 말라 28내
가 갔다가 너희에게로 온다 하는 말을 너희가 들었나니 나를 사랑하였더라
면 내가 아버지께로 감을 기뻐하였으리라 아버지는 나보다 크심이라 29이제
일이 일어나기 전에 너희에게 말한 것은 일이 일어날 때에 너희로 믿게 하
려 함이라 30이 후에는 내가 너희와 말을 많이 하지 아니하리니 이 세상의
임금이 오겠음이라 그러나 그는 내게 관계할 것이 없으니 31오직 내가 아버
지를 사랑하는 것과 아버지께서 명하신 대로 행하는 것을 세상이 알게 하려
함이로라 일어나라 여기를 떠나자 하시니라

(요한복음 14:25-31)

09

보혜사가 오시면

예수님은 사랑하는 제자들에게 천국에 거할 집을 마련하러 가신다며 "너희가 나를 사랑하면 나의 계명을 지키리라"고 하셨습니다. 그리고 이 세상을 살아가는 하나님의 백성들을 위해 보혜사 성령을 보내 주실 것을 약속하셨고, 또 그 약속을 지키셨습니다. 예수님은

오순절에 제자들에게 성령 충만을 주셨습니다. 제자들은 무서운 박해 중에도 보혜사 성령의 도우심으로 온 세상에 복음을 전파하며 주의 교회를 세워 나갔습니다.

오늘날에도 하나님의 백성들이 세상에서 승리할 수 있는 것은 보혜사 성령의 도우심이 있기 때문입니다. 우리는 보혜사 성령의 도우심으로 주의 교회를 잘 섬기고 충성할 수 있습니다. 우리에게는 반드시 보혜사 성령님의 도우심이 필요합니다. 그러면 보혜사 성령이 우리에게 오시면 어떤 변화가 일어납니까?

1. 보혜사의 의미

예수님은 제자들에게 말씀하셨습니다. "내가 아직 너희와 함께 있어서 이 말을 너희에게 하였거니와 보혜사 곧 아버지께서 내 이름으로 보내실 성령 그가 너희에게 모든 것을 가르치고 내가 너희에게 말한 모든 것을 생각나게 하리라"(25-26) '보혜사' 란 말은 '곁에 있는 사람(파라클레토스, Παράκλητος)' 을 뜻합니다. 이 말은 여러 가지 의미로 사용될 수 있습니다.

1) 위로자(Comforter)

영국의 제임스 왕 시대에 최초로 영어로 번역된 성경이 바로 King James Version(흠정역)입니다. 이 번역 성경에서는 '보혜사(파라클레토스, Παράκλητος)' 를 '위로자(Comforter)' 로 번역했습니다. 이것은 성령은 우리에게 위안과 힘을 공급해 주시는 분이라는 뜻입니다. 성령님은 우리를 위로해 주시는 분입니다. 성령님은 그의 백성들 곁에서 항상 위로와 용기를 주십니다.

2) 변호사(Advocate)

영어 개역 표준 성경인 Revised Standard Version에서는 '파라클레토스(Παράκλητος)'를 '변호사(Advocate)'로 번역했습니다. 이것은 성령이 우리 죄를 변호해 주신다는 뜻입니다. 우리가 연약하여 넘어지고 실수해도 성령님은 우리를 위해서 성부 하나님 앞에서 변호해 주십니다.

3) 조력자(Helper)

신 미국 표준 성경인 New American Standard Bible에서는 '파라클레토스(Παράκλητος)'를 '조력자(Helper)'로 번역했습니다. 이것은 성령은 우리를 돕는 분이라는 뜻입니다. 성령은 우리를 도와주시는 분입니다. 항상 우리를 도우시는 하나님이십니다. 우리는 순간마다 성령의 도우심을 받아야 합니다.

4) 상담자(Counselor)

신 국제 번역인 New International Version에서는 '파라클레토스(Παράκλητος)'를 '상담자(Counselor)'로 번역했습니다. 이것은 우리 스스로 결정하지 못할 때 우리가 잘 결정할 수 있도록 권면해 주신다는 뜻입니다. 그래서 성경은 말씀합니다. "이와 같이 성령도 우리의 연약함을 도우시나니 우리는 마땅히 기도할 바를 알지 못하나 오직 성령이 말할 수 없는 탄식으로 우리를 위하여 친히 간구하시느니라"(롬 8:26) 우리는 늘 성령의 인도하심을 받아야 합니다. 성령과 의논하고 상담하면서 그의 도우심을 받아야 합니다.

5) 보혜사

한국어 성경에서는 유일하게 '파라클레토스(Παράκλητος)'를 '보혜사'라고 번역했습니다. 이 '보혜사'라는 말은 우리에게 은혜를 베풀고 우리를 보호하고 가르치는 스승이란 뜻입니다. 그래서 이러한 보혜사가 우리에게 끊임없이 임하실 때 우리는 지혜를 얻으며 놀라운 하나님의 역사를 체험하게 됩니다. "보혜사 곧 아버지께서 내 이름으로 보내실 성령 그가 너희에게 모든 것을 가르치고 내가 너희에게 말한 모든 것을 생각나게 하리라"(26) 하나님의 백성들에게는 보혜사 성령의 도우심이 반드시 필요합니다. 그러므로 우리는 늘 성령의 도우심을 받기 위해 기도해야 합니다.

2. 보혜사가 하시는 일

1) 모든 것을 가르치십니다

"보혜사 곧 아버지께서 내 이름으로 보내실 성령 그가 너희에게 모든 것을 가르치고"(26)

보혜사 성령이 오시면 모든 것을 가르치십니다. 이 모든 것은 넓은 의미에서는 하늘과 땅의 것을 가리키고, 개인적으로는 영적인 것에 관한 모든 것을 의미합니다. 하나님의 백성인 우리는 이 세상을 살아가면서 육적인 것뿐 아니라 영적인 것도 반드시 알아야 합니다. 그러기 위해서는 성령의 도우심이 필요합니다. 우리에게는 인생의 안내자가 반드시 필요하기 때문입니다.

요즈음 내비게이션이 잘 개발되어 있어 여행하는 데 아주 편리합니다. 아무리 먼 초행길이라도 내비게이션에 주소만 잘 입력해 두면 정확하게 안내해 줍니다. 몇 년 전 강원도 평창으로 전국주일학교교사연합회수련회 강사로 초청 받아 갈 때 주소를 입력했더니 정확하게 안내해 주었습니다. 그리고 거기에서 다시 서울 등촌교회의 전교인 수련회를 인도하러 갔습니다. 그런데 그 길은 초행길인데도 정확하게 도착할 수 있도록 안내해 주었습니다. 내비게이션이 안내하는 대로 따라 갔더니 잘 도착할 수 있었습니다.

그런데 네비게이션도 종종 잘못 인도할 때가 있습니다. 좀 엉뚱한 곳으로 안내하기도 하고 늦게 반응하기도 합니다. 그러나 성령은 언제나 정확하게 가르쳐 주십니다. 우리가 가는 길뿐 아니라 영적인 문제도 바르게 가르쳐 주십니다. 보혜사 성령은 아주 훌륭한 스승입니다.

보혜사 성령은 우리가 이 세상을 살아가는 법도 가르쳐 주십니다. 우리가 신앙생활을 어떻게 해야 하는지도 가르쳐 주십니다. 뿐만 아니라 공부하는 법과 직장생활을 하는 법, 그리고 사업이나 대인관계를 하는 법도 가르쳐 주십니다. 또 예배드리는 법이나 기도하는 법 외에도 무엇을 구할 것인지도 가르쳐 주십니다. 전도하는 법과 교회를 잘 섬기는 법도 가르쳐 주십니다. 그러므로 우리는 성령께서 우리의 길을 인도해 주시도록, 그리고 우리가 깨달아 알 수 있도록 가르쳐 달라고 기도해야 합니다. 우리는 내 마음대로 하지 말고 성령의 가르침을 받아야 합니다. 우리가 실패한 이유의 대부분은 성령의 가르침을 받지 않고 내 뜻대로 했기 때문입니다. 우리는 항상 성령의 인도하심을 받으며 살도록 기도하면서 그 뜻에 순종해야 합니다.

영국이 낳은 청교도 신앙가 존 번연 목사님이 국왕의 명을 어긴 죄로 감옥에 갇혔던 일이 있었습니다. 어느 날 옥사장이 번연 목사님에게 귀가해서 잠깐이나마 사모님과 가족을 만나고 오라며 윗사람들이 모르게 옥문을 열어 주었습니다. 얼마쯤 가다가 목사님이 되돌아오기에 이유를 묻는 옥사장에게 목사님은 이렇게 대답했습니다. "당신의 호의는 고마우나 성령께서 인도하는 길이 아니라 돌아왔습니다." 그로부터 한 시간 후에 국왕이 직접 감옥을 시찰하면서 존 번연 목사님을 확인하고 돌아갔습니다. 이때 옥사장은 번연에게 이렇게 말했습니다. "목사님께서 성령의 인도하심을 따라 행동하셨기에 목사님도 살고 저도 살았습니다. 이제 저는 가시라 오시라 하지 않을 테니 목사님의 마음에 비쳐오는 성령의 인도하심을 따라 가시고 싶을 때 가셨다가 오시고 싶을 때 오시기 바랍니다."

우리가 인생을 살다 보면 수많은 선택의 기로에 놓일 때가 많습니다. 그때 우리는 결코 내 고집이나 방법대로 하면 안 됩니다. 언제나 성령의 인도하심과 가르침을 받아야 합니다.

우리는 범사에 성령의 가르침을 받으며 순종하는 삶을 살도록 성령의 충만을 구해야 합니다.

2) 주님이 하신 모든 일을 생각나게 하십니다

"내가 너희에게 말한 모든 것을 생각나게 하리라"(26)

보혜사는 우리에게 일일이 기억나게 하여 새로운 역사를 창조하게 하십니다. 예수님은 십자가에 못 박히기 전 마지막 날 밤 성만찬 때에 사랑하는 제자들에게 떡과 잔을 주며 말씀하셨습니다. "이것은 너희를 위하여 주는 내 몸이라 너희가 이를 행하여 나를 기념하라 하시고 저녁 먹은 후에 잔도 그와 같이 하여 이르시되 이 잔은 내 피로 세우는 새 언약이니 곧 너희를 위하여 붓는 것이라"(눅 22:19-20) 여기서 '기념'이란 말은 기억하고 생각나게 한다는 말입니다. 보혜사 성령은 모든 것을 생각나게 해서 은혜를 빛나게 하는 역할을 감당하는 분입니다.

보혜사 성령이 임하시면 하나님께서 우리로 하여금 생각이 나게 해서 그것이 은혜가 되고 기쁨이 되고 천국이 되게 하십니다. 그런데 사람들은 너무 잘 잊고 살아갑니다. 특히 하나님께서 주신 은혜나 부모님의 은혜는 더욱 쉽게 잊어버립니다. 그러나 우리 예수님은 보혜사 성령님이 오시면 "내가 너희에게 말한 모든 것을 생각나게 하시리라"고 말씀하셨습니다. 이 말씀은 예수님께서 우리에게 하신 모든 말씀이 생각나게 할 것이라는 말입니다. 다시 말하면 보혜사 성령이 오시면 하나님의 말씀이 생각나게 하신다는 말입니다. 우리가 성령을 받으면 성경 말씀이 생각납니다.

그 대표적인 예가 베드로 사도입니다. 베드로를 포함한 예수님의 제자들이 성령 충만을 받게 되었습니다. 성령이 시키는 대로 각 나라의 말로 방언을 하자 이 모습을 본 사람들이 "이 말하는 사람들이

다 갈릴리 사람이 아니냐"(행 2:7)며 놀랐습니다. 어떤 사람들은 새 술에 취했다고 조롱했습니다. 이때 베드로가 나서서 말했습니다. "때가 제 삼 시니 너희 생각과 같이 이 사람들이 취한 것이 아니라 이는 곧 선지자 요엘을 통하여 말씀하신 것이니 일렀으되 하나님이 말씀하시기를 말세에 내가 내 영을 모든 육체에 부어 주리니 너희의 자녀들은 예언할 것이요 너희의 젊은이들은 환상을 보고 너희의 늙은이들은 꿈을 꾸리라 그때에 내가 내 영을 내 남종과 여종들에게 부어 주리니 그들이 예언할 것이요"(행 2:15-18), "누구든지 주의 이름을 부르는 자는 구원을 받으리라 하였느니라"(행 2:21) 베드로가 성령의 충만을 받은 후에 요엘서의 말씀이 떠올라 외치게 된 것입니다.

성령을 받으면 예수님이 하신 말씀이 생각납니다. 성령을 받으면 "내 집은 만민이 기도하는 집이라"(막 11:17)는 말씀이 떠올라 교회에 와서 기도하게 됩니다. 성령을 받으면 섬기라는 말씀이 떠올라 교회와 성도들을 열심히 섬기게 됩니다. 성령을 받으면 충성하라는 말씀이 떠올라 죽도록 충성하게 되고 순교의 제물도 됩니다. 성령을 받으면 서로 사랑하라는 주님의 말씀이 떠올라 이웃을 내 몸처럼 아끼고 돌보며 사랑하게 됩니다. 성령을 받으면 "회개하고 복음을 믿으라"(막 1:15)는 말씀이 떠올라 회개의 역사가 일어나게 됩니다. 어떤 사람은 성령을 받아 하나님과 사람에게 잘못한 것을 회개하게 됩니다. 다른 사람에게 피해를 입힌 것이나 약속을 지키지 않은 것도 회개하게 됩니다.

MS사의 빌게이츠는 1년에 두 번씩 'Think Week', 즉 생각하는 주간을 갖는다고 합니다. 이 기간에는 음식을 넣어주는 관리인 외에는 그 누구도 만나지 않고 혼자 조용히 생각하면서 직원들이 작성한 보고서를 읽기도 하고 책을 읽으면서 10년 후의 장기적인 계획을 세운다고 합니다.

우리도 성령님을 생각하고 말씀을 생각하는 시간이 필요합니다. 조용히 주님과의 만남의 시간, 성령과의 만남의 시간, 말씀을 깊이 묵상하는 시간이 필요합니다. 성령께서 생각나게 해주실 시간이 필요합니다.

어느 집사님이 사업을 하다가 어려움을 당했습니다. 어떻게 할까 고민하다가 사람을 찾아 나섰습니다. 돈이 많은 사람을 만나면 도움을 받을 수 있을 것이라 생각했기 때문입니다. 그러던 어느 날 이사야 31장을 읽는데 하나님의 말씀이 눈에 들어오기 시작했습니다. "도움을 구하러 애굽으로 내려가는 자들은 화 있을진저 그들은 말을 의지하며 병거의 많음과 마병의 심히 강함을 의지하고 이스라엘의 거룩하신 이를 앙모하지 아니하며 여호와를 구하지 아니하나니 여호와께서도 지혜로우신즉 재앙을 내리실 것이라 그의 말씀들을 변하게 하지 아니하시고 일어나사 악행하는 자들의 집을 치시며 행악을 돕는 자들을 치시리니 애굽은 사람이요 신이 아니며 그들의 말들은 육체요 영이 아니라 여호와께서 그의 손을 펴시면 돕는 자도 넘어지며 도움을 받는 자도 엎드러져서 다 함께 멸망하리라"(사 31:1-3) 이 집사님은 말씀을 읽는 중에 성령에 이끌리기 시작했습니다. 그러자 순간 이런 생각을 했다고 합니다. '내가 지금 어렵다고 애굽을 찾아서 가는구나! 하나님을 바라보고 하나님께 구하지 않고 돈이 많다고 생각하는 애굽과 같은 사람을 찾고 있구나!' 그래서 사람에게 도움 받는 것을 포기하고 그 시간부터 무릎을 꿇고 하나님께 기도하기 시작했습니다. "하나님, 죄송합니다. 사업이 어렵다고 애굽을 찾았습니다. 이제는 하나님만 바라보겠습니다. 하나님께서 문제를 해결해 주십시오." 결과 하나님께 간절히 기도하는 가운데 필요한 사람을 만나게 하셔서 사업의 어려운 문제가 말끔히 해결되었다고 합니다. 어려운 일을 만났을 때에 사람이 아닌 하나님의 말씀에 이끌림을 받아 기도한 결과 필요한 사람을 만나게 되었다는 것입니다. 하나님의 방법으로 모든 문제가 말끔히 해결된 것입니다.

어떤 성도는 물질적으로 어려움이 왔을 때 오병이어의 기적이 생각이 나서 먼저 하나님께 드렸다고 합니다. 또 십일조를 하라는 말씀이 생각이 나서 정직하게 십일조를 드렸더니 나중에 물질의 복을 받았다고 합니다.

하나님은 성령을 통해서 우리를 도우십니다. 우리는 지혜가 부족하기 때문에 성경 말씀을 생각나게 해서 하나님의 지혜를 갖게 하십니다. 주님의 말씀으로 우리를 선한 길, 의의 길, 생명의 길, 진리의 길로 인도하길 원하십니다. 말씀의 증인으로 세움 받아서 하나님의 영광을 누리기를 원하십니다.

우리는 성령의 인도함을 받아야 합니다. 성령은 우리를 가르치고 생각나게 하십니다. 우리는 성령께서 깨닫게 해주시도록 기도해야 합니다. 그때 그때 말씀이 생각나게 해주시도록 기도해야 합니다. 그리하여 성령의 인도하심으로 하나님의 놀라운 역사가 삶의 현장에서 늘 일어나는 복을 받으시길 바랍니다.

3. 평안을 주십니다

예수님은 우리에게 평안을 주신다고 약속하셨습니다. "평안을 너희에게 끼치노니 곧 나의 평안을 너희에게 주노라 내가 너희에게 주는 것은 세상이 주는 것과 갖지 아니하니라 너희는 마음에 근심하지도 말고 두려워하지도 말라"(27) 그러면 예수님께서 말씀하시는 평안은 어떤 평안입니까? '평안' 은 '샬롬(Shalom)' 이라는 말로 '평강', '평화', '화평' 등으로 번역되는데 하나님께서 인간에게 주시는 모든 복을 포함한 단어입니다. 인간의 행복은 바로 하나님이 주시는 이 평안을 소유할 때 누릴 수 있습니다.

주님은 우리에게 '항상 기뻐하라' 고 하셨는데 그 기쁨을 누리지 못하는 이유는 부활의 주님이 주시는 이 평안을 소유하지 못했기 때문입니다. 그것은 위로부터 주시는 평안이며, 보혜사 성령을 보내셔서 위로하시고 인도하시고 힘주실 때 누릴 수 있는 평안입니다. 그러므로 이 평안은 전인적인 평안이요 영원한 평안입니다. 우리 인생살이에 가장 필요한 것이 있다면 그것은 바로 평안입니다. 마음의 평안, 가정에서의 평안, 직장에서의 평안, 교회에서의 평안, 사회생활에서의 평안이 필요합니다.

그런데 우리 힘으로는 참된 평안을 누릴 수 없습니다. 참된 평안은 예수님만이 주실 수 있습니다. 예수님이 주시는 평안은 어떤 평안입니까? 예수님은 말씀하십니다. "평안을 너희에게 끼치노니 곧 나의 평안을 너희에게 주노라 내가 너희에게 주는 것은 세상이 주는 것과 같지 아니하니라 너희는 마음에 근심하지도 말고 두려워하지

도 말라"(27)

1) 내가 너희에게 주는 것은 세상이 주는 것과 같지 아니하니라

예수님이 주시는 평안은 세상이 주는 것과 다르다고 하셨습니다. 세상의 평안은 완전하지 못합니다. 부분적이며 때가 묻었으며 일시적입니다. 세상의 평안은 예수님이 주시는 평안과는 달리 오래 가지도 못하고 우리를 만족시켜 주지도 못합니다. 그러므로 우리에게는 주님이 주시는 평안이 필요합니다. 예수님은 말씀하십니다. "평안을 너희에게 끼치노니 곧 나의 평안을 너희에게 주노라"(27)

2) 너희는 마음에 근심하지도 말고 두려워하지도 말라

이 말씀에는 주님이 주시는 평안의 성격이 잘 드러나 있습니다. 다시 말하면 주님이 주시는 평안은 영적인 것이기 때문에 마음에 평안을 가져다 줍니다. 인간의 근심과 걱정과 염려는 다 죄에서 비롯된 것입니다. 그런데 주님이 우리의 모든 죄를 다 사하셨기 때문에 이제 우리는 더 이상 죄 문제로 근심할 필요가 없습니다. 우리 주님은 우리에게 평안을 방해하는 근본적인 문제, 즉 평안을 깨뜨리고 마음에 근심과 두려움을 주는 모든 죄의 문제를 해결해 주셨습니다. 그러므로 이제는 주님이 우리의 삶을 인도해 주실 것입니다. 보혜사 성령께서 힘을 주시고 도와주실 것입니다. 그러므로 우리는 근심하거나 두려워할 필요가 없습니다. 주님이 주시는 평안만 있으면 우리는 어떤 어려운 일을 만나도 능히 이겨나갈 수 있을 뿐더러 행복한 삶을 살아갈 수 있습니다.

3) 참 평안을 얻기 위해 우리가 해야 할 일이 있습니다

①하나님과의 올바른 관계를 유지해야 합니다.

하나님과의 관계 회복은 오직 믿음입니다. 우리는 온전히 하나님을 의지하고 전적으로 믿음으로 나갈 때 참 평안을 유지할 수 있습니다. 하나님과의 올바른 관계가 깨어지면 평안도 사라지게 됩니다. 주일에는 하나님 앞에 나와서 예배드리는 것이 당연하지만 이런 저런 이유로 교회가 아닌 다른 곳으로 빠진다면 마음의 평안은 사라지게 됩니다. 왜냐하면 주일에는 하나님 앞에 나와 예배를 드림으로써 하나님과의 올바른 관계를 유지할 수 있기 때문입니다. 우리가 하나님과의 관계가 잘못되면 참된 평안은 사라질 수밖에 없습니다. 그러므로 우리는 항상 하나님과의 올바른 관계를 유지하여 평안한 삶을 살아야 합니다.

②회개하고 순종해야 합니다.

먼저 마음속에 있는 죄를 회개해야 합니다. 우리 마음속에 회개하지 않은 죄가 있다면 참 평안은 있을 수 없습니다. 참된 평안은 우리가 하나님의 말씀대로 순종하지 못한 것을 회개하고 그의 말씀에 순종할 때 찾아 옵니다. 하나님의 백성인 우리는 우리의 왕이신 주 예수 그리스도의 말씀에 순종해야 합니다. 그때 참 평안이 옵니다. 말씀을 떠나면 참 평안이 있을 리가 없습니다. 찬송가 200장입니다. "널리 울리고 퍼지는 생명의 말씀은 맘에 용서와 평안을 골고루 주나니 다만 예수 말씀 들어 복을 받네 아름답고 귀한 말씀 생명샘이로다"

우리는 회개하고 말씀에 순종함으로 참된 평안을 누려야 합니다.

③범사에 감사하는 생활을 해야 합니다.

감사하면 마음의 자세가 바뀌게 되고, 따라서 마음에 평안과 기쁨이 찾아 옵니다. 감사하는 사람은 행복해지고 은혜를 받습니다. 그러므로 우리는 항상 범사에 감사하는 마음을 가져야 합니다.

④찬송과 기도의 삶을 살아야 합니다.

찬양을 생활화하거나 쉬지 않고 기도하는 사람에게는 평화가 넘칩니다. 계속 찬양을 하면 마음이 평안해지고 기쁨이 생깁니다. 찬양할 때 평안을 주시기 때문입니다.

바울과 실라가 빌립보 감옥에서 감사하며 찬양할 때 지진이 일어나고 옥문이 열리는 기적을 체험했습니다. 당직을 하던 간수와 그의 가족이 예수님을 믿는 역사가 나타났습니다. 다윗 왕은 찬양의 사람으로 많은 시를 썼습니다. 그의 시편은 찬양인 동시에 기도였습니다. 그는 죽음의 위협을 받으며 도피생활을 하던 시절에도 항상 새벽을 깨워가며 하나님께 찬양하며 기도했습니다. 그의 마음에 평화가 넘쳤기 때문에 그런 환난 중에도 많은 시편을 지을 수 있었습니다.

우리도 찬양을 늘 생활화해야 합니다. 늘 우리 입술에 찬양하는 소리가 끊어지지 않아야 합니다. 우리가 찬양하고 기도하면 마음에 평화가 넘칩니다. 어렵고 답답한 일이 계속 될 때에도 우리가 기도하면 성령은 우리에게 평안을 주십니다. 찬송가 41장입니다. “내 영혼에 평화가 넘쳐 남은 주의 축복을 받음이라 내가 주야로 주님과 함께 있어 내 영혼이 편히 쉬네 평화 평화로다 하늘 위에서 내려 오네 그 사랑의 물결이 영원토록 내 영혼을 덮으소서"

찬양하고 기도하면 주님으로부터 평안이 임하게 됩니다. 우리도 범사에 감사하며 찬양함으로써 주님이 주시는 참 평안을 누려야 합니다.

미국 뉴욕에서 플로리다 올랜도를 향해 가는 비행기가 있었습니다. 그런데 갑작스런 기상 악화로 엄청난 천둥 번개와 함께 폭우가 쏟아지기 시작했습니다. 그런데 그 비행기에는 한 젊은 엄마가 어린 아들을 무릎에 안고 있었습니다. 사람들은 모두 마음속으로는 무서워하면서도 애써 태연한 척했습니다. 그런데 엄마 품에 안겨 있는 아이는 참으로 평안해 보였습니다. 그 어린 아들은 폭우가 쏟아지고 천둥과 번개가 쳐도 전혀 무서워하지 않고 오히려 엄마와 함께 즐거운 시간을 보냈습니다. 엄마와 함께 장난을 치는가 하면 비행기가 난기류를 만나 심하게 흔들릴 때도 재미있다는 듯 깔깔대며 웃었습니다. 그리고 더욱 놀라운 것은 폭풍우로 기체가 가장 심하게 요동치던 그 시각에도 아이는 엄마의 가슴에 안겨 깊은 잠을 자고 있었다는 사실입니다. 어린 아들은 너무도 평온했습니다. 그 비결은 엄마의 품에 안겨 있었기 때문입니다. 엄마에게 모든 것을 다 맡겼기 때문입니다. 엄마에게 모든 것을 다 맡김으로써 어린 아들은 전혀 염려나 걱정이 없이 평안히 잠을 잘 수 있었습니다.

우리도 하나님께 모든 것을 다 맡길 때 참 평안을 누릴 수 있습니다. 주님의 품에 안길 때 우리는 아무런 염려 걱정이 필요 없게 됩니다. 왜냐하면 우리 주님이 모든 것을 다 책임져 주시기 때문입니다. 예수님 안에 참 평안이 있습니다.

하나님의 백성들에게는 보혜사 성령이 반드시 필요합니다. 우리는 성령의 도우심을 받아야 합니다. 성령은 모든 것을 가르쳐 주십니다. 우리는 범사에 성령의 가르침을 받으며 순종하도록 성령의 충만을 구해야 합니다. 성령은 말씀이 생각나게 도우시고 참 평안을 주십니다. 우리는 하나님의 백성으로서 늘 성령으로 충만한 삶을 구해야 합니다. 아멘.

1나는 참 포도나무요 내 아버지는 농부라 2무릇 내게 붙어 있어 열매를 맺지
아니하는 가지는 아버지께서 그것을 제거해 버리시고 무릇 열매를 맺는 가
지는 더 열매를 맺게 하려 하여 그것을 깨끗하게 하시느니라 3너희는 내가
일러준 말로 이미 깨끗하여졌으니 4내 안에 거하라 나도 너희 안에 거하리
라 가지가 포도나무에 붙어 있지 아니하면 스스로 열매를 맺을 수 없음 같
이 너희도 내 안에 있지 아니하면 그러하리라 5나는 포도나무요 너희는 가
지라 그가 내 안에, 내가 그 안에 거하면 사람이 열매를 많이 맺나니 나를
떠나서는 너희가 아무 것도 할 수 없음이라 6사람이 내 안에 거하지 아니하
면 가지처럼 밖에 버려져 마르나니 사람들이 그것을 모아다가 불에 던져 사
르느니라 7너희가 내 안에 거하고 내 말이 너희 안에 거하면 무엇이든지 원
하는 대로 구하라 그리하면 이루리라 8너희가 열매를 많이 맺으면 내 아버
지께서 영광을 받으실 것이요 너희는 내 제자가 되리라

(요한복음 15:1-8)

10

참 포도나무 되신 예수 그리스도

본문에서 예수님은 "나는 참 포도나무요 내 아버지는 농부"라고 말씀하셨습니다. 여기에서 예수님은 이스라엘은 포도나무로 하나님은 농부로 비유하고 있습니다. 그리고 예수님은 하나님을 '내 아버지'로 지칭함으로써 자신이 하나님의 아들임을 다시 한 번 분명하게

밝히셨습니다.

구약 성경에는 하나님을 포도원지기로, 그리고 이스라엘을 하나님이 심으신 포도나무로 묘사한 것을 볼 수 있습니다. 포도나무는 하나님의 백성인 이스라엘을 가리킵니다. “나 여호와는 포도원지기가 됨이여 때때로 물을 주며 밤낮으로 간수하여 아무든지 이를 해치지 못하게 하리로다”(사 27:3), “주께서 한 포도나무를 애굽에서 가져다가 민족들을 쫓아내시고 그것을 심으셨나이다”(시 80:8) 그리고 예수님은 자신을 가리켜 “나는 참 포도나무”라고 하셨습니다. 여기서 ‘참’이란 말은 불완전에 대조된 ‘완전’, 그림자에 대조된 ‘실물’을 가리킵니다.

예수님의 포도나무 비유는 예수님 자신이 그의 백성들의 중보자이심을 보여줍니다. 그러므로 포도나무 가지인 하나님의 백성은 참 포도나무이신 예수님을 전적으로 의지해야만 합니다. 예수님께서 참 포도나무라고 말씀하신 것은 이스라엘 백성들이 참 포도나무의 가지가 되지 못하여 참 신앙의 열매를 맺지 못했기 때문입니다. 하나님 외에 다른 신을 의지하며 우상을 섬기면 다 불완전하고 거짓된 열매를 맺게 됩니다.

“내가 너를 순전한 참 종자 곧 귀한 포도나무로 심었거늘 내게 대하여 이방 포도나무의 악한 가지가 됨은 어찌 됨이냐”(렘 2:21) 이 말씀은 이스라엘이 참 포도나무의 가지가 되지 못하고 ‘이방 포도나무의 악한 가지’가 되었다는 말입니다. 예수님이 ‘나는 참 포도나무’라고 하신 것은 이미 말씀하신 대로 “내가 곧 길이요 진리요 생명이니 나로 말미암지 않고는 아버지께로 올 자가 없느니라”(14:6)는 말씀과 같은 의미입니다. 그리고 이 말씀으로 미루어 보아 예수님은 하나님의 백성들이 참 가지가 되어 참 열매를 맺기를 원하신다는 것을 알 수 있습니다. 예수 그리스도는 참 포도나무이십니다.

1. 우리는 참 포도나무이신 예수님과 연합해야 합니다

예수님은 말씀하셨습니다. "내 안에 거하라 나도 너희 안에 거하리라 가지가 포도나무에 붙어 있지 아니하면 스스로 열매를 맺을 수 없음 같이 너희도 내 안에 있지 아니하면 그러하리라 나는 포도나무요 너희는 가지라 그가 내 안에 내가 그 안에 거하면 사람이 열매를 많이 맺나니 나를 떠나서는 너희가 아무 것도 할 수 없음이라"(4-5)

가지가 나무에서 떨어지면 죽게 되므로 가지는 반드시 나무에 붙어 있어야 합니다. 하나님의 자녀인 우리 성도들은 참 포도나무이신 예수 그리스도를 떠나면 살 수 없으므로 반드시 예수님에게 붙어 있어야 합니다. 그리스도와 연합해야 합니다. 그리스도와 떨어지면 아무 것도 할 수 없을 뿐더러 죽게 됩니다. 그러므로 그리스도 안에 거하는 것이 무엇보다 중요합니다. 예수님은 말씀하셨습니다. "내 안에 거하라 나도 너희 안에 거하리라 가지가 포도나무에 붙어 있지 아니하면 스스로 열매를 맺을 수 없음 같이 너희도 내 안에 있지 아니하면 그러하리라"(4) 여기에서 '거하라'는 말은 이미 있는 자리에 머물라는 뜻입니다. 따라서 이 말은 그리스도께서 우리를 선택해 주신 그 은혜의 자리에서 떠나지 않아야 할 것을 의미합니다.

하나님의 자녀 된 우리 성도들은 이미 하나님으로 말미암아 그리스도 안으로 인도되어 그리스도 안에 머물고자 순종의 길을 걷는 자들입니다. 우리가 그리스도 안에 들어와서 구원받는 것은 우리 힘으로 할 수 있는 일이 아닙니다. 우리의 구원은 하나님께서 다 이루어 주시므로 우리는 그 은혜에 감사하며 그저 순종만 하면 됩니다. 여기서 '순종한다'는 것은 그리스도를 믿는 믿음과 그의 말씀을 지키는 것을 의미합니다. 구원을 이루시는 분은 하나님이십니다. 우리는 전적으로 주님의 은혜로 구원 받았으므로 다만 그 은혜에 감사하여 하나님의 말씀에 순종할 따름입니다. 이것이 우리가 그리스도 안에 거하는 것입니다.

우리는 참 포도나무이신 그리스도 안에 거해야 생명을 유지하여 열매를 맺을 수 있습니다. 우리가 참 포도나무이신 그리스도를 떠나면 아무 것도 얻을 수 없습니다. 그러므로 우리는 그리스도 안에 거해야 합니다. 그리스도 안에 있다는 것은 그리스도를 믿는 믿음 안에 있다는 말입니다. 그리스도의 말씀을 믿고 그 말씀 안에, 그리고 성령 안에 있다는 말입니다.

'윌버 체프맨'이란 대학생이 유명한 부흥사 D.L. 무디 선생의 집회에 참석했습니다. 그날도 구원에 대한 말씀이 증거되었습니다. 집회가 끝난 후에 체프맨이 무디를 찾아와 말했습니다. "무디 선생님, 저는 구원의 확신이 없습니다." 무디는 "당신은 예수 그리스도를 믿습니까?" 하고 질문하자 그는 "믿기는 믿는데 자신이 없습니다." 하고 대답했습니다. 그러자 무디는 요한복음 5장 24절 말씀을 읽어보라고 했습니다. "내가 진실로 진실로 너희에게 이르노니 내 말을 듣고 또 나 보내신 이를 믿는 자는 영생을 얻었고 심판에 이르지 아니하나니 사망에서 생명으로 옮겼느니라" 체프맨에게 "이 말씀을 믿는가?" 하고 질문했더니 믿는다고 대답했습니다. "그러면 당신에게 영생이 있습니까?" 하고 다시 질문하자 그는 "글쎄요."라고 대답했습니다. 무디가 한 번 더 읽어보라고 했습니다. "믿는 자는 영생을 얻었고…" 그리고 질문이 오갔습니다. "당신은 이 말씀을 믿습니까?" "제가 믿는다고 여러 번 말씀드리지 않았습니까?" "당신에게 영생이 있습니까?" "제가 그것을 모르겠습니다." 그때 무디가 소리쳤습니다. "당신이 뭔데 하나님을 무시합니까? 하나님께서 믿는 자는 영생을 얻었다면 얻은 것이지." 그의 고함 소리에 깜짝 놀란 윌버 체프맨이 "그러면 나에게 영생이 있다는 말씀입니까?" 하고 되물었습니다. 무디의 말에 윌버 체프맨은 자신이 지금까지 하나님의 말씀을 믿지 않았다는 것을 깨달았습니다. 그리고 신학을 공부한 그는 D.L. 무디가 은퇴했을 때 그 교회의 목사가 되었습니다.

우리는 그리스도의 말씀 안에 거해야 합니다. 우리가 예수 그리스도의 말씀을 전적으로 믿고 붙잡을 때 그리스도 안에 머물 수 있습니다. 우리는 어떤 어려움이 오더라도 예수 그리스도로부터 떨어지면 안 됩니다. 많은 사람들은 어려움이 오면 그리스도를 떠납니다. 말씀을 부인하고 그리스도를 부인합니다. 참 포도나무이신 그리스도로부터 멀어집니다. 그러나 우리는 그리스도 안에 거해야 합니다. 그리스도와 연합해야 합니다. 그분과 함께 있을 때, 그분을 온전히 믿을 때 우리가 구원을 받을 수 있기 때문입니다. 그러기 위해 우리는 항상 말씀 안에 거하며 기도함으로 성령의 인도하심을 받아야 합니다. 그리고 전적으로 그리스도를 신뢰하고 의지해야 합니다.

헬라의 한 신학자가 나라의 개혁을 주장하다가 여왕의 분노를 얻어 그 나라에서 추방될 위기에 놓였습니다. 어느 날 여왕이 그 신학자를 불러 말했습니다. “나는 그대를 내 나라에서 추방하겠다.” “그렇지만 여왕 폐하, 저를 그리스도로부터 쫓아내지는 못할 것입니다.” “그러면 너를 죽이겠다.” “폐하, 저를 죽일 수는 없을 것입니다. 저는 그리스도 안에서 영원히 살 것입니다.” “너의 전 재산을 몰수하겠다.” “그것도 안 될 것입니다. 그리스도께서 저에게 모든 것을 풍성히 주어 살게 하실 것입니다.” “그러면 네 모든 친구를 잃도록 만들겠다. 그러면 너는 버림받은 사람이 될 것이다.” “안 될 말씀입니다. 저에게는 지금 친구들보다도 더욱 친근한 분이 계십니다. 그 분은 바로 예수 그리스도이십니다.”

우리는 언제 어디서나 어떤 상황에서도 오직 주 예수 그리스도만을 믿고 의지하고, 그리스도 안에서 그리스도와 연합하여 살아야 합니다.

2. 열매를 맺어야 합니다

포도나무의 생명은 열매입니다. 포도나무는 키도 작을 뿐더러 외관상 전혀 볼품이 없습니다. 자랑할 만한 것이라곤 하나도 없습니다. 그러나 포도나무는 열매가 있어 그 가치가 더욱 빛납니다. 모양은 보잘 것 없지만 열매가 풍성합니다. 풍성하고 탐스러운 열매가 포도나무의 자랑이요 가치요 명예입니다. 가지는 나무에 붙어 있어야 열매를 맺을 수 있습니다. 우리도 보잘 것 없는 연약한 존재들이지만 열매를 맺을 때 우리의 가치가 있고 아름다운 명예를 얻을 수 있습니다. 예수님은 그의 백성들에게 열매 맺기를 원하십니다. "나는 포도나무요 너희는 가지라 그가 내 안에 내가 그 안에 거하면 사람이 열매를 많이 맺나니 나를 떠나서는 너희가 아무 것도 할 수 없음이라"(5)

당시 이스라엘 백성들은 온전히 하나님을 의지하지 않은 관계로 열매를 맺지 못했습니다. 그래서 예수님은 우리가 참 포도나무이신 예수님 안에 있어 열매 맺기를 바라십니다. 예수님은 말씀하십니다. "무릇 내게 붙어 있어 열매를 맺지 아니하는 가지는 아버지께서 그것을 제거해 버리시고 무릇 열매를 맺는 가지는 더 열매를 맺게 하려 하여 그것을 깨끗하게 하시느니라"(2) 가지를 '깨끗하게' 한다는 말은 전지, 즉 잔가지들을 정리한다는 뜻입니다. 나무는 때를 맞춰 잘 전지해 주어야 좋은 나무로 잘 자랄 수 있습니다. 삐죽삐죽 튀어나온 잔가지들을 그대로 두면 결코 좋은 나무가 될 수 없습니다.

사람도 마찬가지입니다. 자기가 하고 싶은 대로 내버려두면 훌륭한 사람이 될 수 없습니다. 그래서 하나님은 그의 자녀들이 좋은 나무가 되어 좋은 열매를 맺을 수 있도록 좋지 못한 잔가지들을 제거하기를 원하십니다. 그것이 바로 계명입니다. 하나님은 그의 백성들이 훌륭한 가지가 되어 열매를 맺어 주기를 원하십니다. 그래서 깨끗한 가지가 되도록 십계명을 비롯한 많은 계명들을 주셨습니다. 이 말씀을 통해서 잔가지들이 다 제거되고 깨끗하고 튼튼한 가지가 되어 열매를 맺게 하셨습니다. 우리 하나님은 그의 자녀들이 열매 맺는 삶을 살아가길 원하십니다. 그래서 십계명과 여러 가지 율법들을 주셨습니다. 하나님은 이 말씀대로 살아갈 때 열매를 맺게 하셨습니다.

그런데 이스라엘 백성들은 하나님의 말씀에 불순종하여 열매 맺는 삶을 살지 못했습니다. 하나님의 말씀대로 살지 못하고 하나님을 떠나는 죄를 범한 결과입니다. 이사야 선지자는 이스라엘 백성들이 열매를 맺지 못하는 것을 탄식했습니다. "나는 내가 사랑하는 자를 위하여 노래하되 내가 사랑하는 자의 포도원을 노래하리라 내가 사랑하는 자에게 포도원이 있음이여 심히 기름진 산에로다 땅을 파서 돌을 제하고 극상품 포도나무를 심었도다 그 중에 망대를 세웠고 또 그 안에 술틀을 팠도다 좋은 포도 맺기를 바랐더니 들포도를 맺었도다"(사 5:1-2) 에스겔 선지자도 탄식했습니다. "여호와의 말씀이 내게 임하여 이르시되 인자야 포도나무가 모든 나무보다 나은 것이 무엇이랴 숲속의 여러 나무 가운데에 있는 그 포도나무 가지가 나은 것이 무엇이랴 그 나무를 가지고 무엇을 제조할 수 있겠느냐 그것으로 무슨 그릇을 걸 못을 만들 수 있겠느냐 불에 던질 땔감이 될 뿐이라 불이 그 두 끝을 사르고 그 가운데도 태웠으면 제조에 무슨 소용이 있겠느냐"(겔 15:1-4)

구약 시대의 이스라엘은 열매 맺는 일에 실패를 했습니다. 그래서 예수님은 신약 시대를 살아가는 그의 제자들에게 열매를 맺어 주기를 원하셨습니다. 열매를 맺기 위해서는 그리스도 안에 있어야 합니다. 그리스도 안에 있으면 열매를 맺을 수 있습니다. 이스라엘 백성들은 하나님 안에 있지 않고 말씀 안에 있지 않았기 때문에 열매를 맺지 못했습니다.

오늘날 이 시대를 살아가는 우리 성도들도 마찬가지입니다. 예수님은 말씀하십니다. "내 안에 거하라 나도 너희 안에 거하리라 가지가 포도나무에 붙어 있지 아니하면 스스로 열매를 맺을 수 없음 같이 너희도 내 안에 있지 아니하면 그러하리라 나는 포도나무요 너희는 가지라 그가 내 안에 내가 그 안에 거하면 사람이 열매를 많이 맺나니 나를 떠나서는 너희가 아무 것도 할 수 없음이라"(4-5) 우리가 예수 그리스도 안에 거하고 그가 우리 안에 거하실 때 비로소 열매를 맺을 수 있습니다. 그와 반대로 우리가 그 안에 거하지 않을 때는 열매를 맺지 못하게 되므로 결국 불에 던져 사른다고 하셨습니다. "사람이 내 안에 거하지 아니하면 가지처럼 밖에 버려져 마르나니 사람들이 그것을 모아다가 불에 던져 사르느니라"(6)

여기서 우리가 알아야 할 중요한 한 가지는 우리가 주님을 떠나서는 아무 것도 아니라는 사실입니다. 나뭇가지는 스스로 열매를 맺을 힘이 없기 때문에 나무줄기로부터 영양분을 공급받아야만 열매를 맺을 수 있습니다. 마찬가지로 우리도 주 안에 거하고 주님께 붙어 있어야만 의미 있는 삶을 살 수 있습니다. 그렇지 않으면 우리의 삶은 헛될 뿐입니다. 가지가 나무로부터 떨어져 나가면 아무 열매도 맺지 못하고 그저 말라버려서 불에 던져질 따름입니다. 이 또한 주 안에 거하지 않고 주님께 붙어 있지 않는 삶의 무가치성을 의미합니다. 따라서 우리 힘으로는 열매를 맺지 못하므로 우리가 열매를 맺기 위해서는 반드시 예수 그리스도 안에 있어야 합니다.

그러면 우리가 '그리스도 안에 거한다'는 말의 구체적인 의미가 무엇입니까? 첫째는 예수 그리스도께서 하나님의 아들이심을 믿는 것입니다. 둘째는 그를 우리의 유일한 주님과 구원자로 받아들이는 것입니다. 셋째는 예수 그리스도 안에 주어진 복음을 계속해서 믿는 것입니다. 넷째는 주의 말씀을 따라 행하는 것입니다. 다섯째는 그리스도의 몸인 신자들의 공동체와 사랑의 관계를 지속적으로 맺는 것입니다. 여섯째는 성령의 충만을 받는 것입니다. 우리는 매일의 생활 속에서 말씀의 영양분, 즉 성령으로부터 힘을 공급받아 열매 맺는 삶을 살아야 합니다. 성경은 그리스도 안에 있는 성도가 맺어야 할 성령의 열매를 말씀합니다. "오직 성령의 열매는 사랑과 희락과 화평과 오래 참음과 자비와 양선과 충성과 온유와 절제니 이 같은 것을 금지할 법이 없느니라"(갈 5:22-23)

여기서 말하는 '열매'란 단어는 단수입니다. 이 말씀은 성령이 맺을 수 있는 열매가 아홉 가지라는 말이 아니라 한 열매에 있는 아홉 가지의 특성을 의미하고 있음을 보게 됩니다. 이 특성은 다 예수 그리스도의 성품이며 인격입니다. 그러므로 성령의 아홉 가지 열매는 그리스도 안에 있는 성도들이 그를 닮아가야 할 성품이요 본 받아야 할 인격입니다. 따라서 이 아홉 가지의 아름다운 덕목들은 서로 고립되어 있지 않고 뿌리 되시는 예수님의 생명을 통해 밀접하게 연결되어 있습니다. 모양과 크기는 서로 다를 수 있지만 한 나무에서 열리는 동일한 열매라는 점에서 서로 통일성을 이룹니다. 다시 말하면 성령의 열매가 갖는 이 덕목들은 내 안에 주님이 거하실 때에만 맺을 수 있습니다. 나무가 시냇가에 심길 때 생명이 있어 열매를 맺는 것과 동일한 원리입니다. 생명의 근원이 되시는 주님과의 연결이 있을 때 비로소 사랑, 희락, 화평, 오래 참음, 자비, 양선, 충성, 온유, 절제와 같은 향기로운 인격이 나타나게 됩니다. 다시 말하면 하나님의 형상이 나타납니다. 그러므로 우리는 그리스도 안에서 성령의 열매를 맺어야 합니다.

어떤 믿음이 좋은 사람이 꿈에 어느 가게에 들어갔습니다. 놀랍게도 계산대 뒤에 하나님이 서 계셨습니다. 깜짝 놀라 하나님께 물었습니다. “하나님, 여기서 뭘 하고 계십니까?” 하나님이 대답하셨습니다. “나는 네가 원하는 모든 것을 팔기 위해 있단다.” 모든 것을 판다는 말에 그는 최고의 것을 사기로 마음먹고 말했습니다. “하나님, 제게 이 세상에서 가장 좋은 평화, 가장 값진 행복, 가장 소중한 복을 주십시오.” 그런데 하나님은 아무 대답도 하시지 않았습니다. 그는 하나님이 듣지 못하셨나 싶어 큰 소리로 말했습니다. “하나님, 이 세상에 있는 가장 좋은 평화, 가장 값진 행복, 가장 소중한 복의 열매를 사고 싶습니다.” 그때 하나님이 말씀하셨습니다. “너는 뭔가 오해하고 있구나. 내가 파는 것은 씨앗이지 열매가 아니란다.”

열매를 맺는 일은 우리가 할 일이라는 뜻입니다. 물론 그 열매는 우리 힘으로 맺을 수 있는 것이 아니라 하나님께서 맺게 하셔야 됩니다. 그런데 하나님은 그 열매를 우리를 통해 맺기를 원하십니다. 그러므로 우리는 그리스도 안에서 열매 맺는 삶을 살도록 힘써야 합니다. 우리 모두 항상 예수 그리스도 안에 있어 주님과 지속적인 관계를 유지함으로써 성령의 열매를 맺어야 합니다.

3. 하나님께 영광을 돌려야 합니다

우리가 살아가는 목적은 하나님께 영광을 돌리는 데 있습니다. 가지는 열매를 맺음으로써 나무의 영광이 됩니다. 포도나무 자체는 볼품이 없으나 가지가 열매를 맺음으로써 나무가 영광을 받습니다. 가지인 우리 성도들이 열매를 맺으면 하나님 아버지께서 영광을 받으십니다. 성경은 말씀합니다. "너희가 열매를 많이 맺으면 내 아버지께서 영광을 받으실 것이요"(8)

우리 성도들이 삶속에서 성령의 열매를 맺으면 하나님이 영광을 받으십니다. 우리는 항상 하나님의 영광을 나타내는 삶을 살아야 합니다. 우리가 사랑의 열매, 화평의 열매, 기쁨의 열매, 인내의 열매, 자비의 열매, 충성의 열매, 전도의 열매를 맺으면 하나님께 영광이 됩니다.

애국가를 작곡한 안익태 선생은 샌프란시스코의 한인교회에서 태극기를 걸고 '올드랭 사인' 을 부르는 교포들을 보면서 애국가를 작곡하고자 결심을 했습니다. 조국 대한민국을 위해서 그는 부다페스트 음악학교에 재학 중이던 1935년에 드디어 애국가를 완성했습니다. 훗날 애국가가 불리는 모습을 볼 때마다 그는 이런 고백을 했습니다. "애국가는 저의 작곡이 아닙니다. 그것은 하나님의 선물이었습니다. 나는 하나님의 영감을 조국의 백성들에게 전했을 뿐입니다." 안익태 선생은 애국가를 작곡함으로써 하나님께 영광을 돌렸습니다. 그러므로 우리도 무엇을 하든지 열매를 맺어 하나님께 영광을 돌려야 합니다. "그런즉 너희가 먹든지 마시든지 무엇을 하든지 다

하나님의 영광을 위하여 하라"(고전 10:31)

그리고 우리가 열매를 맺으면 주님의 제자가 된다고 말씀하셨습니다. "너희는 내 제자가 되리라"(8) 열매의 결과는 예수님의 제자가 됩니다. 예수님은 누구든지 풍성하고 좋은 열매를 맺는 사람마다 예수님의 제자라고 말씀하셨습니다. 우리가 열매를 맺을 때 예수님의 제자로 인정받게 됩니다. 우리가 예수 그리스도 안에서 주님과 연합하여 말씀과 성령의 인도함을 받으며 주님과 지속적인 관계를 가질 때 열매를 맺을 수 있습니다. 그때 비로소 우리가 주님의 제자가 되는 것입니다. 그러므로 우리는 주님의 제자로서의 삶을 살아야 합니다. 우리가 열매를 맺게 될 때 주님의 제자로서의 삶을 살게 될 뿐만 아니라 하나님께 영광을 돌리게 됩니다. 우리는 언제 어디서나 열매를 맺어 그리스도의 제자다운 삶을 살아야 합니다.

영국 웨일즈 지방의 아주 깊은 산골에 사는 한 소년이 병으로 사경을 헤매게 되었습니다. 이 소년은 어머니에게 하나밖에 없는 아들이었습니다. 그 어머니의 걱정은 이루 말할 수 없었습니다. 돈도 없을 뿐더러 근처에는 병원도 없었습니다. 어머니는 고민 끝에 용기를 내어 5마일(약 8km)이나 되는 거리를 빗속을 뚫고 달려가 의사를 붙들고 사정을 했습니다. 의사는 고민이 되었습니다. 갈 수도 없고 가지 않을 수도 없었기 때문입니다. 솔직히 의사가 된 것이 원망스럽기도 하고 한편으로는 '의사 노릇을 수입만 생각하며 할 수도 없지 않은가?' 하며 자문도 해보았습니다. 결국 의사는 마지못해 빗속을 달려가 그 아이를 치료해 주었습니다. 감사하게도 치료에 큰 효험이 있어 의사의 수고가 헛되지 않았습니다. 그 후 의사는 그때의 일을 잊고 살았습니다. 그런데 그로부터 수십 년의 세월이 지난 어느 날, 로이드 존 경이라는 영국이 낳은 유명한 정치가가 재무상으로 등단하여 축하를 받게 되었습니다. 축하연이 벌어진 자리에는 그 의사도 참석하게 되었습니다. 그런데 자세히 보니 그날의 주인공인 그 재무상은 옛날에 자신이 치료해 주었던 바로 그 소년이었습니다. 의사는 매우 놀랐습니다. 그 당시 자신이 마지못해 억지로 가서 치료해 주었던 그 선행이 오늘날 이렇게 엄청난 결과로 나타날 줄은 상상도 못했기 때문입니다.

우리는 열매 맺는 삶을 살아야 합니다. 우리의 작은 선행이 뜻밖의 결과로 나타날 수도 있기 때문입니다. 작은 일이지만 아낌없이 베푸는 일에는 엄청난 열매가 맺힐 수 있습니다.

우리가 열매 맺는 일을 할 때 하나님께 영광이 돌아가게 됩니다. 예수님은 말씀하셨습니다. "이같이 너희 빛이 사람 앞에 비치게 하여 그들로 너희 착한 행실을 보고 하늘에 계신 너희 아버지께 영광을 돌리게 하라"(마 5:16)

예수님은 참 포도나무요 우리는 그의 가지입니다. 그러므로 우리는 그리스도와 연합하여 그리스도 안에서 열매를 맺어 하나님께 영광을 돌리는 삶을 살아야 합니다. 아멘.

9아버지께서 나를 사랑하신 것 같이 나도 너희를 사랑하였으니 나의 사랑
안에 거하라 10내가 아버지의 계명을 지켜 그의 사랑 안에 거하는 것 같이
너희도 내 계명을 지키면 내 사랑 안에 거하리라 11내가 이것을 너희에게 이
름은 내 기쁨이 너희 안에 있어 너희 기쁨을 충만하게 하려 함이라 12내 계
명은 곧 내가 너희를 사랑한 것 같이 너희도 서로 사랑하라 하는 이것이니
라 13사람이 친구를 위하여 자기 목숨을 버리면 이보다 더 큰 사랑이 없나니
14너희는 내가 명하는 대로 행하면 곧 나의 친구라 15이제부터는 너희를 종이
라 하지 아니하리니 종은 주인이 하는 것을 알지 못함이라 너희를 친구라
하였노니 내가 내 아버지께 들은 것을 다 너희에게 알게 하였음이라 16너희
가 나를 택한 것이 아니요 내가 너희를 택하여 세웠나니 이는 너희로 가서
열매를 맺게 하고 또 너희 열매가 항상 있게 하여 내 이름으로 아버지께 무
엇을 구하든지 다 받게 하려 함이라 17내가 이것을 너희에게 명함은 너희로
서로 사랑하게 하려 함이라

(요한복음 15:9-17)

11

나의 사랑 안에 거하라

하나님은 우리를 사랑하십니다. 그 증표로 예수 그리스도를 우리에게 보내 주셨습니다. 하나님은 세상을 사랑하셔서 독생자 예수 그리스도를 이 땅에 보내주셨고 예수 그리스도는 우리를 사랑하심으

로 우리를 위해 죽어 주셨습니다. 예수님은 십자가에서 죽기까지 우리를 사랑하셨습니다. 하나님께서 우리를 구원하신 것은 하나님은 아들 예수 그리스도를 사랑하셨고 예수 그리스도는 우리를 사랑하셨다는 증거입니다. 결국 아버지 하나님과 아들 예수 그리스도의 사랑이 우리를 구원하신 것입니다. 그래서 예수님은 그의 사랑을 받은 우리에게 "나의 사랑 안에 거하라"고 말씀하십니다. "아버지께서 나를 사랑하신 것 같이 나도 너희를 사랑하였으니 나의 사랑 안에 거하라"(9) 주님께서 "나의 사랑 안에 거하라"고 하신 말씀은 그리스도의 구속의 사랑을 받은 우리 성도들이 '서로 연합하여 사랑하라'는 뜻이 포함되어 있습니다. 따라서 이 말씀은 성도들끼리의 연합의 배경을 말해 줍니다. 곧 성도들은 하나님과 그리스도께서 이루신 구속의 사랑을 받았기 때문에 서로 사랑하라는 말씀입니다. 우리는 주의 사랑 안에 거하면서 주님을 사랑해야 하고, 또 형제를 사랑하며 살아야 합니다.

1. 주님이 먼저 우리를 사랑하셨습니다

"아버지께서 나를 사랑하신 것 같이 나도 너희를 사랑하였으니 나의 사랑 안에 거하라"(9)

아버지 하나님은 주님을 사랑하셨고 주 예수님은 우리를 사랑하셨습니다. 아버지 하나님은 아들 예수 그리스도가 이 세상에 오는 것을 허락하셨습니다. 그 이유는 아들을 사랑하셨기 때문에 아들을 이 세상의 중심으로 세우기 위해서였습니다. 아버지 하나님은 아들 예수 그리스도에게 하늘과 땅의 모든 결정권을 주셨고, 아들은 세상의 모든 죄를 자신의 생명으로 책임지려고 이 세상에 오셨습니다. 그리고 십자가에 달려 죽을 것을 허락하셨습니다. 이것은 예수 그리스도께서 우리를 사랑한다는 것을 아셨기 때문입니다.

예수님은 죄인인 우리를 먼저 사랑하셨습니다. 예수님이 이 땅에 오셨을 때 세상은 그분을 영접하지 않았습니다. "자기 땅에 오매 자기 백성이 영접하지 아니하였으나"(1:11) 사람들은 오히려 그분을 십자가에 못 박아 죽이려고 했지만 하나님은 이 아들을 인정해 주셨습니다. 당시의 권세자들과 지도자들과 학자들은 모두 예수 그리스도를 인정은커녕 미워했습니다. 그러나 아버지 하나님은 세상을 구원하려고 자신을 희생하러 내려온 아들을 인정하시고 그의 구속 사역을 사랑하셨습니다. 그리고 예수 그리스도를 믿는 사람들에게 구원을 주도록 허락하셨습니다. 이것은 하나님 아버지께서 아들을 너무나 사랑하셨기 때문입니다. 또한 아들 예수 그리스도께서 사랑하는 세상을 다시 회복시키는 것, 즉 죄인을 구원하려는 아들의 중심을 알고 사랑하셨기 때문입니다. 왜냐하면 죄인을 구원하는 것은 아버지 하나님의 뜻이기 때문입니다. 만약 하나님이 아들을 사랑하지 않으셨다면 죄인들의 구원은 있을 수 없기 때문입니다. 그 위대한 사랑을 요약한 구절이 바로 요한복음 3장 16절입니다. "하나님이 세상을 이처럼 사랑하사 독생자를 주셨으니 이는 그를 믿는 자마다 멸망하지 않고 영생을 얻게 하려 하심이라"(3:16)

예수님은 우리를 너무도 사랑하셨기 때문에 우리를 위하여 십자가에 달려 구속의 역사를 이루셨습니다. 그리고 예수님은 우리를 먼저 사랑하셨습니다. "우리가 아직 죄인 되었을 때에 그리스도께서 우리를 위하여 죽으심으로 하나님께서 우리에 대한 자기의 사랑을 확증하셨느니라"(롬 5:8) 예수님은 우리가 태어나기도 전, 우리가 예수님을 알기 전부터 우리를 사랑하셨습니다. 그래서 우리를 위해 십자가에서 구속 역사를 이루신 것입니다. 아들 예수 그리스도의 큰 사랑을 먼저 받은 우리는 그의 사랑 안에 거해야 합니다.

2. 계명을 지켜야 합니다

우리가 그리스도의 사랑 안에 거한다는 증거는 주님의 계명을 지키는 것입니다. "내가 아버지의 계명을 지켜 그의 사랑 안에 거하는 것 같이 너희도 내 계명을 지키면 내 사랑 안에 거하리라"(10)

주님은 그의 계명을 말씀하셨습니다. "내 계명은 곧 내가 너희를 사랑한 것 같이 너희도 서로 사랑하라 하는 이것이니라"(12) 예수님의 계명을 잘 지키는 사람은 분명 예수님의 사랑 안에서 살아가는 사람이며, 예수님의 사랑 안에 살아가는 사람은 예수님의 계명을 잘 지키는 사람임이 분명합니다. 그렇다면 예수님이 우리에게 주신 계명과 사랑은 분리된 것이 아니라 하나라는 것을 알 수 있습니다.

예수님은 계명과 사랑의 관계를 별개의 것으로 보지 않고 하나로 보셨습니다. 예수님은 이미 요한복음 13장 34절에서 똑 같은 말씀을 하셨습니다. "새 계명을 너희에게 주노니 서로 사랑하라 내가 너희를 사랑한 것 같이 너희도 서로 사랑하라" 뿐만 아니라 '서로 사랑하라' 는 이 계명은 구약 시대에도 주셨습니다. "원수를 갚지 말며 동포를 원망하지 말며 네 이웃 사랑하기를 네 자신과 같이 사랑하라 나는 여호와이니라"(레 19:18)

그런데 구약 성경에 나오는 이웃의 개념은 자기 동족만이 아니라 외국인들까지 포함하고 있습니다. 다시 말하면 같은 동포의 울타리를 넘어서 이방인들도 내 몸처럼 사랑해야 한다는 말입니다. "거류민이 너희의 땅에 거류하여 함께 있거든 너희는 그를 학대하지 말고 너희와 함께 있는 거류민을 너희 중에서 낳은 자 같이 여기며 자기 같이 사랑하라 너희도 애굽 땅에서 거류민이 되었었느니라 나는 너희의 하나님 여호와이니라"(레 19:33-34)

우리는 우리 동포들을 사랑해야 하지만 외국인 거류자들도 사랑해야 합니다. 이것은 하나님의 명령입니다. 우리는 외국인들을 꺼리거나 무시하면 안 됩니다. 조롱하거나 멸시해서도 안 됩니다. 학대나 박해는 더더욱 안 됩니다. 물론 차별 대우를 해서도 안 됩니다. 하나님은 외국인들도 사랑하라고 하셨습니다. 우리 대한민국인들이 세계 곳곳에서 맹활약을 하고 있습니다. 다른 나라에서도 여러 분야에서 아주 뛰어나게 활동하는 사람들이 많습니다. 물론 처음에는 어려움이 많았지만 그들이 다른 나라에서 성공할 수 있었던 것은 자국민들이 그들을 인정해 주었기 때문입니다.

고 강영우 박사는 시각 장애우이지만 미국에서 교수 생활을 한 바 있고 백악관에 입성해서는 장애우들을 위한 차관직을 맡아서 훌륭하게 일해 왔습니다. 반기문 씨는 유엔 사무총장에 재선되어 업무를 잘 수행하고 있습니다. 또한 미국 다트머스대학 총장 김용(52) 박사는 세계은행 총재로 선출되었습니다. 이것은 굉장한 일입니다. 이사회 투표권을 장악하고 있는 미국이 김 총장을 후보로 지명하면서 그가 총재로 선임될 가능성은 매우 높았습니다. 그러나 이전의 11명의 세계은행 총재들은 모두 금융이나 외교 분야 전문가들로 백인이 주류층이었습니다. 이와는 달리 김 총장은 한국계인데다 금융 분야의 경험이 거의 없는 인물이라 지명될 때 많은 사람들이 의외로 받아들였습니다. 그것은 그가 미국이라는 사회에서 인정을 받았다는 점이 큰 힘이 되어 세계가 그의 능력을 인정해 주었기 때문입니다. 김 총장은 로버트 졸릭 현 총재의 뒤를 이어 7월 1일부터 5년간 새 총재 업무를 맡게 되었습니다. 세계은행은 직원 9천 명의 거대한 국제기구로 2012년에는 2천 580억 달러를 각국에 지원했습니다. 김 총장은 중남미 등의 빈민지역에서 결핵이나 에이즈 퇴치를 위한 의료구호활동을 벌여 국제적으로 명성을 쌓아 왔습니다. 그리고 20여 년간 하버드대학에서 교수로 재직하면서 결핵 퇴치와 국제 의료 활동에 앞장섰으며, 세계보건기구(WHO) 에이즈국장, 하버드 의대 국제보건·사회의학과장 등을 역임한 바 있습니다. 2009년에는 다트머스대학 제17대 총장으로 선출돼 '아이비 리그'의 첫 한국계 총장이 되었습니다. 성경은 이웃을 사랑하라고 말씀합니다. 우리는 외국인들을 사랑하는 동시에 인정해 주어야 합니다.

지난해에 필리핀에서 우리나라로 귀화한 국회의원 이자스민 씨에 대한 인종차별적 공격이 문제가 된 바 있습니다. 예를 들어 "이자스민은 학력위조에, 아니 우리나라에 매매혼으로 팔려온 X이 뭘 안다고 정치를 해."라는 원색적인 비난의 글이 트위터에 올라 왔습니다. 또 이 국회의원의 공약에 대해 "이대로 된다면 한국은 외국인 천국이 되겠네요."라며 비꼬았습니다. 사실 비례대표인 이자스민은 공약을 내걸지도 않았습니다. 이 외에도 이자스민의 당선을 계기로 "불법 체류자가 판을 치게 됐다.", "대한민국의 등골을 빼먹는 다문화의 실체가 드러났다."는 등의 무차별적인 비난의 글이 트위터에 올라 왔습니다. 거짓이라는 사실이 알려지기도 전에 이미 유명 인터넷 커뮤니티로 퍼졌으며 포털사이트에는 '이자스민 퇴출 서명운동' 이 벌어지기도 했습니다. 물론 이런 글이 인터넷에서 나도는 데에는 중국 동포 오원춘(42) 씨가 수원에서 20대 여성을 살해한 끔직한 만행이 알려지면서 외국인 노동자나 결혼 이주 여성에 대한 혐오감이 점차 확산된 것도 그 이유가 될 것입니다. '소위 제노포비아(외국인 혐오 현상)' 입니다.

그런데 이것이 수위를 넘었습니다. 동남아 국가 출신이라는 이유만으로 그녀를 배척하고 인신공격적 비난을 가하는 것은 글로벌·세계화 시대에 역행하는 수치스러운 일이 아닐 수 없습니다. 사실 우리나라의 심각한 문제는 저출산과 고령화입니다. 이런 현실 속에서 우리 사회의 산업 인력과 신붓감 부족으로 외국인을 유입한 것을 우리는 인정해야 합니다. 우리 사회는 아직도 다문화 가정이나 국제결혼에 대한 왜곡된 시선이 그대로 투영되고 있습니다. 이미 결혼 이주민이 20만 명을 넘었고, 이들에게서 태어난 자녀가 15만 명에 이르는 현실에서 다문화는 선택이 아니라 필수라는 것을 우리는 인정할 수밖에 없습니다. 이자스민 씨는 필리핀 출신이지만 이미 한국으로 귀화한 엄연한 한국인입니다. 이제 우리는 다문화 배경을 가진 인물들도 우리나라의 인적(人的) 자원 구성에서 중요한 축이라는 사실을 인정하고 함께 힘을 모아야 합니다.

하나님은 수천 년 전부터 다문화 사회를 인정할 것을 가르쳐 주셨습니다. 우리 민족뿐 아니라 외국인들, 나그네들, 거류자들도 사랑하라고 하셨습니다. 우리보다 가난한 사람들, 많이 배우지 못한 사람들, 환경이 좋지 못한 사람들, 외국인이나 나그네들도 우리는 사랑해야 합니다. 이것이 예수님의 가르침입니다. 우리 주님은 말씀하셨습니다. "내 계명은 곧 내가 너희를 사랑한 것 같이 너희도 서로 사랑하라 하는 이것이니라"(12)

우리 모두 주님의 계명대로 서로 사랑함으로써 주의 사랑 안에 거하는 믿음의 성도들이 되어야 합니다.

3. 기쁨이 충만하게 합니다

주의 사랑 안에 거하면 기쁨이 충만하게 됩니다. "내가 이것을 너희에게 이름은 내 기쁨이 너희 안에 있어 너희 기쁨을 충만하게 하려 함이라"(11)

하나님의 백성인 우리가 주님의 계명을 지키면 그의 사랑을 받아 우리 속에 기쁨이 넘치게 됩니다. 이 기쁨은 하나님이 주시는 기쁨입니다. 하나님의 사랑을 받으면 기쁨이 충만하게 됩니다. 우리에게 이 기쁨이 있으면 원망과 불평과 의심이 사라지고 담력과 용기가 생기고 인내하게 되고 이 세상의 어떤 난관이나 어려움도 능히 극복할 수 있습니다. 하나님이 주시는 기쁨이 있으면 하나님 사랑과 이웃 사랑을 기쁨으로 실천하게 됩니다.

한 마디로 주님의 사랑 안에 거하면 주님이 주시는 기쁨으로 행복하게 됩니다. 예수님의 사랑 안에 거하는 성도들은 박해와 고난 중에도 즐겁게 살아갑니다. 세상 사람들은 좋은 환경일 때는 기뻐하다가도 역경이 오면 금방 좌절하고 맙니다. 그러나 그리스도인들은 죄와 죽음과 세상의 질곡에서 벗어나 하나님이 주시는 자유와 기쁨, 그리고 승리와 감격의 삶을 살아가는 사람들입니다. 그리스도인은 손해를 보면서도 기뻐하고 억울하게 당하면서도 즐거워합니다. 세상과 사탄의 공격에 말려들지 않고 폭풍과 역경 속에서도 찬송하며 기도하며 감사할 수 있습니다. 이렇듯 역경 중에도 즐거워할 수 있는 이유는 예수님 때문입니다. 예수님께서 우리를 위하여 십자가에서 죽어주시고 부활하셨기 때문에 주 예수 그리스도를 믿는 성도는 주님으로부터 능력을 받아 고난과 박해 중에도 기뻐할 수 있습니다. 주님이 주시는 기쁨의 능력으로 능히 이길 수 있습니다.

'피난처' 를 기록한 코리 텐 붐(Corrie Ten Boom)은 그의 언니 벳시(Betsy)와 함께 단지 유대인이라는 이유만으로 라벤스부르크(Ravensbruck)라는 나치 수용소에 갇히게 되었습니다. 그곳은 그들이 거쳐 온 수용소 중에서도 가장 견디기 힘든 열악한 환경이었습니다. 좁은 공간에 많은 사람들을 수용한데다 이까지 득실거렸습니다. 그곳에 들어간 첫날 그들은 늘 그래 왔듯이 몰래 숨겨 가지고 간 성경을 읽었습니다. 그날의 말씀은 데살로니가전서 5장이었습니다.

"항상 기뻐하라 쉬지 말고 기도하라 범사에 감사하라 이것이 그리스도 예수 안에서 너희를 향하신 하나님의 뜻이니라"(살전 5:16-18) 언니 벳시는 그 말씀대로 모든 새로운 환경에 감사의 기도를 드리자고 했습니다. 그러나 코리는 한 마디로 거절했습니다. 이런 환경에서 어떻게 감사할 수 있느냐는 것이었습니다. 그러나 언니의 고집에 못 이겨 마침내 감사의 기도를 드렸습니다. 그리고 몇 달을 지냈습니다. 그런데 이상한 것은 그들이 성경공부와 기도를 하는데도 간수들이 전혀 들여다보지 않는 것이었습니다. 그래서 가장 안전하고 충실한 성경공부와 기도를 할 수 있었습니다. 나중에 알게 된 사실이지만 그곳에는 이가 득실거려서 간수들이 가까이 하기를 꺼려했던 것입니다.

어떤 열악한 환경도 하나님과 가까워지는 것을 결코 막을 수 없었습니다. 주님이 주시는 기쁨이 있으면 우리는 담대해지고 용기가 생깁니다. 평화로운 마음으로 살아갈 수 있으며 승리하게 됩니다.

우리 모두 주님의 사랑 안에 거하여 주님이 주시는 기쁨을 누립시다.

4. 주님의 친구가 됩니다

우리가 주님의 사랑 안에 거하면 주님의 친구가 될 수 있습니다. 예수님은 말씀하셨습니다. "사람이 친구를 위하여 자기 목숨을 버리면 이보다 더 큰 사랑이 없나니"(13)

세상에서 가장 위대한 사랑은 예수님의 십자가의 사랑입니다. 예수님은 우리를 위해 십자가에서 죽어 주셨습니다. 자신의 생명까지 우리를 위해 버리셨습니다. 예수님은 십자가에서 우리를 위해 죽으심으로 많은 사람들을 구원하셨습니다. 주님의 십자가의 사랑보다 더 큰 사랑은 없습니다. "너희는 내가 명하는 대로 행하면 곧 나의 친구라"(14) 우리가 주님의 계명을 지키면 주님의 친구라고 하셨습니다. 예수님이 우리에게 친구라고 불러주신 것은 죄인이요 원수 되었던 우리를 속죄의 사랑으로 사랑하신다는 말입니다. 주님은 우리를 사랑하시되 죽기까지 사랑하셨습니다. 그 주님은 지금도 우리를 사랑하시되 더 많이 사랑하십니다.

하나님도 아브라함을 '나의 친구' 라고 하셨습니다. "그러나 나의 종 너 이스라엘아 내가 택한 야곱아 나의 벗 아브라함의 자손아"(사 41:8) 또한 모세는 하나님과 대면하여 대화했다고 성경은 말씀합니다. "사람이 자기의 친구와 이야기함 같이 여호와께서는 모세와 대면하여 말씀하시며"(출 33:11) 여기서 '대면한다' 는 말이 중요합니다. 우리 말 성경에는 얼굴을 서로 대한다는 의미로 '대면(對面)' 이라고 했지만 원문 '페 엘 페(מֶה אֶר מֶה)' 는 입술과 입술을 마주 대한다는 뜻입니다(민 12:8). 그래서 어떤 영어 성경을 보면 'mouth to mouth' 로 번역되어 있습니다. 마치 입을 맞추듯 가까이 하는 것을 가리킵니다. 모세가 하나님과 얼마나 친밀하게 지냈는지를 짐작할 수 있습니다.

그런데 우리 예수님은 "너희는 내가 명하는 대로 행하면 곧 나의 친구라"(14)고 말씀하셨습니다. 이 말씀은 주님의 계명을 사랑하라는 말입니다. 그리스도 안에서 한 형제 된 성도들끼리 서로 사랑하는 것이 주님의 계명을 지키는 것입니다. 주님을 믿는 형제를 사랑하는 것은 그리스도의 속죄의 사랑을 받은 증표입니다. 누구든지 하나님의 사랑을 받지 않고서는 믿음의 형제를 참으로 사랑할 수 없습니다. 주님의 사랑을 받은 사람들만이 진심으로 형제를 사랑할 수 있습니다. 예수님의 십자가의 사랑을 아는 사람만이 주 안에서 형제를 사랑할 수 있습니다. 주님의 십자가의 사랑을 알지 못하면 진정한 형제 사랑을 할 수 없습니다.

예수님은 말씀하셨습니다. "이제부터는 너희를 종이라 하지 아니하리니 종은 주인이 하는 것을 알지 못함이라 너희를 친구라 하였노니 내가 내 아버지께 들은 것을 다 너희에게 알게 하였음이라"(15) 예수님은 구속에 관한 모든 진리를 그의 제자들에게 가르쳐 주셨습니다. 예수 그리스도의 십자가의 구속의 진리는 영원 전부터 하나님 아버지에게 깊이 감춰었던 오묘한 진리였습니다(벧전 1:10-11). 깊고 중요한 진실은 아무에게나 말하지 않습니다. 확실히 믿을 수 있거나 절친한 친구에게나 말할 수 있을 것입니다.

우리 예수님은 인류를 향한 하나님의 놀라운 구속 역사, 즉 십자가의 구원의 진리와 하나님에 대한 모든 진리를 제자들에게 다 말씀해 주셨습니다. 제자들을 친구로 믿었기 때문입니다. 따라서 예수 그리스도의 십자가의 사랑을 알고 주의 사랑 안에 거하는 우리는 주님의 친구가 되었습니다. 우리가 주님의 계명을 지키는 사람이 되었으니 주님의 친구가 된 것입니다.

흔히 세상에는 세 종류의 친구가 있다고 합니다. 첫 번째 친구는 '돈' 입니다. 돈이 있으면 편리하고 좋습니다. 그러나 돈은 일시적이며 불완전한 친구입니다. 어느 날 우리 곁을 떠납니다. 그리고 이 친구는 우리가 꼭 필요로 할 때는 없습니다. 세상을 떠나기 이전까지만 함께 할 수 있습니다. 두 번째 친구는 '사람' 입니다. 우리에게는 사람이란 친구가 필요합니다. 그러나 이 친구는 배반하거나 우리 곁을 떠날 때가 있습니다. 그리고 무덤까지는 따라올 수 있지만 더 이상은 도와줄 수 없습니다. 역시 불완전한 친구입니다. 세 번째 친구는 '예수 그리스도' 입니다. 예수 그리스도는 언제 어디서 무엇을 하든지 나와 동행해 주십니다. 이 세상 끝 날까지, 그리고 죽음을 너머 저 천국까지 영원토록 나와 함께 하십니다. 그분만이 영원한 친구요 완전한 친구가 될 수 있습니다. 그러므로 제일 좋은 친구는 예수님입니다. 예수님은 결코 우리를 떠나지 않고 영원히 우리와 함께 하는 친구입니다.

우리가 잘 아는 영국인 다니엘 데포의 '로빈슨 크루소' 는 실화를 기초로 쓰였다고 합니다. 주인공 로빈슨 크루소가 탄 배가 난파되어 다 죽고 혼자 살아남아 무인도에 상륙하게 되었습니다. 홀로 버려졌으니 고독하고 무섭고 절망할 수밖에 없었습니다. 그러던 어느 날 성경을 폈을 때 눈에 들어오는 구절이 있었는데 바로 히브리서 13장 5절이었습니다. "그가 친히 말씀하시기를 내가 결코 너희를 버리지 아니하고 너희를 떠나지 아니하리라" 이 말씀을 읽게 된 그는 주님이 자신과 동행함을 깨닫고 감사하며 소망을 갖게 되었고, 결국 힘든 생활을 잘 극복하여 귀환할 수 있었습니다. 만일 그에게 좋은 친구 예수님이 없었다면 어떻게 무인도에서 살아날 수 있었겠습니까? 예수님은 우리의 영원한 친구가 되십니다.

그러면 우리가 어떻게 하면 그분을 나의 친구로 모실 수 있습니까? 그것은 나의 선택이 아니라 그분이 나를 선택하시고 부르실 때 응답함으로 가능합니다. 주님이 먼저 우리를 선택해 주시고 열매를 맺게 하십니다. "너희가 나를 택한 것이 아니요 내가 너희를 택하여 세웠나니 이는 너희로 가서 열매를 맺게 하고 또 너희 열매가 항상 있게 하여 내 이름으로 아버지께 무엇을 구하든지 다 받게 하려 함이라"(16) 우리를 친구로 삼으신 것은 우리로 하여금 열매를 맺게 하기 위해서입니다. 주님은 친구 된 우리 성도들이 열매를 맺으며 살기를 원하십니다. 뿐만 아니라 주님의 친구가 된 성도가 하나님께 기도하면 다 응답해 주실 것을 약속하셨습니다. 우리가 주님의 사랑 안에 거하면 열매도 맺고 기도 응답도 받을 수 있습니다.

그리고 예수님은 다시 한 번 말씀하십니다. "내가 이것을 너희에게 명함은 너희로 서로 사랑하게 하려 함이라"(17) 우리가 그리스도의 사랑 안에 거하면 서로 사랑할 수 있습니다. 주님의 사랑을 받은 우리는 서로 사랑하며 살아야 합니다. 먼저 우리가 주님의 사랑을 받아야 다른 형제를 사랑할 수 있습니다. 그러므로 우리 모두 주님의 사랑 안에 거하여 사랑을 실천해야 합니다.

미국의 장로교 PCUSA 총회는 성도들이 세상을 떠나면 총회에서 보고하도록 되어 있습니다. 한번은 하늘나라로 간 4만 4천 명의 PCUSA 성도들 중에서 1천 명을 제외한 4만 3천 명이 재산의 전부, 혹은 일부를 자신이 출석하던 교회에 바쳤는데 그 금액이 무려 6천 9백 만 달러라고 보고했습니다. 엄청난 금액입니다.

우리 한국 교회도 수준과 규모 면에서 많은 성장을 했습니다. 그런데 이런 면에서는 미국인을 따라갈 수 없습니다. 세상을 떠날 때 재산을 교회에 바치는 사람을 찾기가 어렵습니다. 그런데 미국 장로교에서는 4만 4천 명 중에서 4만 3천 명이 자신의 재산을 교회에 헌납했습니다. 이것이 미국 교회의 힘입니다. 미국이 세계적인 선교대국이 될 수 있었던 힘이 바로 여기에 있습니다. 미국에서 우리나라에 아펜젤러와 언더우드 선교사를 비롯한 많은 선교사들을 파송할 수 있었던 것도 이 때문입니다. 그때 그들이 미국 교회로부터 가지고 온 헌금으로 우리나라에 교회, 학교, 병원, 고아원, 양로원 등의 많은 복지기관을 설립한 것입니다. 이것이 주님의 사랑 안에 거하며 사랑을 실천하는 일입니다.

우리가 주님의 사랑을 먼저 받았으므로 우리도 서로 사랑해야 합니다. 주의 계명을 지키는 것이 서로 사랑하는 것입니다. 우리 주님은 우리의 영원한 친구가 되십니다. 그러므로 우리도 주님의 사랑을 실천하며 주의 사랑 안에서 살아야 합니다. 아멘.

[18]세상이 너희를 미워하면 너희보다 먼저 나를 미워한 줄을 알라 [19]너희가 세
상에 속하였으면 세상이 자기의 것을 사랑할 것이나 너희는 세상에 속한 자
가 아니요 도리어 내가 너희를 세상에서 택하였기 때문에 세상이 너희를 미
워하느니라 [20]내가 너희에게 종이 주인보다 더 크지 못하다 한 말을 기억하
라 사람들이 나를 박해하였은즉 너희도 박해할 것이요 내 말을 지켰은즉 너
희 말도 지킬 것이라 [21]그러나 사람들이 내 이름으로 말미암아 이 모든 일을
너희에게 하리니 이는 나를 보내신 이를 알지 못함이라 [22]내가 와서 그들에
게 말하지 아니하였더라면 죄가 없었으려니와 지금은 그 죄를 핑계할 수 없
느니라 [23]나를 미워하는 자는 또 내 아버지를 미워하느니라 [24]내가 아무도 못
한 일을 그들 중에서 하지 아니하였더라면 그들에게 죄가 없었으려니와 지
금은 그들이 나와 내 아버지를 보았고 또 미워하였도다 [25]그러나 이는 그들
의 율법에 기록된바 그들이 이유 없이 나를 미워하였다 한 말을 응하게 하
려 함이라 [26]내가 아버지께로부터 너희에게 보낼 보혜사 곧 아버지께로부터
나오시는 진리의 성령이 오실 때에 그가 나를 증언하실 것이요 [27]너희도 처
음부터 나와 함께 있었으므로 증언하느니라

(요한복음 15:18-27)

12

세상이 너희를 미워하면

예수님은 제자들에게 세상이 그들을 미워할 것이라고 말씀하셨습니다. 사실 역사적으로 볼 때 이 세상은 우리 기독교인들을 좋아하

지 않았습니다. 그래서 많은 박해를 받았으며 순교자도 많이 생겼습니다. 우리가 살고 있는 이 시대도 기독교를 싫어하여 교회를 비방하는 사람들이 많습니다. 예수님은 이 모든 것을 미리 아시고 제자들에게 말씀해 주셨습니다. 그리고 우리에게도 세상이 우리를 이처럼 미워하는 이유를 말씀해 주셨습니다.

1. 예수님 때문입니다

"세상이 너희를 미워하면 너희보다 먼저 나를 미워한 줄을 알라" (18)

앞서 제자들이 받을 사랑에 대하여 말씀하신 예수님은 이제 그들이 받을 미움에 대하여 말씀하십니다. 제자들과 성도들은 예수님으로부터 사랑을 받는 대신 세상으로부터는 미움을 받습니다. 그런데 예수님은 성도들이 이 세상에서 미움을 받는 이유를 예수님을 미워하기 때문이라고 말씀하셨습니다. 이것은 예수님과 우리가 밀접한 관계에 있다는 증거입니다. 예수님을 믿는 성도들을 미워하는 것은 바로 예수님을 미워하는 것이요, 세상이 성도들을 미워하는 것 역시 예수님 때문입니다. 예수님과 우리는 하나이기 때문입니다.

사도 바울이 부름을 받기 전에는 그도 역시 심히 교회를 박해했습니다. 예수님을 믿는 남녀들을 잡아 옥에 가두었습니다. 그가 다메섹에 있는 기독교인들을 체포하러 가다가 부활하신 예수님을 만나게 되었습니다. 그때 예수님은 강한 빛으로 그를 쓰러뜨려 앞을 보지 못하게 했습니다. 그때 부활하신 예수님이 "사울아 사울아 네가 어찌하여 나를 박해하느냐?"고 물으시자 사울이 "주여 누구시니이까?" 하고 되물었습니다. 그때 예수님은 "나는 네가 박해하는 예수라"고 대답하셨습니다(행 9:4-5). 여기서 예수님은 그를 믿는 성도들을 박해하는 것은 바로 예수님을 박해하는 것이라고 말씀하셨습니다. 세상이 성도들을 미워하는 것은 바로 예수님을 미워한다는 말입니다.

예수님은 비유로 말씀하셨습니다. "내가 너희에게 종이 주인보다 더 크지 못하다 한 말을 기억하라 사람들이 나를 박해하였은즉 너희도 박해할 것이요 내 말을 지켰은즉 너희 말도 지킬 것이라"(20) 예수님은 우리의 주인이시며 우리는 주님을 섬기는 그의 백성들입니다. 그러므로 우리의 주인 되신 주님을 박해한다면 그의 백성인 우리도 박해를 당하는 것이 당연합니다. 예수님을 십자가에 못 박아 죽이기까지 한 이 세상의 악한 세력은 당연히 예수님을 믿고 따르는 성도들도 박해할 것입니다. 그리고 "내 말을 지켰은즉 너희 말도 지킬 것이라"에서 '지킨다'는 말은 꼬투리를 잡는다는 말입니다. 이 세상은 하나님의 백성들에게 시비하며 꼬투리를 잡습니다.

역사적으로 볼 때 이 세상은 예수님을 믿는 성도들을 미워하여 많은 박해를 했습니다. 이 세상은 예수님을 미워합니다. 그래서 예수님을 따르는 성도들까지도 미워합니다. 그 미워하는 것은 여러 가지 형태로 나타납니다. 지금까지 정치적·경제적·종교적·정신적으로 많은 박해가 있었습니다. 그래서 박해가 심할 때는 투옥되거나 죽임을 당하기도 했습니다. 지금도 모슬렘 국가에서는 예수님을 믿으면 큰 박해를 당합니다. 집에서 쫓겨나기도 하고 투옥되기도 하고 심지어는 죽임을 당하기도 합니다. 우리가 살고 있는 이 세상에서도 예수님을 믿는다는 이유만으로 미움을 당하는 일이 많습니다. 교회를 미워하고 목회자와 성도를 미워합니다. 기독교를 폄하하거나 모독하기도 하고 조롱도 합니다.

최근 우리가 잘 아는 '나꼼수'의 기독교에 대한 발언이 그 대표적인 예입니다. 공개적으로 한국 교회는 일종의 범죄 집단이며 척결 대상이요 누가 정권을 잡아도 무너질 개신교라고 말했습니다. 물론 교회가 잘못하거나 성도들이 부끄러운 일을 행할 때도 있습니다. 그 때는 사회적으로 비난 받을 것을 감수해야 하고 반성하고 지양해 나가야 합니다. 그러나 세상은 그와는 무관하게 전반적으로 예수님을 믿는다는 이유만으로 우리를 미워합니다.

2. 우리가 세상에 속하지 않았기 때문입니다

"너희가 세상에 속하였으면 세상이 자기의 것을 사랑할 것이나 너희는 세상에 속한 자가 아니요 도리어 내가 너희를 세상에서 택하였기 때문에 세상이 너희를 미워하느니라"(19)

예수님을 믿는 사람은 세상이 요구하는 대로 살지 않고 오히려 세상과 반대되는 삶을 살아가는 경우가 많습니다. 그러니 세상이 싫어하고 미워할 수밖에 없습니다. 다시 말하면 이 세상은 거짓말도 해가면서 자신의 탐욕과 자기중심으로 살아갑니다. 그러나 기독교인은 그렇게 할 수가 없습니다. 예수님은 산상 설교에서 "너희는 세상의 빛이요 세상의 소금"이라고 말씀하셨습니다. 빛은 어둠을 밝히는데 어둠은 빛을 싫어합니다. 그래서 이 세상에 참 빛으로 오신 예수님을 어둠의 세상이 미워하고 배척한 것입니다. 그러므로 이 세상은 빛의 자녀로 살아가는 기독교인을 미워할 수밖에 없습니다.

예수님은 우리를 선택하여 하나님의 자녀로 삼으셨습니다. 그러므로 기독교인은 세상의 자녀가 아니라 주님의 자녀입니다. 예수님은 우리를 이 세상 사람들처럼 죄악 가운데 살도록 내버려두지 않고 우리를 선택하여 주님의 백성으로 삼으셨습니다. 우리가 하나님을 선택한 것이 아니요 주님이 우리를 선택하셨습니다. 우리가 선택받은 것은 하나님의 주권에 의한 것입니다. 하나님께서 죄악 중에 있는 우리를 선택하여 주의 자녀로 삼으신 것입니다. 우리를 선택하셨다는 것은 우리를 죄악 세상에서 구원받을 백성으로 불러주셨다는 뜻입니다. 주님의 선택을 받은 우리는 주 예수님을 우리의 구주로 영접했기 때문에 이제는 하나님의 자녀가 되었습니다. 따라서 예수님의 십자가의 보혈로 우리의 모든 죄는 다 용서를 받은 것입니다.

그러므로 이제 우리는 이 세상에 속한 사람들이 아닙니다. 그래서 세상은 우리를 미워합니다. 세상은 세상대로 살아가는 사람들을 사랑합니다. 그렇지만 하나님의 백성인 우리는 비록 이 세상에서 살지만 주님의 택한 백성으로 살아가야 합니다. 거룩한 백성이 된 우리는 죄악을 멀리 하고 어둠의 자녀가 아닌 빛의 자녀로 살아가야 합니다.

3. 박해하는 것은 죄가 됩니다

"그러나 사람들이 내 이름으로 말미암아 이 모든 일을 너희에게 하리니 이는 나를 보내신 이를 알지 못함이라 내가 와서 그들에게 말하지 아니하였더라면 죄가 없었으려니와 지금은 그 죄를 핑계할 수 없느니라"(21-22)

예수님을 박해하고 우리 성도들을 미워하는 것은 죄가 됩니다. 사람들이 박해하는 것은 하나님을 바로 알지 못하기 때문입니다. 그러나 하나님을 모르는 것은 죄가 됩니다. 예수님 당시에도 유대인들이 예수님을 미워하여 박해했습니다. 그러다가 결국 십자가에 못을 박았습니다. 그 이유는 그들이 무지했기 때문입니다. 그들은 하나님도 몰랐고 성경 말씀도 몰랐습니다.

우리나라에 기독교가 처음 들어왔을 때 엄청난 박해를 받았습니다. 미신과 불교를 믿던 우리나라에 예수교가 들어오자 많은 도전이 있었습니다. 기독교의 성경은 우상을 숭배하지 말고 오직 하나님 한 분만을 섬기라고 가르치자 그것을 도저히 용납할 수 없었기 때문입니다. 그들은 하나님도 성경 말씀도 몰랐습니다. 하나님은 천지를 창조하신 유일한 분입니다. 하나님 외에 다른 신은 없습니다. 그러므로 하나님 한 분만 섬기는 것이 마땅합니다. 그런데 그들은 이 사실을 몰랐기 때문에 기독교를 미워하여 박해할 수밖에 없었습니다. 바로 그들의 무지가 문제였습니다. 그들은 예수쟁이라고 싫어하며 소금도 뿌렸습니다. 그런가 하면 기독교인들에게는 집을 사고파는 행위도 하지 않았습니다. 직장에서는 한 팀이 되는 것을 꺼렸으며 사업에서도 불이익을 당해야 했습니다. 그러나 그 무지는 죄가 됩니다. 하나님을 모르는 것 자체가 큰 죄입니다. 하나님을 섬기지 않는 것이 죄라는 사실을 그들도 알아야 합니다. 동시에 하나님의 백성을 미워하여 박해하는 것도 죄가 됩니다. 몰라서 박해하는 것도 역시 죄가 됩니다. 박해는 바로 하나님을 미워하여 하나님께 도전하는 것이기 때문입니다.

죄 중에서도 예수님을 믿지 않는 것이 가장 큰 죄입니다. 그들은 예수님이 어떤 분인 줄을 몰라서라고 할지라도 그 무지는 죄가 됩니다. 따라서 우리는 그들을 무지에서 구해 주어야 합니다. 그 길은 전도밖에 없습니다. 예수님을 알도록 소개해 주어야 합니다. 그것이 그들을 구원하는 유일한 길이기 때문입니다.

4. 사역 때문입니다

예수님은 말씀하십니다. "내가 아무도 못한 일을 그들 중에서 하지 아니하였더라면 그들에게 죄가 없었으려니와 지금은 그들이 나와 내 아버지를 보았고 또 미워하였도다"(24)

여기서 '아무도 못한 일'이란 예수님께서 행하신 이적들, 즉 예수님의 사역을 말합니다. 유대인들은 예수님의 사역을 보고 미워했습니다. 예수님은 많은 이적을 행하셨습니다. 각종 병자들을 고치고 귀신을 쫓아내 주셨습니다. 그리고 하나님의 말씀을 선포하실 때에는 많은 사람들이 회개하고 세례를 받았습니다. 구원받는 백성들이 점점 많아졌습니다. 유대인 지도자들은 이 모든 예수님의 사역들을 보고 미워하며 박해하기 시작했습니다.

오늘날에도 마찬가지입니다. 세상은 주님을 믿는 주의 백성들의 사역을 미워합니다. 전도하는 일과 선교하는 일을 박해합니다. 그래서 역사적으로도 많은 전도인들과 선교사들이 박해를 받았습니다. 지금도 예수님을 믿는 성도들이 많은 어려움을 당하고 있습니다. 그러나 주의 제자들은 주님을 위해 받는 박해를 당연한 것으로 여기고 주님을 위한 사역에 최선을 다했습니다. 이미 예수님께서 세상이 제자들을 미워할 것이라고 말씀해 주셨기 때문입니다. 야고보 사도는 이렇게 기록했습니다. "내 형제들아 너희가 여러 가지 시험을 당하거든 온전히 기쁘게 여기라 이는 너희 믿음의 시련이 인내를 만들어 내는 줄 너희가 앎이라 인내를 온전히 이루라 이는 너희로 온전하고 구비하여 조금도 부족함이 없게 하려 함이라"(약 1:2-4)

하나님의 백성은 박해를 각오해야 합니다. 세상은 예수님을 믿고 신앙생활 하는 것을 미워합니다. 주의 사역, 즉 전도와 선교하는 일을 박해합니다. 아니 주의 이름으로 하는 모든 일들을 미워합니다. 그러나 우리는 이 모든 박해를 각오하고 감당해야 합니다. 결코 물러설 수도 포기할 수도 없습니다. 우리는 기도로 무장하여 믿음으로 전진해야 합니다. 예수님은 말씀하셨습니다. "의를 위하여 박해를 받은 자는 복이 있나니 천국이 그들의 것임이라 나로 말미암아 너희를 욕하고 박해하고 거짓으로 너희를 거슬러 모든 악한 말을 할 때에는 너희에게 복이 있나니 기뻐하고 즐거워하라 하늘에서 너희의 상이 큼이라 너희 전에 있던 선지자들도 이같이 박해하였느니라"(마

5:10-12)

우리가 주님 때문에 미움을 받고 주의 일을 할 때 박해를 받으면 기뻐해야 합니다. 하늘의 상이 있기 때문입니다. 앞서간 주의 종들은 모두 이 상급을 바라보며 박해를 이기고 승리했습니다. 우리도 주님이 주신 사역으로 인하여 세상에서 미움과 박해를 받을 때에는 하늘의 상급이 있음을 기억하고 늘 기쁨으로 충성해야 합니다.

5. 성령을 받아 증인의 삶을 살아야 합니다

예수님은 이 세상 사람들이 주의 제자들, 즉 성도들을 미워하여 박해를 하더라도 우리는 그들에게 증인의 사명을 감당하라고 말씀하십니다. 그러므로 우리는 어떤 경우에도 복음의 증인이 되어야 합니다. 그러기 위해서는 성령의 충만을 받아야 합니다. "내가 아버지께로부터 너희에게 보낼 보혜사 곧 아버지께로부터 나오시는 진리의 성령이 오실 때에 그가 나를 증언하실 것이요 너희도 처음부터 나와 함께 있었으므로 증언하느니라"(26-27)

그러나 우리 힘으로는 세상의 박해나 증인의 사명을 감당할 수 없습니다. 그러므로 우리는 성령의 도움을 받아야 합니다. 예수님께서 승천하시기 전에 제자들에게 말씀하셨습니다. "오직 성령이 너희에게 임하시면 너희가 권능을 받고 예루살렘과 온 유대와 사마리아와 땅 끝까지 이르러 내 증인이 되리라"(행 1:8) 우리는 성령의 능력을 받아야 증인의 사명을 성공적으로 수행할 수 있습니다. 그러므로 성령의 능력을 구해야 합니다. 우리가 성령의 능력을 받아야 능히 이길 수 있기 때문입니다.

'예수 천당' 으로 유명한 최봉석 목사님은 성령 충만을 받아 많은 박해 중에도 복음을 열정적으로 전했던 분입니다. 목사님은 일본인 연대장에게도 복음을 전했습니다. 전도자 최권능 목사님의 눈에는 오직 예수님이 계실 뿐 민족의 차별이 없었음을 알 수 있습니다. 수행원을 거느린 연대장이 말을 타고 위풍당당하게 목사님 가까이로 오는 것을 보고 일본군 장교도 인간이지 별 수 없다고 생각했습니다. 그때 주님으로부터 믿음이 좋다고 칭찬받은 백부장 생각도 났습니다. 그때는 일본이 러일전쟁에서 승리한터라 조선인쯤은 보호국의 미개 족속으로 여겨 아주 경시할 때였습니다. 연대장이 말을 타고 목사님 앞을 막 지나갈 때 "예수 천당!" 하며 버럭 소리를 질렀습니다. 그러자 말이 놀라서 펄쩍 뛰는 바람에 연대장이 말에서 떨어져 의식을 잃게 되었습니다. 일본 군인들이 우리말을 알아듣지는 못했지만 목사님이 고함치는 것을 보았기 때문에 우르르 달려와서 총을 겨누자 목사님은 "내가 기도하면 살아요." 하고 말했습니다. 그러나 헌병들은 이 말 역시 알아듣지 못했습니다. 그때 일본말을 잘하는 한 사람이 뛰어와서 통역을 했습니다. 그리고 최권능 목사님이 간절히 기도하자 연대장이 깨어났습니다. 그 후 일본 관헌들은 연대장이 낙마했던 그 자리에 "최봉석, 또 이런 일이 있으면 즉결처분 한다."는 경고장을 붙였습니다. 그런데 목사님은 그 경고장을 떼어 집으로 가지고 와서 부인에게 내보이며 "이것 보시오. 면류관에 별이 붙었수다." 하며 자랑했다고 합니다. '예수 천당' 으로 그 연대장이 구원받으면 하나님으로부터 면류관을 받을 것이요, 그 일로 인해 박해를 받았으니 빛나는 별을 얻을 것이란 말입니다. 성령의 충만을 받지 않았다면 어떻게 그런 환경에서 전도할 수 있었겠습니까? 그때 힘없이 누워 있던 부인은 "여보, 면류관이고 뭐고 아침거리가 없어요."라며 힘없이 말하자 목사님은 천둥 같은 소리로 이렇게 대답했다고 합니다. "그렇게 믿음이 없소? 당신의 아버지 하나님께서 세상을 떠나셨는가? 하하, 육신만 생각하는 사람은 참 답답도 하군. 기도만 하면 아버지께서 주실 텐데…." 그리고 얼마 후 저녁 무렵이 되자 누군가 아무도 모르게 쌀과 찬거리를 사립문 곁에 놓고 갔습니다. 목사님 주위에는 초대교회 성도들처럼 오른손이 구제하는 것을 왼손이 모르도록 하는 이 순수한 신앙의 흔적들이 있었습니다. 목사님의 집은 변두리에 다 쓰러져가는 움막이었습니다. 목사님이 자고 일어나면 늘 어디서 누가 갖다 놓았는지 알 수 없는 수수 가마, 쌀가마, 밀 가마 등이 있었습니다.

우리도 성령 충만을 받아 담대하게 예수님의 증인으로 살아가야 합니다. 세상은 예수님을 미워하고 성도들을 박해합니다. 그러나 우리는 예수님을 위해 박해도 기쁨으로 받아야 합니다. 그것은 하늘의 상급이 있기 때문입니다. 우리는 성령의 충만을 받아 담대하게 예수님의 증인으로서의 삶을 살아야 합니다. 아멘.

[1]내가 이것을 너희에게 이름은 너희로 실족하지 않게 하려 함이니 [2]사람들이
너희를 출교할 뿐 아니라 때가 이르면 무릇 너희를 죽이는 자가 생각하기를
이것이 하나님을 섬기는 일이라 하리라 [3]그들이 이런 일을 할 것은 아버지
와 나를 알지 못함이라 [4]오직 너희에게 이 말을 한 것은 너희로 그 때를 당
하면 내가 너희에게 말한 이것을 기억나게 하려 함이요 처음부터 이 말을
하지 아니한 것은 내가 너희와 함께 있었음이라 [5]지금 내가 나를 보내신 이
에게로 가는데 너희 중에서 나더러 어디로 가는지 묻는 자가 없고 [6]도리어
내가 이 말을 하므로 너희 마음에 근심이 가득하였도다 [7]그러나 내가 너희에
게 실상을 말하노니 내가 떠나가는 것이 너희에게 유익이라 내가 떠나가지
아니하면 보혜사가 너희에게로 오시지 아니할 것이요 가면 내가 그를 너희
에게로 보내리니 [8]그가 와서 죄에 대하여, 의에 대하여, 심판에 대하여 세상
을 책망하시리라 [9]죄에 대하여라 함은 그들이 나를 믿지 아니함이요 [10]의에
대하여라 함은 내가 아버지께로 가니 너희가 다시 나를 보지 못함이요 [11]심
판에 대하여라 함은 이 세상 임금이 심판을 받았음이라 [12]내가 아직도 너희
에게 이를 것이 많으나 지금은 너희가 감당하지 못하리라 [13]그러나 진리의
성령이 오시면 그가 너희를 모든 진리 가운데로 인도하시리니 그가 스스로
말하지 않고 오직 들은 것을 말하며 장래 일을 너희에게 알리시리라 [14]그가
내 영광을 나타내리니 내 것을 가지고 너희에게 알리시겠음이라 [15]무릇 아버
지께 있는 것은 다 내 것이라 그러므로 내가 말하기를 그가 내 것을 가지고
너희에게 알리시리라 하였노라 [16]조금 있으면 너희가 나를 보지 못하겠고 또
조금 있으면 나를 보리라 하시니

(요한복음 16:1-16)

13

성령의 사역

예수님은 제자들을 향하여 “세상이 너희를 미워할 것이다. 그것은

세상이 나를 미워하기 때문이다."라고 말씀하셨습니다(15:18). 이 말씀은 세상이 예수님을 미워하기 때문에 그를 사랑하여 따르는 제자들도 미움을 받는 것은 당연하다는 말입니다. 예수님은 "세상은 너희를 박해할 것이며 너희가 하는 그 사역을 보고 미워할 것이다. 그러나 너희는 성령을 받아 나의 증인으로서의 삶을 살아야 한다."고 말씀하셨습니다.

본문은 예수님이 이 사실을 제자들에게 미리 말씀하신 이유를 설명하고 있습니다. "내가 이것을 너희에게 이름은 너희로 실족하지 않게 하려 함이니 사람들이 너희를 출교할 뿐 아니라 때가 이르면 무릇 너희를 죽이는 자가 생각하기를 이것이 하나님을 섬기는 일이라 하리라 그들이 이런 일을 할 것은 아버지와 나를 알지 못함이라"(1-3) 예수님이 제자들에게 미리 말씀하신 이유는 제자들을 실족하지 않게 하기 위해서입니다.

"너희로 실족하지 않게 하려 함이니"에서 '실족하다(스칸달리조, σκανδαλιζω)'는 '넘어뜨리다'라는 뜻으로 본 서에서는 본 절과 6장 21절에만 언급되어 '기독교의 신앙을 포기하는 것', 즉 '배교(背敎)'를 의미합니다. 이 세상 사람들은 예수님을 모르기 때문에 예수님의 제자들을 박해하기도 하고 출교를 시키기도 했습니다. 그들의 종교적 공동체인 유대교에서 추방시킨 것입니다. 그것은 예수님을 바로 알지 못했기 때문입니다.

당시 유대교 지도자들은 예수님을 박해하고 그의 제자들을 괴롭히는 것이 하나님을 바로 섬기는 일이라고 믿었습니다. 그래서 그들은 예수님을 십자가에 못 박았을 뿐만 아니라 예수님을 따르며 증거하는 제자들까지도 박해를 했습니다. 그들은 이것이 하나님을 섬기는 일이라고 믿었기 때문입니다. 그래서 예수님은 이 모든 것을 다 아시고 제자들에게 준비하라고 하신 것입니다. 예수님은 말씀하셨습니다. "오직 너희에게 이 말을 한 것은 너희로 그 때를 당하면 내가 너희에게 말한 이것을 기억나게 하려 함이요 처음부터 이 말을 하지 아니한 것은 내가 너희와 함께 있었음이라"(4) 예수님은 제자들에게 박해를 받게 될 때에는 예수님이 하신 말씀을 기억하라고 하셨습니다. 그래서 주님의 제자들은 세상에서 박해를 받을 때에도 예수님의 말씀을 기억하고 믿었기 때문에 담대하게 복음을 전파하며 순교의 자리까지 나아갈 수 있었습니다. 그리고 예수님은 제자들에게 말씀하셨습니다.

1. 성령을 보내겠다고 말씀하셨습니다

예수님은 요한복음 14장에서 말씀하셨습니다. "너희는 마음에 근심하지 말라 하나님을 믿으니 또 나를 믿으라 내 아버지 집에 거할 곳이 많도다 그렇지 않으면 너희에게 일렀으리라 내가 너희를 위하여 거처를 예비하러 가노니 가서 너희를 위하여 거처를 예비하면 내가 다시 와서 너희를 내게로 영접하여 나 있는 곳에 너희도 있게 하리라"(14:1-3) 예수님은 제자들에게 자신이 세상을 떠나실 것을 말씀하실 때 그들이 근심하는 것을 보셨습니다. "지금 내가 나를 보내신 이에게로 가는데 너희 중에서 나더러 어디로 가는지 묻는 자가

없고 도리어 내가 이 말을 하므로 너희 마음에 근심이 가득하였도다"(5-6)

제자들은 오직 예수님만 바라보고 여기까지 따라 왔는데 이제 예수님이 그들 곁을 떠나시겠다고 하자 제자들의 마음에 근심이 가득하게 되었습니다. 이 땅에 메시야로 오신 예수님으로 믿고 따랐는데 이제 그만 떠나시겠다고 하니 근심이 될 수밖에 없었습니다. 그러나 예수님은 제자들에게 놀라운 말씀을 하셨습니다. "그러나 내가 너희에게 실상을 말하노니 내가 떠나가는 것이 너희에게 유익이라 내가 떠나가지 아니하면 보혜사가 너희에게로 오시지 아니할 것이요 가면 내가 그를 너희에게로 보내리니"(7) 이 말씀은 예수님이 떠나시는 것이 제자들에게 유익하다는 말입니다.

여기서 '실상(텐 알레데이안, τήν ἀλήθειαν)' 이란 말은 사실, 즉 진리를 뜻합니다. 예수님은 자신이 떠나는 것이 제자들에게 유익하다고 말씀하신 것은 보혜사 성령을 보내 주실 것이기 때문입니다. 예수님은 말씀하셨습니다. "내가 떠나가지 아니하면 보혜사가 너희에게로 오시지 아니할 것이요 가면 내가 그를 너희에게로 보내리니" 보혜사 성령은 예수님이 십자가의 죽음과 더불어 부활의 영광을 얻기 전에는 오시지 않습니다. 예수님이 우리를 구원하려고 십자가를 지고 죽으셨다가 사흘 만에 부활하여 승천하신 후에 보혜사 성령을 보내 주겠다고 약속하셨기 때문입니다. 이 말씀은 하나님은 결코 그의 백성들을 떠나지 않고 항상 함께 하신다는 약속입니다. 그러기 위해서는 보혜사 성령이 오셔야만 합니다.

'보혜사(파라클레토스, παράκλητος)' 라는 말은 '곁에 있는 사람'

이란 뜻입니다. 이 말은 요한일서 2장 1절에 나오는 '대언자'로 번역된 말과 똑같은 단어입니다. 만일 이 말이 인격적인 존재에 적용된다면 그 의미는 더욱 분명해집니다. 성령은 우리의 변호자이십니다. 그분은 우리를 돕고 가르치고 중재하기 위해 보냄을 받은 분입니다. 그분은 인격체이십니다. 보혜사 성령이 이 땅에 오시어 그의 백성들을 인도하시고 땅 끝까지 복음을 전파하게 하십니다. 예수님은 승천하기 전에 제자들에게 말씀하셨습니다. "오직 성령이 너희에게 임하시면 너희가 권능을 받고 예루살렘과 온 유대와 사마리아와 땅 끝까지 이르러 내 증인이 되리라"(행 1:8) 예수님이 하늘나라로 가시면 보혜사 성령을 보내주실 것입니다. 그러면 이 보혜사 성령께서는 제자들에게 권능을 주시고 능력을 받은 제자들은 전 세계의 모든 민족에게 복음을 전할 수 있다는 말입니다. 한 마디로 성령이 오셔야 전 세계에 복음을 전할 수 있기 때문에 제자들에게는 예수님이 떠나시는 것이 유익하다는 말입니다.

우리 예수님이 이 세상을 떠나 천국에 올라가셨기 때문에 보혜사 성령께서 이 땅에 오실 수 있었습니다. 그리고 성령의 충만을 받은 제자들은 권능을 받아 복음을 들고 전 세계로 흩어졌습니다. 예수님의 제자들은 보혜사 성령을 보내 주신다는 말씀을 그대로 믿고 예수님이 승천하신 후에 마가 요한의 다락방에 모여 약속하신 보혜사 성령을 기다리며 10일 동안 간절히 기도했습니다. 마지막 날 기도하던 120명의 성도들 위에 성령의 강력한 역사가 나타났습니다. 두려움으로 가득했던 제자들이 성령의 충만을 받은 후에는 성령의 능력을 받아 담대해져 숨어 있던 자리를 박차고 밖으로 나가 예수 그리스도의 십자가와 부활을 전파했습니다.

베드로가 성령의 충만을 받은 후에 대중들 앞에서 담대하게 예수님을 전파했습니다. 그러자 성령의 권능이 나타났습니다. 그날 3천 명이 회개하고 예수님을 영접하여 세례를 받는 역사가 나타났습니다. 그 후에 성령으로 충만한 제자들이 복음을 전할 때 하루에 5천 명이 주님을 영접하는 대 부흥의 역사가 나타났습니다.

스데반이 성령으로 충만하여 복음을 전할 때 유대인들이 분노하여 돌을 들어 그를 쳤습니다. 그러나 스데반은 피를 흘리며 쓰러지면서도 담대하게 복음을 전했습니다. 그 결과 나중에 사울이 변하여 바울이 되는 역사가 나타났습니다. 그 후 성령의 능력을 받은 제자들이 전 세계로 흩어져 복음을 전할 때 성령께서 그들이 가는 곳마다 함께 하심으로 강력한 복음의 능력이 나타났습니다.

허드슨 테일러는 어렸을 때부터 늘 집으로 찾아오는 손님들에게 어른이 되면 선교사가 되어 중국으로 갈 것이란 말을 했다고 합니다. 그는 17세에 회심한 후 자신이 주님의 사역에 부름을 받았다는 확신을 갖게 되었습니다. 그는 1853년 9월 19일 '중국복음전도협회' 소속으로 중국으로 가는 배에 올랐습니다. 그는 어느 특정 교단에 속하기를 포기하고 예수 그리스도를 믿는다고 고백하는 모든 사람들과 친분을 맺어 독립적인 사역을 하려고 했습니다. 테일러가 복음을 전하기 위해 간 중국에는 그 당시 태평천국의 난으로 시내 곳곳에서 전투가 벌어지고 있었습니다. 외국인이 성 밖으로 나간다는 것은 매우 위험한 일이었으나 테일러는 위험을 무릅쓰고 중국인들에게 복음을 전했습니다. 당시에는 중국으로 온 선교사들이 중국의 몇몇 해안 도시에만 몰려 있었기 때문에 상하이와 같은 도시에는 어느 정도 복음이 확산되어 있었습니다. 그러나 정작 복음을 한 번도 들어본 적이 없는 중국 내지의 원주민들에게는 아무도 용기를 내어 들어가려고 하지 않았습니다. 그래서 테일러는 중국의 오지에 있는 무지한 영혼들을 사랑하는 마음으로 강을 따라 중국 구석구석을 찾아다니기 시작했습니다. 테일러는 계속해서 중국인들에게 복음을 전하면서 점점 중국인들을 닮아갔습니다. 그것이 그들에게 복음을 전하는 데 최선의 방법임을 깨달았기 때문입니다. 그는 중국인들이 입는 옷을 입고 중국인들처럼 변발을 했습니다. 그런 그를 영국에서는 못마땅해 하기 시작했습니다. 그 이유는 야만인들의 방식을 따른다는 것이었습니다. 그러나 허드슨 테일러는 중국의 영혼들을 진심으로 사랑하는 마음만 있다면 그런 것쯤은 전혀 문제가 되지 않을 것이라고 생각했습니다. 1865년 7월 27일에는 '중국내지선교회(Chinese Inland Mission)'를 공식적으로 창립하였습니다. 선교사들도 1백 명 이상 되었고, 선교 사역이 점점 커짐에 따라 날마다 필요로 하는 것들도 많아졌습니다. 그럴 때마다 '중국내지선교회'의 선교사들과 허드슨 테일러는 무릎을 꿇고 기도하여 놀랍고도 정확하게 응답을 받았습니다. 테일러는 어려운 환경에서도 하나님을 신뢰하고 믿음으로 구할 때마다 매번 필요한 것들을 시기적절하게 공급 받았습니다. 성령의 충만한 능력을 받은 허드슨 테일러는 지칠 줄 모르는 열정으로 중국 땅 곳곳을 찾아나서는 중국과 중국의 영혼들을 진정으로 사랑하는 사람이었습니다.

우리도 주님이 약속하신 보혜사 성령의 능력을 받으면 담대하게 복음을 전할 수 있습니다. 이 세상의 어떤 어려움도 이길 수 있습니다. 우리 모두 성령의 능력을 받아 믿음을 지키고 언제 어디에서 누구를 만나든지 예수 그리스도의 복음을 힘차게 전할 수 있어야 합니다.

2. 성령께서 하시는 일은 무엇입니까

1) 세상을 책망하십니다

"그가 와서 죄에 대하여 의에 대하여 심판에 대하여 세상을 책망하시리라"(8)

성령의 사역 중에 하나는 세상을 책망하시는 일입니다. 세상은 메시야이신 예수님을 영접하지 않았으므로 성령에 의해 책망을 받게 됩니다. 여기서 '책망하시리라' 로 번역된 '엘렝크세이(ἐλέγζει)' 는 '엘렝코(ἐλέγχω)' 의 미래형입니다. '엘렝코(ἐλέγχω)' 는 '훈계하다', '죄를 깨닫게 하다', '잘못을 꾸짖다' 등의 다양한 의미를 가지고 있습니다. 구체적으로 "그가 와서 죄에 대하여 의에 대하여 심판에 대하여 세상을 책망하시리라"(8)고 하셨습니다. 먼저 죄에 대하여 책망하십니다.

'죄에 대하여 책망한다' 는 말에는 다양한 해석이 있습니다. 사도행전 2장 36-37절에서 베드로의 설교를 들은 청중이 마음에 찔림을 받은 것처럼 ① '죄에 대해 깨닫게 하는 것(convict)' 을 의미합니다. 성령은 우리의 죄를 깨닫게 하십니다. ② '어떤 잘못에 대해 꾸짖는 것(reprove)' 을 의미합니다(KJV). ③ '세상의 잘못을 증명하는 것' 을 의미합니다(J. Knox). ④ '허물을 드러내는 것(NIV 난외주)', 또는 '얼마나 잘못되었는지 드러내는 것(Jerusalem Bible)' 을 의미합니다. ⑤ '그릇된 생각을 꾸짖어 바로잡는 것' 을 의미합니다(공동번역).

이처럼 제자들에게 있어서 성령은 예수님의 말씀을 생각나게 하지만 세상에 대해서는 세상의 잘못을 적나라하게 드러내십니다. 그리고 그러한 성령의 사역에 의해 세상에서 회개의 역사가 일어날 수 있습니다. 세상에 대한 성령의 판단은 단호합니다. 그러나 성령의 단호함이 곧 세상에 대한 심판을 의미하지는 않습니다. 아직도 이 세상은 죄악이 지배하고 있으나 하나님의 심판이 있을 때까지는 그대로 두십니다. 성령께서 죄에 대하여 심판하시는 것은 역시 그리스도를 증거하기 위해서입니다. 성령은 세상의 죄를 폭로합니다. 특히 죄가 없으신 예수 그리스도를 십자가에 못 박은 죄를 심판하십니다. 세상이 그리스도를 거부함으로써 이미 심판에 처해졌음을 드러내십니다. 성령은 죄인과 세상을 심판하기 위해 오셨습니다. "죄에 대하여라 함은 그들이 나를 믿지 아니함이요"(9)

여기서 말하는 죄는 당시 유대인들이 예수님을 받아들이지 않고 배척한 것을 말합니다. 그들은 예수님의 말씀을 들었으나 믿지 않았으며 예수님을 보았지만 메시야로 영접하기는커녕 오히려 미워했습니다(1:11). 결국 그들은 메시야를 아무런 이유도 없이 미워하고 박해하여 십자가에서 죽게 했습니다(15:25). 성령은 이러한 그들의 죄를 드러내십니다. 그리고 성령 강림 후에는 세계 각처에 복음이 전파되었는데 성령은 그 복음을 믿지 않는 자들도 유대인들과 동등한 죄인임을 드러내십니다. 예수님은 자신을 영접하는 자, 곧 그의 이름을 믿는 자들에게는 하나님의 자녀가 되는 권세를 주신다고 말씀하셨습니다(1:12). 그러나 아들에게 순종치 아니하는 자는 영생을 보지 못할 것이라는 말씀도 하셨습니다(3:18). 또 요한복음 8장 24절에서는 "너희가 만일 내가 그인 줄 믿지 아니하면 너희 죄 가운데서 죽으리라"고 말씀하셨습니다.

죄 중에서 가장 큰 죄는 예수님을 믿지 않는 죄입니다. 예수님을 믿지 않으면 죄의 문제를 해결할 수가 없습니다. 죄 문제는 오직 예수님 안에서만 해결됩니다. 예수님을 믿으면 모든 죄를 용서받게 됩니다. 따라서 예수님을 믿지 않으면 죄 가운데 살다가 죽을 수밖에 없습니다. 그러므로 성령이 오시면 예수님을 믿지 않는 자들은 자신의 죄를 깨닫게 되고 믿지 않은 결과는 사망인 것도 알게 됩니다. 그러므로 성령은 각 사람의 양심에 빛을 비추어 그들의 죄가 드러나게 하셔서 죄에서 돌아서게 합니다. 그리고 궁극적으로 하나님과 화해하도록 도우십니다. 이것이 죄를 책망하시는 성령의 궁극적인 목적입니다. 결국 우리 인생은 예수님께로 돌아와야 구원받을 수 있음을 알게 하십니다.

성령이 오시면 자신이 죄인임을 고백해야 구원받을 수 있습니다. 따라서 우리 모두 성령의 충만을 구해야 합니다.

2) 의에 대하여 심판하십니다

"의에 대하여라 함은 내가 아버지께로 가니 너희가 다시 나를 보지 못함이요"(10)

여기서 말하는 '의(디카이오쉬네, δικαιοσύνη)' 는 죄와 반대되는 개념으로 예수님의 무죄를 의미합니다. 여기서는 세상의 의가 잘못되었다는 의미로 사용되었습니다. 세상은 자기의 의를 내세우려고 하나님의 의에 복종치 않았을 뿐만 아니라 오히려 의의 성취자이신 예수님을 십자가에 달았습니다(롬 10:3). 이처럼 세상은 하나님께서 보내신 독생자를 영접하지 않은 죄로 의의 심판을 받을 수밖에 없습니다. 그리고 이 의의 심판은 세상에 의해 죽임을 당한 예수님이 부활하여 하나님의 품으로 돌아가심으로 더욱 더 확증되었습니다.

예수님이 하나님의 보좌 우편으로 올라가신 것은 '하나님의 의' 이상을 나타내는 것으로 인간이 도저히 도달할 수 없는 '완전한 의(Perfect Righteousness)' 임을 보여줍니다. 그래서 성령은 인간 스스로 세운 의의 규범이 불완전하다는 것을 세상에 드러내심으로 사람들이 완전한 의를 따라 살도록 책망하십니다. 의로우신 예수님을 죄인으로 십자가에 못 박은 것은 죄 중에서도 가장 큰 죄입니다. 그러나 이제 성령이 오시면 십자가에 달린 예수님이 하나님의 아들임을 믿게 하십니다. 성령께서 각 사람의 마음에 오셔서 증거하시고 변호해 주심으로 예수님이 의롭다는 것을 확신하게 하셨습니다. 예수님의 의로우심을 확증하는 사건이 바로 부활과 승천입니다. 성령은 한 인간의 생애에 대한 왜곡을 바로 잡았을 뿐 아니라 인류의 역사를 창조하는 능력이 있습니다. 그러므로 성령이 오심으로 우리가 의로우신 예수님을 영접하여 구원받을 수 있게 되었습니다.

우리 모두 보혜사 성령님을 사모하여 성령의 능력을 받아 성령의 열매를 맺는 삶을 살아갑시다.

3) 심판에 대하여 깨닫게 하십니다

"심판에 대하여라 함은 이 세상 임금이 심판을 받았음이라"(11)

세상의 임금은 사단의 세력을 의미합니다(12:31; 14:30). 이처럼 사단은 모든 죄인들 위에서 군림한다는 뜻에서 "공중의 권세 잡은 자"(엡 2:2), "어둠의 세상 주관자"(엡 6:12) 등으로 불리기도 합니다. 그런데 사단에 대한 예수님의 심판은 예수님이 이 세상에 오심으로 시작되었습니다(마 8:29; 막 1:24; 3:11; 눅 4:41; 행 19:15). 그리고 십자가 위에서 죽으심으로 더 이상 사망이 왕 노릇하지 못하게 사망의 권세 잡은 자들을 심판하셨습니다(히 2:14). 그리고 부활을 통하여 이 심판을 더욱 확증함으로써 사단에 대한 자신의 승리를 확인하셨습니다. 성령은 세상으로 하여금 이 심판을 깨닫게 하십니다.

여기서 '심판을 받았다'는 말이 헬라어 본문에는 완료형으로 되어 있습니다. 그것은 예수님의 사역 가운데서 이미 심판이 시작되었다는 의미입니다. 예수님에 의해서 귀신들이 쫓겨나는 것은 그들에 대한 심판이 시작되었음을 입증합니다. 예수님에게는 심판하는 권세가 있기 때문입니다(5:27). 성령께서는 예수님의 심판하시는 사역을 마지막 심판 때까지 지속시킬 것입니다. 성령은 지금도 역사하시어 귀신들과 악인들을 심판하십니다.

오늘날에도 주의 백성들을 통한 성령의 역사는 계속되고 있습니다. 그러므로 우리는 성령께서 우리와 함께 역사하시도록 우리를 의의 도구로 사용하여 승리할 수 있도록 성령을 사모하며 기도해야 합니다.

그리고 완료형을 사용하신 다른 이유는 예수님은 자신의 죽음과 부활을 통해 성취될 승리를 내다보셨기 때문입니다. 예수님이 십자가에서 죽으시고 부활하신 것은 궁극적으로 예수님을 믿는 주의 백성들의 구원과 승리를 위한 것입니다. 그래서 예수님을 믿는 자는 심판에 이르지 않고 생명으로 옮겨졌다(5:24)고 하신 것입니다. 이미 예수님을 믿는 주의 백성들은 승리가 확정되었기 때문에 심판도 확정된 것으로 말씀하신 것입니다. 예수님을 갈보리 십자가에 달아 처형할 때 그곳에 있던 세상의 심판자들은 자신들의 세력이 예수님을 심판하고 승리한 줄 알았으나 사실은 그들이 심판을 받은 것입니다. 예수님은 모욕과 수치를 당하셨지만 그것이 오히려 영광이 되었습니다. 갈보리에서 나타난 죄악은 예수님의 부활로 소멸되었습니다. 성령께서 이 사실을 증거해 줍니다. "믿음의 주요 또 온전하게 하시는 이인 예수를 바라보자 그는 그 앞에 있는 기쁨을 위하여 십자가를 참으사 부끄러움을 개의치 아니하시더니 하나님 보좌 우편에 앉으셨느니라"(히 12:2) 성령은 우리를 지탱하고 새롭게 하시는 분입니다. 성령을 사모하고 성령께 맡기면 성령께서 바꾸어 주십니다.

우리는 성령의 충만을 받아야 합니다. 성령의 능력으로 우리는 승리할 수 있습니다. 우리 모두 성령을 사모함으로 기도하여 성령의 능력을 받아 언제 어디서나 담대하게 예수님을 전합시다. 아멘.

17제자 중에서 서로 말하되 우리에게 말씀하신바 조금 있으면 나를 보지 못
하겠고 또 조금 있으면 나를 보리라 하시며 또 내가 아버지께로 감이라 하
신 것이 무슨 말씀이냐 하고 18또 말하되 조금 있으면이라 하신 말씀이 무슨
말씀이냐 무엇을 말씀하시는지 알지 못하노라 하거늘 19예수께서 그 묻고자
함을 아시고 이르시되 내 말이 조금 있으면 나를 보지 못하겠고 또 조금 있
으면 나를 보리라 하므로 서로 문의하느냐 20내가 진실로 진실로 너희에게
이르노니 너희는 곡하고 애통하겠으나 세상은 기뻐하리라 너희는 근심하겠
으나 너희 근심이 도리어 기쁨이 되리라 21여자가 해산하게 되면 그 때가 이
르렀으므로 근심하나 아기를 낳으면 세상에 사람 난 기쁨으로 말미암아 그
고통을 다시 기억하지 아니하느니라 22지금은 너희가 근심하나 내가 다시 너
희를 보리니 너희 마음이 기쁠 것이요 너희 기쁨을 빼앗을 자가 없으리라
23그날에는 너희가 아무 것도 내게 묻지 아니하리라 내가 진실로 진실로 너
희에게 이르노니 너희가 무엇이든지 아버지께 구하는 것을 내 이름으로 주
시리라 24지금까지는 너희가 내 이름으로 아무 것도 구하지 아니하였으나 구
하라 그리하면 받으리니 너희 기쁨이 충만하리라 25이것을 비유로 너희에게
일렀거니와 때가 이르면 다시는 비유로 너희에게 이르지 않고 아버지에 대
한 것을 밝히 이르리라 26그날에 너희가 내 이름으로 구할 것이요 내가 너희
를 위하여 아버지께 구하겠다 하는 말이 아니니 27이는 너희가 나를 사랑하
고 또 내가 하나님께로부터 온 줄 믿었으므로 아버지께서 친히 너희를 사랑
하심이라 28내가 아버지에게서 나와 세상에 왔고 다시 세상을 떠나 아버지께
로 가노라 하시니 29제자들이 말하되 지금은 밝히 말씀하시고 아무 비유로도
하지 아니하시니 30우리가 지금에야 주께서 모든 것을 아시고 또 사람의 물
음을 기다리시지 않는 줄 아나이다 이로써 하나님께로부터 나오심을 우리가
믿사옵나이다 31예수께서 대답하시되 이제는 너희가 믿느냐 32보라 너희가 다
각각 제 곳으로 흩어지고 나를 혼자 둘 때가 오나니 벌써 왔도다 그러나 내
가 혼자 있는 것이 아니라 아버지께서 나와 함께 계시느니라 33이것을 너희
에게 이르는 것은 너희로 내 안에서 평안을 누리게 하려 함이라 세상에서는
너희가 환난을 당하나 담대하라 내가 세상을 이기었노라

(요한복음 16:17-33)

14

근심이 기쁨이 되리라

제자들은 예수님이 떠나실 것이라는 말씀을 들은 후 서로 근심하며 대화하고 있습니다. 이스라엘을 해방시킬 예수님이 세상을 떠나시게 된다는 것은 제자들에게 있어 큰 충격이 아닐 수 없었습니다. 이때 예수님이 제자들을 향하여 "너희 근심이 도리어 기쁨이 되리라"(20)고 말씀하셨습니다. 예수님이 이 세상을 떠나시는 것이 잠시 동안은 근심이 될 수 있겠으나 결국은 그들에게 기쁨이 된다는 말씀입니다.

1. 제자들은 예수님이 떠나실 것이란 말씀을 이해하지 못했습니다

예수님이 "내가 너희와 함께 조금 더 있다가 나를 보내신 이에게로 돌아가겠노라"(7:33)고 말씀하시자 유대인들은 그 말씀을 이해하지 못했습니다. 그래서 "이 사람이 어디로 가기에 우리가 그를 만나지 못하리요 헬라인 중에 흩어져 사는 자들에게로 가서 헬라인을 가르칠 터인가"(7:35)라며 엉뚱한 의문을 가진 적이 있습니다.

그런데 예수님을 따르며 배우던 제자들마저 영적인 무지에 사로잡혀 있는 것을 볼 수 있습니다. "제자 중에서 서로 말하되 우리에게 말씀하신바 조금 있으면 나를 보지 못하겠고 또 조금 있으면 나를 보리라 하시며 또 내가 아버지께로 감이라 하신 것이 무슨 말씀이냐 하고 또 말하되 조금 있으면이라 하신 말씀이 무슨 말씀이냐 무엇을 말씀하시는지 알지 못하노라 하거늘"(17-18) 제자들도 유대인들과 조금도 다를 바 없었습니다. 그들 역시 예수님이 세상을 떠나실 것이란 말씀을 반복해서 들었지만 그 말씀의 의미를 깨닫지 못하는 것은 마찬가지였습니다. 이것은 인간의 영적무지가 얼마나 심각한 것인지를 단적으로 보여줍니다. 물론 아버지께로 가신다는 예수님의 말씀 자체가 난해한 것은 분명합니다. 그 이유는 제자들이 가지고 있던 유대적 메시야관은 메시야가 오시면 영원히 그들 곁을 떠나지 않는다는 생각이 지배했기 때문입니다. 그래서 예수님이 떠나실 것을 반복해서 말씀하셨지만 믿어지지도 않을 뿐더러 이해할 수도 없었던 것입니다. 그렇다면 이해할 수 있도록 예수님에게 설명을 해달라고 부탁하거나 믿으려는 노력이라도 했어야 합니다. 그러나 그들은 어려운 문제라 하여 아예 예수님에게 묻지도 않고 그들끼리 서로에게 물어서 해결하려는 어리석음을 범했습니다.

여기서 우리가 배워야 할 것은 하나님의 말씀을 듣고도 믿지 않는 어리석음을 범해서는 안 된다는 것입니다. 우리는 성경을 통해 반복해서 가르쳐 주시는 하나님의 말씀을 믿지 못하고 의심하는 실수를 하면 안 됩니다. 우리는 하나님의 말씀을 그대로 믿어야 합니다. 하나님의 말씀을 인간적인 생각으로 해석하여 의심하면 안 됩니다. 시대가 악해질수록 하나님의 말씀을 그대로 믿으려고 하지 않는 사람들이 많아집니다. 그런가 하면 성경을 자신의 지식과 생각대로 해석하는 사람들도 많습니다. 우리는 바로 이런 사람들을 경계해야 합니다. 아무리 세월이 악해지고 변해도 하나님의 말씀은 일점일획도 변하지 않습니다. 시대에 따라서 변하고 형편에 따라 바뀐다면 그것은 하나님의 말씀이 될 수 없습니다. "모든 성경은 하나님의 감동으로 된 것으로 교훈과 책망과 바르게 함과 의로 교육하기에 유익하니 이는 하나님의 사람으로 온전하게 하며 모든 선한 일을 행할 능력을 갖추게 하려 함이라"(딤후 3:16-17)

하나님의 말씀은 한 점의 오류도 없는 정확 무오한 하나님의 영감으로 기록된 말씀입니다. 우리의 신앙과 생활의 최고의 표준이며 유일한 말씀입니다. 그러므로 우리는 하나님의 말씀을 전적으로 믿고 배우고 순종해야 합니다. 우리 모두 하나님의 영감으로 기록된 하나님의 말씀을 그대로 믿고 순종합시다.

2. 너희 근심이 도리어 기쁨이 되리라

예수님은 제자들의 근심을 아시고 "너희 근심이 도리어 기쁨이 되리라"(20)고 말씀하셨습니다. 사도 요한은 본문에서 제자들이 서로 말하는 것을 예수님이 '들으셨다(아쿠오, ἀκούω)' 고 하지 않고 '아셨다' 고 했습니다. 이것은 예수님의 신적인 통찰력을 강조한 말씀입니다. "예수께서 그 묻고자 함을 아시고 이르시되 내 말이 조금 있으면 나를 보지 못하겠고 또 조금 있으면 나를 보리라 하므로 서로 문의하느냐"(19) 예수님은 자신의 말에 대해 서로 왈가왈부하며 토론하지 말라고 하십니다. 주님의 말씀을 의심한다거나 마음대로 해석하지 말고 그대로 믿어야 한다는 말씀입니다.

그리고 주님은 말씀하셨습니다. "내가 진실로 진실로 너희에게 이르노니 너희는 곡하고 애통하겠으나 세상은 기뻐하리라 너희는 근심하겠으나 너희 근심이 도리어 기쁨이 되리라"(20) "너희는 곡하고 애통하겠으나"에서 '애통하다(드레네오, θρηνέω)'는 '슬퍼하다', '한탄하다'는 의미가 있습니다. 예수님이 십자가에서 죽으실 것이란 사실이 제자들에게 큰 슬픔임을 강조하는 말씀입니다. 이런 제자들의 슬픔에 대해 누가는 실제 예수님이 십자가에 달려 죽으신 사실을 목격한 제자 중 두 명이 엠마오로 갈 때 슬픈 빛을 띠고 있었다고 묘사했습니다(눅 24:17). 이 슬픈 빛은 그들에게만 한정된 것이 아니라 모든 제자들도 그런 슬픔에 잠겨 있었음을 암시하는 표현입니다. 예수님은 자신의 죽음 후에 제자들이 크게 슬퍼하며 마음의 동요를 일으켜 각자 본래의 곳으로 흩어질 것을 미리 다 아셨습니다. 그래서 예수님이 부활하신 후 주님의 말씀이 사실이었음을 제자들이 깨달을 수 있도록 '슬픔'을 강조하여 말씀하신 것입니다.

제자들에게 예수님이 십자가에 달려 죽으신다는 사실은 큰 슬픔이었습니다. 그들에게 있어 메시야이신 예수님은 죽으시면 안 되는 분이었기 때문입니다. 동시에 그들은 예수님이 죽으신 후에 다시 부활하신다는 사실도 믿지 못했기 때문에 더욱 슬펐던 것입니다. 죽음만 있고 부활이 없다면 슬퍼할 수밖에 없습니다. 우리 인생이 죽음으로 끝난다면 슬플 수밖에 없습니다. 그래서 부활을 믿지 못하는 사람들은 마냥 울 수밖에 없습니다. 이 모든 것을 아시는 예수님이 제자들에 말씀하셨습니다. "너희는 근심하겠으나 너희 근심이 도리어 기쁨이 되리라"(20) 이 말씀은 '슬픔 대신에 기쁨이 주어진다' 는 말이 아니라 '슬픔이 변하여 기쁨이 된다' 는 의미입니다. 다시 말하면 제자들에게 있어 예수님의 십자가는 처음에는 슬픔의 원인이 되겠지만 나중에는 기쁨의 근원이 된다는 말씀입니다. 예수님의 부활을 믿지 못하는 자들에게는 수치와 멸시와 조롱의 대상이지만 그리스도의 부활을 믿는 자들에게는 예수님과 일시적인 이별로 인한 슬픔은 있겠지만 결국에는 기쁨으로 변하여 영광의 대상이 됩니다.

그러므로 예수님의 제자들은 부활의 열매를 소망하며 십자가를 지고 따르는 슬픔을 감수해야 합니다. 예수님을 따르는 우리 성도들도 예수님을 사랑함으로 따를 때에 슬프거나 힘들 때가 있습니다. 그러나 그 십자가의 고통은 부활의 기쁨으로 연결됩니다. 예수님은 제자들에게 이 기쁨을 비유로 말씀하셨습니다. "여자가 해산하게 되면 그 때가 이르렀으므로 근심하나 아기를 낳으면 세상에 사람 난 기쁨으로 말미암아 그 고통을 다시 기억하지 아니하느니라"(21)

구약의 선지자들은 종종 슬픔과 위험에 처한 이스라엘을 묘사할 때에 해산하는 여인의 진통에 비유했습니다(사 26:17-19; 66:7-14; 렘 4:31; 6:24; 호 13:13-15). 유대인들은 메시야의 새 시대가 도래하기 전에 이 세상이 멸망하는 고통의 날이 있을 것으로 믿었습니다(사 13:6). 후기 유대교는 이 수난기를 메시야 시대의 도래를 위한 해산의 고통이라고 교리화 시켰습니다. 예수님은 이러한 구약의 예언을 자신의 십자가의 죽음과 부활에 적용하여 앞으로 일어날 십자가의 사건을 바라보며 말씀하셨습니다.

본문에서 예수님은 십자가와 부활 사건을 해산하는 여자에 비유하셨습니다. 해산하는 여자는 출산의 고통을 겪어야 됩니다. 아이를 출산하는 과정은 매우 고통스럽지만 태어난 후에는 그 못지않은 기쁨이 있기 때문에 곧 해산의 고통을 잊게 됩니다. 요즘은 예전과 달리 고통을 없애기 위해 수술을 한다거나 진통제를 맞음으로써 해산의 고통이 많이 줄었다 하더라도 아이를 임신하고 해산할 때까지 산모에게는 많은 고통이 따릅니다. 그러나 그러한 극심한 고통이 있을지라도 출산 후에 그 아이로부터 받게 되는 기쁨과는 비교할 수 없습니다. 해산하기 까지 많은 고통을 겪었던 산모는 다시는 출산을 하지 않으려고 합니다. 그러나 아이를 낳을 때는 힘들어도 키우는 과정에서 그 고통을 다 잊어버리고 또 낳는 여성들도 많습니다. 그것은 해산의 고통보다 해산 후에 아이들을 통해 받는 기쁨이 더 크기 때문입니다. 우리가 십자가를 지고 주님을 따를 때에 고난을 받을 수도 있지만 고난 후에 오는 영광은 더 가치가 있고 아름답습니다. "No cross no crown(십자가 없이는 영광도 없다.)."

우리는 예수님의 십자가를 자랑해야 합니다. 우리는 십자가 후에 있을 영광을 바라보며 믿음으로 인내할 줄 알아야 합니다. 찬송가 가사처럼 우리도 "최후 승리를 얻기 까지 주의 십자가 사랑하리 빛난 면류관 받기 까지 험한 십자가 붙들겠네"라는 믿음으로 살아가야 합니다.

예수님은 이어서 말씀하셨습니다. "지금은 너희가 근심하나 내가 다시 너희를 보리니 너희 마음이 기쁠 것이요 너희 기쁨을 빼앗을 자가 없으리라"(22) 이 말씀은 예수님이 십자가에서 죽으신 후에 부활할 것이란 말씀인 동시에 오순절에 성령으로 충만하게 될 것을 암시하는 이중적인 의미가 있습니다. 십자가에 돌아가신 후에 부활하여 직접 제자들을 보게 될 것을 말씀하신 것입니다. 예수님이 부활 후 40일 동안 지상에 계실 동안 자신이 영광스럽게 부활하여 제자들에게 나타나실 것을 미리 알리는 말씀입니다. 뿐만 아니라 예수님이 부활하신 후에는 제자들이 어떠한 형편에 있더라도 저들을 버리지 않고 반드시 찾겠다는 약속의 말씀이기도 합니다. 그때는 제자들이 기뻐하게 될 것입니다.

부활하신 예수님을 본 제자들은 기쁨이 넘쳤습니다. 그리고 성령의 충만을 받은 제자들 역시 기쁨이 충만했습니다. 그 기쁨을 빼앗아 갈 사람은 아무도 없었습니다.

우리도 부활하신 예수님을 만나 구원받은 사실에 기뻐하지 않을 수 없습니다. 예수님을 믿으며 살아가는 성도들은 이 세상에서 어려움을 당할 때도 부활하신 주님이 주시는 기쁨으로 충만합니다. 동시에 부활하신 예수님을 믿는 성도들에게는 성령께서 함께 하심으로 마음에 기쁨이 있습니다. 성령께서 주시는 기쁨을 빼앗아 갈 사람은 아무도 없습니다.

여기서 동사 '빼앗다'는 '들어 올리다', 또는 '제거하다'라는 의미가 있습니다. 이 말씀은 결코 제자들이 슬픔을 당하지 않는다는 뜻이 아닙니다. 예수님을 믿는 우리 성도들도 어려움과 슬픔을 경험하게 됩니다. 그러나 예수님을 믿고 따르는 우리 성도들이 받는 기쁨은 하나님이 주신 것이므로 세상 사람들이 체험하는 일시적인 기쁨과는 다릅니다. 우리 주님은 그의 백성들에게 기쁨을 주십니다. 예수님을 영접한 성도들의 기쁨은 주님이 주시는 기쁨이기 때문에 이 세상의 기쁨과는 차원이 다릅니다. 주님을 믿으며 살아가는 성도들에게는 이 세상 사람들이 알지 못하는 자신만의 기쁨이 있습니다. 모두에게 똑같은 기쁨이 아니라 아무도 빼앗아 갈 수 없는 각자 자신만이 누릴 수 있는 기쁨입니다. 우리가 힘차게 신앙생활을 할 수 있는 것은 이 기쁨이 있기 때문입니다.

오래 전 미국에서 있었던 일입니다. 어느 날 한 부자 장로님이 목사님을 찾아가 권면했습니다. "목사님, 우리 교회에 출석하는 집사님 한 분은 남편도 없이 자녀 다섯 명을 키우느라 무척 어렵게 생활하고 있습니다. 가사 도우미로 생활하는데 고생이 말이 아닙니다. 그런데 이분은 주일마다 5센트씩 헌금을 합니다. 큰 액수는 아니지만 그 집사님에게는 적지 않은 액수입니다." 그 당시에 이 장로님은 2불씩을 헌금했는데 이 금액은 당시 5센트의 20배에 해당하는 금액이었습니다. 장로님의 권면인즉 자신이 그 집사님의 몫까지 헌금을 할테니 그 집사님에게는 헌금을 하지 말라는 얘기를 해달라는 것이었습니다. 그래서 목사님이 그 권면을 받아들이고 그 집사님을 불러 얘기했습니다. "장로님이 집사님의 생활이 어려운 줄 알고서 매주 헌금하는 것을 대신 해주겠다고 하니 다음 주일부터는 헌금을 하지 않으셔도 되겠습니다." 그러자 그 집사님은 앉은 자리에서 목을 놓아 울었습니다. "왜 우십니까?" 하고 목사님이 묻자 이렇게 대답했습니다. "제가 비록 남의 집 빨래를 해가며 고생스럽게 살지만 하나님께 5센트씩 바칠 때에는 더할 수 없이 기쁘답니다. 그런데 그 기쁨을 왜 빼앗으려고 하십니까?" 그리해서 장로님과 목사님이 회개했다고 합니다. 우리가 하나님 앞에 바친다고 할 때에 바치는 그 자체가 말할 수 없는 기쁨이 됩니다. 이 기쁨은 주님이 주시는 기쁨입니다. 아무도 빼앗아 갈 수 없는 기쁨입니다.

우리도 주님을 온전히 믿는 믿음으로 아무도 빼앗아 갈 수 없는 주님이 주시는 나만의 기쁨을 누리며 살아야 합니다.

3. 기도 응답의 기쁨이 있습니다

예수님이 제자들에게 기도의 응답을 약속하셨습니다. 예수님은 제자들에게 아버지께 기도하면 들어주겠다고 말씀하셨습니다. "그 날에는 너희가 아무 것도 내게 묻지 아니하리라 내가 진실로 진실로 너희에게 이르노니 너희가 무엇이든지 아버지께 구하는 것을 내 이름으로 주시리라"(23) 여기서 "아버지께 구하는 것을 내 이름으로 주시리라"는 말씀은 주님을 믿는 성도들이 하나님께 예수님의 이름으로 기도하면 주님의 이름으로 응답을 받는다는 뜻입니다.

이어서 말씀하셨습니다. "지금까지는 너희가 내 이름으로 아무 것도 구하지 아니하였으나 구하라 그리하면 받으리니 너희 기쁨이 충만하리라"(24) 아직은 예수님께서 십자가의 구속 역사를 이루지 않으셨으므로 주님의 이름으로 아무 것도 구하지 않았으나 구원 역사를 이루신 후에는 구하면 받게 될 것이란 말입니다. 여기서 '구한다' 는 말에는 지속적으로 기도한다는 뜻이 있습니다. 기도는 포기하지 않고 응답받을 때까지 구해야 합니다. 그래야 기도 응답의 기쁨을 맛볼 수 있습니다.

주님은 예수님의 이름으로 계속해서 구하면 응답의 기쁨을 주신다고 약속하셨습니다. 예수님 외에 다른 이름으로는 응답을 받을 수 없습니다. 오직 주 예수 그리스도의 이름으로 기도해야 됩니다. 예수님은 우리에게 아주 중요한 약속을 하셨는데 그것이 바로 기도 응답의 기쁨입니다. 예수님은 기도하면 주신다는 약속을 반복해서 말씀하셨습니다. "구하라 그리하면 너희에게 주실 것이요 찾으라 그리하면 찾아낼 것이요 문을 두드리라 그리하면 너희에게 열릴 것이니 구하는 이마다 받을 것이요 찾는 이는 찾아낼 것이요 두드리는 이에게는 열릴 것이니라"(마 7:7-8) 하나님의 백성인 우리 성도들은 이 기도의 특권을 누려야 합니다. 기도하면 반드시 응답해 주십니다. 그러므로 우리는 기도에 힘써야 합니다.

그런데 이 기도의 특권을 누리지 못하는 성도들이 많습니다. 주님은 기도하면 반드시 응답하겠다고 약속하셨지만 기도하지 않는 사람들이 많습니다. 기도를 하지 않는다면 기도의 특권을 사용하지 않는 동시에 '기도하면 응답해 주신다' 는 주님의 약속을 믿지 않는 것이 됩니다. 기도하지 않는 사람은 기도하면 응답해 주시는 기쁨을 누릴 수가 없습니다. 그러므로 우리는 기도해서 응답받는 기쁨을 누려야 합니다. 그러기 위해서는 무엇보다 기도생활에 힘써야 합니다. 너무 바쁘고 피곤하다 보니 기도생활을 하지 못하는 경우가 많습니다. 여러 가지 사정으로 기도하지 못하다 보니 기도 응답의 기쁨도 놓치게 됩니다. 그러나 우리는 기도 응답의 기쁨을 많이 경험해야 합니다. 기도 응답을 체험하면 기쁨이 넘칩니다. 기도 응답의 기쁨을 맛보면 기도하지 않을 수가 없고 기도를 최우선 순위에 두지 않을 수가 없습니다. 그래서 새벽기도를 하지 않을 수 없고 낮에도 저녁에도 시간을 정해 놓고 기도하지 않을 수가 없습니다. 기도하면 응답해 주시니 늘 기쁨이 넘칩니다. 어떤 문제라도 기적적으로 해결해 주시니 기쁨이 충만할 수밖에 없습니다.

제2차 세계 대전이 끝나고 얼마 되지 않았을 때의 일입니다. 한 부인이 식료품 가게에 와서 성탄절 만찬 때에 아이들이 먹을 수 있을 만큼만 달라고 했습니다. 주인이 돈이 얼마나 있느냐고 묻자 남편이 전사(戰死)해서 기도밖에는 정말 아무 것도 드릴 것이 없다고 대답했습니다. 그러자 주인이 "당신의 기도 제목을 종이에 써 주시오. 그러면 그 무게만큼 식료품을 주겠소." 하고 말했습니다. 놀랍게도 부인은 호주머니에서 접혀진 쪽지를 내어 주인에게 건네며 말했습니다. "지난밤에 우리 애가 아파 옆에서 간호를 하며 적어 두었지요." 주인은 읽지도 않은 채 구식 저울의 추를 놓은 곳에 기도가 적힌 종이를 놓고는 "자, 이 기도의 무게가 얼마만큼의 식료품 무게가 되는지 달아 봅시다." 하며 중얼거렸습니다. 놀랍게도 빵 한 덩어리를 놓았는데도 저울은 꿈쩍도 하지 않았습니다. 다른 식료품을 추가로 올려놓아도 마찬가지였습니다. 그러자 더욱 당황한 주인은 "저울에 더 이상 올려놓을 수 없으니 당신이 직접 봉지에 담아가시오. 나는 바쁘니까." 하며 퉁명스럽게 말했습니다. 그 부인은 눈물을 흘리며 감사하는 마음으로 돌아갔습니다. 얼마 후에 가게 주인은 저울이 고장난 것을 알게 되었습니다. 그 후 몇 년 동안 주인은 가끔 의아해 했습니다. '그 일이 정말 우연의 일치일까? 왜 그 부인이 기도 내용을 기록해서 왔을까? 왜 하필이면 저울이 고장일 때 왔을까?' 그때 그 부인이 기록해 놓은 기도문은 "주여, 오늘날 우리에게 일용할 양식을 주시옵소서."였습니다.

하나님은 우리가 기도하면 들으시고 응답해 주십니다. 구하면 반드시 주십니다. 예수님은 말씀하셨습니다. "내가 진실로 너희에게 이르노니 누구든지 이 산더러 들리어 바다에 던져지라 하며 그 말하는 것이 이루어질 줄 믿고 마음에 의심하지 아니하면 그대로 되리라 그러므로 내가 너희에게 말하노니 무엇이든지 기도하고 구하는 것은 받은 줄로 믿으라 그리하면 너희에게 그대로 되리라"(막 11:23-24)

우리는 십자가를 지고 죽으셨다가 부활하신 예수님도 믿고 십자가 후에 있을 부활도 믿습니다. 따라서 우리는 부활의 소망이 있기 때문에 근심하지 않습니다. 우리는 주님을 따르는 성도들에게 주시는 기쁨으로 신앙을 지켜야 합니다. 우리 모두 기도할 때 주시는 응답으로 인하여 기쁨이 충만한 삶을 살아갑시다. 아멘.

[25]이것을 비유로 너희에게 일렀거니와 때가 이르면 다시는 비유로 너희에게
이르지 않고 아버지에 대한 것을 밝히 이르리라 [26]그날에 너희가 내 이름으
로 구할 것이요 내가 너희를 위하여 아버지께 구하겠다 하는 말이 아니니
[27]이는 너희가 나를 사랑하고 또 내가 하나님께로부터 온 줄 믿었으므로 아
버지께서 친히 너희를 사랑하심이라 [28]내가 아버지에게서 나와 세상에 왔고
다시 세상을 떠나 아버지께로 가노라 하시니 [29]제자들이 말하되 지금은 밝히
말씀하시고 아무 비유로도 하지 아니하시니 [30]우리가 지금에야 주께서 모든
것을 아시고 또 사람의 물음을 기다리시지 않는 줄 아나이다 이로써 하나님
께로부터 나오심을 우리가 믿사옵나이다 [31]예수께서 대답하시되 이제는 너희
가 믿느냐 [32]보라 너희가 다 각각 제 곳으로 흩어지고 나를 혼자 둘 때가 오
나니 벌써 왔도다 그러나 내가 혼자 있는 것이 아니라 아버지께서 나와 함
께 계시느니라 [33]이것을 너희에게 이르는 것은 너희로 내 안에서 평안을 누
리게 하려 함이라 세상에서는 너희가 환난을 당하나 담대하라 내가 세상을
이기었노라

(요한복음 16:25-33)

15

내가 세상을 이기었노라

예수님은 제자들 곁을 떠나 아버지께로 갈 것이라고 말씀하셨습니다. 이 말씀은 우리 죄를 대신하여 십자가에 달려 죽으실 것과 부활하여 승천하실 것을 의미합니다. 동시에 하늘나라에 가시면 보혜

사 성령을 보내 주실 것이란 의미도 포함되어 있습니다. 그리고 주님이 떠나신 후에는 무엇이든지 그의 이름으로 구하면 응답하겠다고 말씀하셨습니다. 또 예수님은 제자들을 격려하셨습니다. "너희가 환난을 당하나 담대하라 내가 세상을 이기었노라" '내가 세상을 이기었노라' 는 말씀은 예수님을 믿고 따라가는 우리 성도들도 세상을 이길 수 있다는 용기를 주는 말씀입니다. 따라서 우리는 이 세상에서 승리하는 삶을 살아갈 수 있습니다.

1. 예수님은 비유로 하지 않고 밝히 말씀하셨습니다

"이것을 비유로 너희에게 일렀거니와 때가 이르면 다시는 비유로 너희에게 이르지 않고 아버지에 대한 것을 밝히 이르리라"(25) 예수님은 많은 말씀들을 비유로 하셨습니다. 여기서 '비유(파로이미아, παροιμία)' 는 확연히 드러나지 않거나 난해한 말, 또는 상징적인 말의 형태를 가리킵니다.

예수님은 14장 1절에서 본장 24절에 걸쳐 제자들이 이해할 수 없는 비유들을 말씀하셨습니다. 그리고 때가 이르면 다시는 비유로 하지 않고 아버지에 대한 것을 밝히 말씀하실 것이라고 하셨습니다. 유대인들은 예수님을 향하여 자신의 신분을 밝힐 것을 요구했습니다(10:24). 그때 예수님이 말씀하셨습니다. "내가 너희에게 말하였으되 믿지 아니하는도다 내가 내 아버지의 이름으로 행하는 일들이 나를 증거하는 것이거늘 너희가 내 양이 아니므로 믿지 아니하는도다”(10:25-26) 예수님이 그 비밀을 밝히 알리실 ‘때’는 부활 이후, 즉 성령이 오시는 때를 의미합니다. 주님을 따르며 예수님과 지상에서의 생애를 함께 했던 제자들이라 할지라도 성령이 오셔야만 성부 하나님을 비롯한 모든 비밀을 알게 될 것이라는 말씀입니다.

사실 3년 동안 예수님을 따라다니며 배웠던 제자들도 예수님의 부활을 믿지 못한 것은 마찬가지입니다. 도마도 믿지 못했고 엠마오로 가던 두 제자에게도 확신이 없었습니다. 베드로와 다른 제자들도 실망하여 물고기를 잡으러 디베랴 바다로 돌아갔습니다. 그러나 성령의 충만을 받은 후에는 모든 것을 다 알게 되었습니다. 그러자 제자들은 성령을 의지하여 전 세계로 나가서 부활하신 예수님의 복음을 담대하게 전했습니다.

중요한 것은 성령께서 깨닫게 하시고 알게 하신다는 사실입니다. 우리가 하나님의 깊고 오묘한 세계를 다 이해할 수도 깨달을 수도 없습니다. 그러나 성령께서는 모든 것을 다 알게 해주시기 때문에 우리는 늘 성령의 도우심을 구해야 합니다. 어려운 문제를 만나면 성령께 지혜를 구해야 합니다. 그리고 두려울 때도 성령의 도우심을 받아야 담대해질 수 있습니다. 그러므로 우리는 매일 성령께서 함께 하시도록 기도해야 합니다. 매일 하루의 시작을 성령의 도우심을 구하는 것으로 출발해야 합니다. 우리는 성령의 지혜를 구해야 합니다. 우리는 날마다 결정해야 할 일도 많고 순간마다 대처해야 할 때도 있으므로 지혜가 필요합니다. 또한 용기도 있어야 합니다. 담대해야 할 때도 있기 때문입니다. 그러므로 우리는 성령께서 도와주시도록 기도해야 합니다. 하루의 첫 시간을 기도로 시작하여 종일 기도하는 마음으로 살아야 합니다.

예수님은 성령이 충만하게 임하시면 예수님의 이름으로 구하라고 하셨습니다. "그날에 너희가 내 이름으로 구할 것이요"(26) 예수님이 승천하신 후에 성령이 우리에게 오셨기 때문입니다. 우리는 예수님의 이름으로 기도할 수 있습니다. 우리가 예수님의 이름으로 기도하면 주님은 우리 기도에 응답해 주십니다. 주님의 이름으로 기도하면 주신다고 약속하셨기 때문입니다. 그래서 우리는 기도의 제일 마지막에는 "예수님의 이름으로 기도합니다."로 마무리해야 합니다.

하나님은 예수님의 십자가 보혈의 공로를 힘입어 주님을 믿는 성도들이 드리는 기도에 응답하십니다. 그러므로 우리는 예수님의 이름으로 기도해야 합니다. 우리 자신의 이름이나 우리의 능력이나 권위로는 안 됩니다. 우리는 모두가 죄인이기 때문입니다. 우리는 예수님의 이름으로만 기도해야 합니다. 예수님의 이름으로 기도하면 주님은 반드시 응답해 주십니다.

2. 예수님은 우리를 위해 중보해 주십니다

예수님은 하늘로 올라가신 후에도 하나님 우편에서 우리를 위하여 간구하십니다. 그런데 여기서 우리가 오해할 만한 것이 있습니다. "내가 너희를 위하여 아버지께 구하겠다 하는 말이 아니니"(26)

예수님이 제자들을 향한 기도를 멈추겠다고 하신 말씀은 이 지상에서의 기도를 멈춘다는 뜻입니다. 예수님이 승천하시면 이제 더 이상 이 세상에 계시지 않게 되므로 이 세상에서의 기도는 자연히 할 수 없게 됩니다. 그런데 이 말씀을 오해하여 예수님은 이제 제자들을 위한 중보기도를 하지 않으실 것이라고 해석하면 안 됩니다. 보혜사 성령이 오신 후에는 제자들의 기도 능력이 성숙해져 중보기도가 불필요하다는 주장도 맞지 않습니다. 요한에 의하면 보혜사 성령이 오신 후에도 예수님은 성부 하나님 앞에서 대언자로 성도들을 위해 활동하신다(요일 2:1)고 증거하기 때문입니다. "나의 자녀들아 내가 이것을 너희에게 씀은 너희로 죄를 범하지 않게 하려 함이라 만일 누가 죄를 범하여도 아버지 앞에서 우리에게 대언자가 있으니 곧 의로우신 예수 그리스도시라"(요일 2:1), "누가 정죄하리요 죽으실 뿐 아니라 다시 살아나신 이는 그리스도 예수시니 그는 하나님 우편에 계신 자요 우리를 위하여 간구하시는 자시니라"(롬 8:34)

예수 그리스도는 성령이 오시기 이전이나 이후나 우리를 위한 기도를 쉬지 않고 하십니다. 그리스도의 중보는 십자가 위에서 단번에 완성되었으므로 그 희생의 공로는 지속적입니다. 십자가에 근거한 그리스도의 대제사장적 직무에 의해 성도들의 기도가 하나님의 보좌 앞에 상달됩니다. 그런 의미에서 예수님의 중보기도는 부활하신 후에도 지속되고 있습니다.

우리 예수님은 성령이 오신 후에도 제자들을 위한 중보기도를 계속하고 계십니다. 예수님은 그 이유를 하나님 아버지께서 우리를 사랑하시기 때문이라고 하셨습니다. 우리를 사랑하시는 주님은 지금도 우리를 위해 기도하고 계십니다. "이는 너희가 나를 사랑하고 또 내가 하나님께로부터 온 줄 믿었으므로 아버지께서 친히 너희를 사랑하심이라"(27) 하나님께서 우리를 사랑하시는 이유는 우리가 예수님을 사랑하는 것을 아시고 예수님께서 하나님 아버지로부터 오셨다는 것을 믿기 때문입니다.

여기서 "아버지께서 친히 너희를 사랑하심이라"는 말씀 중에 '친히(아우토스, ἀυτὸς)'는 '자의적인', 또는 '자발적인' 등으로 해석할 수 있습니다. 하나님의 사랑은 자발적인 사랑입니다. 하나님께서 먼저 우리를 사랑하셨습니다. 우리가 주님을 사랑하기 전에 이미 주님은 우리를 사랑하고 계셨습니다. 우리가 죄인 되었을 때에도 이미 주님은 우리를 사랑하셨습니다. 죄인 상태에 있는 우리를 주님이 자발적으로 사랑하셨습니다. 요한 칼빈은 "없는 자들을 부르셔서 있는 자들로 만드시고 딱딱한 심령을 부드럽게 하시는 것이 하나님의 사랑이다."라고 말했습니다.

성경은 말씀합니다. "하나님이 세상을 이처럼 사랑하사 독생자를 주셨으니 이는 그를 믿는 자마다 멸망하지 않고 영생을 얻게 하려 하심이라"(3:16) 하나님이 먼저 우리를 사랑하셨습니다. 그래서 예수님을 이 땅에 보내어 우리를 위하여 십자가에서 죽게 하셨습니다. 그리고 우리로 하여금 주 예수님을 믿어 영생을 받게 하셨습니다. 하나님 아버지는 우리를 자발적으로 사랑하셨습니다. 하나님은 죄인인 우리를 사랑하시어 불러주시고 구원받게 하셨습니다. 예수님은 말씀하십니다. "수고하고 무거운 짐 진 자들아 다 내게로 오라 내가 너희를 쉬게 하리라"(마 11:28) 우리 하나님의 사랑은 크고도 넓어 어떤 죄인이라도 사랑하십니다. 누구든지 예수님 앞에 나와서 구원받기를 원하십니다. 아무리 큰 죄를 지은 사람도 예수님을 믿으면 변화됩니다.

우리 주위에 예수님을 믿어 새로운 피조물이 된 사람들이 많습니다. 만일 우리가 예수님을 믿지 않았더라면 어떻게 되었겠습니까? 그런데 예수님은 우리를 먼저 사랑하시어 불러 주셨습니다. 그리고 십자가의 보혈로 우리의 모든 죄를 다 용서해 주셨습니다. 성령으로 날마다 우리를 새롭게 해주시고 변화시켜 주십니다. 매일 순간마다 성령을 의지하여 살게 하시고 기도하게 하셨습니다. 기도할 때마다 응답해 주셨습니다. 이 모든 것이 하나님께서 우리를 먼저 사랑해 주셨기 때문입니다. 이것은 다 전적으로 하나님의 은혜입니다.

그러므로 하나님의 사랑을 받은 우리는 이제 이 사랑을 많은 사람들에게 전해야 합니다. 우리 하나님은 많은 사람들이 회개하고 구원받기를 원하십니다. 우리가 할 일은 하나님의 사랑을 알지 못하는 사람들에게 전하여 구원받게 하는 일입니다. 우리는 하나님의 사랑을 많은 사람들이 받을 수 있도록 해야 합니다.

우리도 예수님처럼 중보기도를 해야 합니다. 하나님의 사랑을 전해 들어야 할 사람들과 우리의 전도 대상자들을 위해서도 기도해야 합니다. 우리 주위에는 하나님의 사랑을 받아야 할 사람들이 많습니다. 우리는 그들이 하나님의 사랑을 발견하도록 기도해야 합니다.

3. 제자들이 확실한 신앙고백을 했습니다

예수님께서 제자들에게 분명하게 말씀하셨습니다. “내가 아버지에게서 나와 세상에 왔고 다시 세상을 떠나 아버지께로 가노라"(28) 예수님은 이제 비유로 말씀하지 않고 밝히 말씀하셨습니다.

사도 요한은 요한복음을 시작할 때 아버지로부터 오신 아들의 신성과 말씀이 육신이 되신 성육신의 비밀(1:1-15), 그리고 아들을 통한 구속사역을 설명했습니다. 그리고 이제 마지막 고별 설교에서 이것을 다시 요약했습니다. 하늘로부터 오신 예수님은 다시 하늘로 돌아가신다, 즉 아버지로부터 오신 예수님은 다시 아버지에게로 돌아가신다는 말씀입니다. 예수님은 본 절에서 명확하게 자신의 오고가심을 밝힘으로써 자신의 기원이 결코 이 세상이 아니라 하늘나라임을 밝히셨습니다. 이러한 예수님의 말씀에는 이 세상 사람들이 자신을 정치적 메시야, 곧 세상적인 메시야로 삼으려는 의도가 전혀 쓸모 없다는 의미가 있습니다. 예수님이 떠나신다는 것은 성령이 오신다는 사실에 대한 확실한 조건이자 신호입니다.

그때 제자들이 고백했습니다. "제자들이 말하되 지금은 밝히 말씀하시고 아무 비유로도 하지 아니하시니 우리가 지금에야 주께서 모든 것을 아시고 또 사람의 물음을 기다리시지 않는 줄 아나이다 이로써 하나님께로부터 나오심을 우리가 믿사옵나이다"(29-30) 사실 제자들은 실제 예수님의 비유들을 잘 이해하지 못했습니다(10:6). 그런데 지금은 비유로 말씀하지 않고 밝히 말씀하시니 이제 바로 이해했다는 말입니다. 그렇다고 제자들이 모든 것을 다 알고 완전히 믿었다는 말은 아닙니다. 얼마 후 예수님이 체포되시자 스승을 버리고 떠난 베드로는 예수님을 모른다고 세 번이나 부인하는 일이 있었기 때문입니다. 그러므로 제자들의 신앙은 완전한 신앙이 아니었습니다.

예수님은 제자들이 자신을 부인하고 떠날 것을 잘 알고 계셨습니다. "보라 너희가 다 각각 제 곳으로 흩어지고 나를 혼자 둘 때가 오나니 벌써 왔도다 그러나 내가 혼자 있는 것이 아니라 아버지께서 나와 함께 계시느니라"(32) 예수님이 체포되자 모든 제자들이 흩어지고 예수님 혼자만 남았습니다. 예수님이 겟세마네 동산에서 기도하실 때 마음이 매우 고민하여 죽게 되었다고 하실 때 만큼이나 견디기 힘들었을 것입니다. 예수님은 십자가를 지려고 하는데 제자들은 뿔뿔이 떠나려고 한다는 것을 다 아시는 주님이기에 더욱 괴로웠을 것입니다. 믿었던 제자들에게 배신을 당한 것입니다. 그러나 예수님은 이마저도 다 아셨습니다. 인간 세계에서 충분히 있을 수 있는 일로 받아들인 것입니다. 그래서 누군가 주님 곁에 남아 있을 것이란 기대도 하지 않았습니다. 그러나 주님은 결코 혼자가 아니라 아버지 하나님께서 함께 하셨습니다.

예수님을 믿는 우리도 혼자일 때가 많습니다. 신앙생활을 하다 보면 고독하고 외롭고 힘들 때가 있습니다. 그러나 그때도 결코 혼자가 아닙니다. 주님은 언제나 우리와 함께 하십니다. 하나님 아버지는 결코 우리를 홀로 버려두지 않습니다. 우리 주님은 제자들에게 "내가 세상 끝 날까지 너희와 항상 함께 있으리라"(마 28:20)고 말씀하셨습니다. 우리 주님은 결코 우리를 버려두지 않고 언제나 우리와 함께 하십니다. 그러므로 우리는 끝까지 우리 자리를 지켜야 합니다.

우리는 주 예수 그리스도를 믿습니다. 그러나 우리는 여전히 연약한 인생인지라 때로는 의심하고 부인하기도 하고 떠나기도 합니다. 그러나 우리는 주님을 믿음으로 날마다 우리의 신앙이 자라가야 합니다. 이것이 성화의 과정입니다. 하루아침에 신앙이 급성장하지는 않습니다. 매일 기도하고 말씀을 듣고 예배드리는 과정을 통해 우리의 신앙이 날마다 조금씩 성장하여 거룩한 주님의 모습을 점차적으로 닮아가게 됩니다. 그러한 과정을 통해 성장한 후에는 어떤 일을 만나도 주님을 배반하지 않고 끝까지 따라가게 됩니다.

우리는 언제 어디서나 어떤 경우에도 예수 그리스도를 나의 주로 고백하는 삶을 살아야 합니다. 그리고 예수 그리스도를 닮아가는 것을 우리의 목표로 삼고 날마다 거룩한 삶을 살기 위해 노력해야 합니다. 그러기 위해 우리는 늘 말씀을 배우고 기도하는 일에 힘써야 합니다. 또한 거룩한 성도들과의 교제도 있어야 합니다. 이러한 과정들을 통해 우리의 믿음이 점점 성장하게 되어 성화의 삶을 살아갈 수 있기 때문입니다.

4. 예수님은 세상을 이기셨습니다

우리 예수님은 십자가를 지실 것을 내다보고 제자들에게 말씀하셨습니다. "세상에서는 너희가 환난을 당하나 담대하라 내가 세상을 이기었노라"(33)

예수님은 세상을 이겼다고 하셨습니다. '이기었노라(니카오, νικάω)'란 표현은 영적 승리를 의미합니다. 아직 예수님이 십자가를 지기 전이지만 완료형 동사를 사용하신 것은 그 승리가 미래의 일이지만 완전히 확보되어 있기 때문입니다. 실제 예수님은 '부활'

로써 사망의 왕 노릇하는 자들과의 싸움에서 승리하셨습니다(롬 5:12,14; 딤후 1:10). 이 승리는 승리의 영속성을 강조하는 말입니다. 그리고 이 승리는 그리스도 자신에게만 국한되지 않고 그와 연합한 모든 자들에게 동일한 의미로 적용됩니다. 다시 말하면 예수님의 승리는 곧 예수님을 믿고 따르는 모든 성도들의 승리입니다.

사도 바울의 고백입니다. "그러나 이 모든 일에 우리를 사랑하시는 이로 말미암아 우리가 넉넉히 이기느니라"(롬 8:37) 예수님이 제자들에게 "담대하라 내가 세상을 이기었노라"고 하신 말씀은 앞으로 제자들이 당할 환난을 염두에 두고 하신 말씀입니다. 사실 우리가 세상에서 믿음을 지키며 살아간다는 것은 어려운 일입니다. 역사적으로 세상이 예수님을 믿는 사람들을 미워하여 많은 시련과 환난을 받았습니다. 그러나 예수님은 "담대하라 내가 세상을 이기었노라"고 말씀하셨습니다.

주님을 믿는 우리 성도들이 담대할 수 있는 것은 우리에게 평안을 주시기 때문입니다. "이것을 너희에게 이르는 것은 너희로 내 안에서 평안을 누리게 하려 함이라"(33) 예수님은 제자들에게 평안을 주십니다. 참된 평화는 주 안에서만 누릴 수 있습니다. 주님이 주시는 평화가 있을 때 우리가 담대할 수 있습니다. 주님이 주시는 평안을 소유한 사람은 환난 중에도 담대할 수 있습니다.

복음을 전파하다가 성난 군중들에게 돌을 맞아 피를 흘리며 죽어가는 순간에도 스데반은 담대했습니다. 그것은 주님이 주시는 평안이 그의 마음속에 가득했기 때문입니다. 그래서 순교 직전의 그의 얼굴은 천사와 같았다고 성경은 말씀하고 있습니다. 누가 승리했습니까? 스데반을 향하여 돌을 던진 사람입니까? 아니면 예수님이 주시는 평안으로 담대하게 순교의 제물이 된 스데반입니까? 성경은 스데반이 세상을 이겼다고 분명하게 말씀하고 있습니다.

베드로가 복음을 전하다가 헤롯에게 체포되어 감옥에 갇혔습니다. 이제 날이 밝으면 죽임을 당하게 될 텐데도 그는 평안하게 깊이 잠들었습니다. 주님이 주시는 평안으로 가득했기 때문에 그는 죽음을 앞두고도 담대할 수 있었습니다. 하나님은 성도들의 기도를 들으시고 천사를 보내어 그를 구해 주셨습니다. 베드로는 세상을 이겼습니다. 전설에 의하면 그가 복음 전파하다가 죽임을 당할 때 자신을 십자가에 거꾸로 달아 줄 것을 요구했다고 합니다. 그는 이미 죽음을 이긴 승리자였습니다. 주님이 주신 평안으로 그는 이미 승리를 맛보고 있었습니다. 주님이 주시는 평안이 있으면 환난 중에도 승리할 수 있습니다.

우리가 세상을 이길 수 있는 승리의 비결은 바로 십자가입니다. 예수님이 십자가를 지심으로 부활과 승천, 그리고 심판과 영광을 받으셨습니다. 동시에 예수님을 믿는 많은 백성들을 구원하여 천국으로 인도하셨습니다. 예수님은 세상을 이기셨습니다. 그러므로 우리도 십자가를 짐으로 승리할 수 있습니다. 담대함과 평안함으로 이길 수 있습니다.

네덜란드의 유명한 화가 '렘브란트'는 많은 자화상을 남긴 것으로 유명합니다. 그는 많은 작품에 자신의 얼굴을 그려 넣었습니다. '순교자 스데반'이라는 작품에서는 스데반을 향해 돌을 던지는 성난 군중 가운데 한 사람으로, '빌라도의 법정'이라는 작품에서는 예수님을 십자가에 못 박으라며 고함치던 유대인 무리 중 한 사람으로 자신을 표현했습니다. 그리고 '돌아온 탕자' 라는 유명한 작품에는 자신의 얼굴을 탕자의 모습으로 남겼습니다. 그리고 '렘브란트' 는 그 그림 속에서 이렇게 외치고 있습니다. 그는 아버지를 등지고 집을 나간 둘째 아들의 마음으로, 예수 그리스도를 십자가에 못 박은 죄인의 심정으로, 그리고 복음을 부정하던 살인자의 부끄러움으로 주님에게 다가서려고 했습니다.

우리는 십자가를 묵상할 때 그런 죄인의 심정이어야 합니다. 죄로 죽었던 우리 역시 십자가를 통해 하나님의 자녀로 구원받았기 때문입니다. 예수님의 십자가의 은혜 안에 있는 우리는 주님이 주시는 평안과 믿음으로 승리할 수 있습니다. 십자가의 믿음을 가진 우리는 담대함으로 승리할 수 있습니다.

우리 예수님이 십자가로 세상을 이기셨듯이 우리도 십자가로 승리할 수 있습니다. 우리도 십자가 앞에 자신을 죽일 때 승리할 수 있습니다. 예수님의 십자가는 우리에게 담대함과 평안을 줍니다. 그러므로 우리도 담대한 신앙생활을 할 수 있습니다.

독일의 선교사님 한 분이 공산주의가 팽배한 동구권에서 복음을 전할 때에는 몰래 가지고 간 성경을 선물로 주었습니다. 그러던 어느 날 기도 중에 '내가 하나님의 일을 하는데 성경을 당당하게 가지고 갈 수 없을까?' 하는 생각이 들었습니다. 그래서 그때까지는 성경을 '007 작전' 처럼 몰래 가져갔지만 이젠 담대하게 가방에 잔뜩 넣어서 헝가리 쪽으로 들어갔습니다. 국경선상에서 세관을 통과할 때 세관원이 "신고할 물품이 있습니까?" 하고 물을 때 "예, 있습니다.” 하고 당당하게 대답했습니다. 이런 대답은 처음이었습니다. 그러자 “무엇입니까?”라는 세관원의 물음에 가방을 열면서 “성경입니다.” 하고 말했습니다. 그랬더니 세관원이 눈이 동그래지면서 “이것이 왜 신고할 물품입니까?” 하며 되물었습니다. 선교사님은 “이것이 워낙 비싸서요.” 그러자 세관원이 “얼마나 비싼 것입니까?” 하고 물었습니다. 그때 선교사님은 침착하고도 당당하게 말했습니다. “이것은 너무 비싸서 돈으로 환산할 수 없습니다. 왜냐하면 이 책에 있는 메시지는 사람들에게 영원한 생명을 주고 평화가 없는 사람들에게는 평안을 주고 죄에 빠진 사람들에게는 용서와 구원을 주기 때문입니다.” 그러자 세관원은 “그 책 나에게 한 권 주시오.” 하더니 나머지는 그냥 가지고 가라고 했습니다.

오늘날에도 주님을 의지하고 담대하게 나아갈 때 역사가 일어납니다. 우리는 담대하게 세상을 이기는 신앙생활을 해야 합니다. 우리 모두 주님을 온전히 의지하고 믿음 안에서 승리하는 삶을 살아갑시다. 성경은 말씀합니다. “너희는 강하고 담대하라 두려워하지 말라 그들 앞에서 떨지 말라 이는 네 하나님 여호와 그가 너와 함께 가시며 결코 너를 떠나지 아니하시며 버리지 아니하실 것임이라 하고 모세가 여호수아를 불러 온 이스라엘의 목전에서 그에게 이르되 너는 강하고 담대하라 너는 이 백성을 거느리고 여호와께서 그들의 조상에게 주리라고 맹세하신 땅에 들어가서 그들에게 그 땅을 차지하게 하라 그리하면 여호와 그가 네 앞에서 가시며 너와 함께 하사 너를 떠나지 아니하시며 버리지 아니하시리니 너는 두려워하지 말라 놀라지 말라”(신 31:6-8) 아멘.

1예수께서 이 말씀을 하시고 눈을 들어 하늘을 우러러 이르시되 아버지여 때
가 이르렀사오니 아들을 영화롭게 하사 아들로 아버지를 영화롭게 하게 하
옵소서 2아버지께서 아들에게 주신 모든 사람에게 영생을 주게 하시려고 만
민을 다스리는 권세를 아들에게 주셨음이로소이다 3영생은 곧 유일하신 참
하나님과 그가 보내신 자 예수 그리스도를 아는 것이니이다 4아버지께서 내
게 하라고 주신 일을 내가 이루어 아버지를 이 세상에서 영화롭게 하였사오
니 5아버지여 창세 전에 내가 아버지와 함께 가졌던 영화로써 지금도 아버
지와 함께 나를 영화롭게 하옵소서 6세상 중에서 내게 주신 사람들에게 내
가 아버지의 이름을 나타내었나이다 그들은 아버지의 것이었는데 내게 주셨
으며 그들은 아버지의 말씀을 지키었나이다 7지금 그들은 아버지께서 내게
주신 것이 다 아버지로부터 온 것인 줄 알았나이다 8나는 아버지께서 내게
주신 말씀들을 그들에게 주었사오며 그들은 이것을 받고 내가 아버지께로부
터 나온 줄을 참으로 아오며 아버지께서 나를 보내신 줄도 믿었사옵나이
다 9내가 그들을 위하여 비옵나니 내가 비옵는 것은 세상을 위함이 아니요
내게 주신 자들을 위함이니이다 그들은 아버지의 것이로소이다 10내 것은 다
아버지의 것이요 아버지의 것은 내 것이온데 내가 그들로 말미암아 영광을
받았나이다 11나는 세상에 더 있지 아니하오나 그들은 세상에 있사옵고 나는
아버지께로 가옵나니 거룩하신 아버지여 내게 주신 아버지의 이름으로 그들
을 보전하사 우리와 같이 그들도 하나가 되게 하옵소서 12내가 그들과 함께
있을 때에 내게 주신 아버지의 이름으로 그들을 보전하고 지키었나이다 그
중의 하나도 멸망하지 않고 다만 멸망의 자식뿐이오니 이는 성경을 응하게
함이니이다 13지금 내가 아버지께로 가오니 내가 세상에서 이 말을 하옵는
것은 그들로 내 기쁨을 그들 안에 충만히 가지게 하려 함이니이다 14내가 아
버지의 말씀을 그들에게 주었사오매 세상이 그들을 미워하였사오니 이는 내
가 세상에 속하지 아니함 같이 그들도 세상에 속하지 아니함으로 인함이니
이다 15내가 비옵는 것은 그들을 세상에서 데려가시기를 위함이 아니요 다만
악에 빠지지 않게 보전하시기를 위함이니이다 16내가 세상에 속하지 아니함
같이 그들도 세상에 속하지 아니하였사옵나이다 17그들을 진리로 거룩하게
하옵소서 아버지의 말씀은 진리니이다 18아버지께서 나를 세상에 보내신 것
같이 나도 그들을 세상에 보내었고 19또 그들을 위하여 내가 나를 거룩하게
하오니 이는 그들도 진리로 거룩함을 얻게 하려 함이니이다

(요한복음 17:1-19)

16

예수님의 대제사장적인 기도 1

예수님은 십자가를 지기 전에 제자들을 위하여 마지막으로 대제사장적인 기도를 하셨습니다. 먼저 예수님 자신을 위한 기도에 이어서 제자들과 성도들을 위한 기도를 하셨습니다. 대제사장이신 예수님의 기도는 이렇게 시작되었습니다. "아버지여 때가 이르렀사오니 아들을 영화롭게 하사 아들로 아버지를 영화롭게 하게 하옵소서"(1)

여기서 '이 말씀을 하시고' 란 말씀으로 보아 제자들을 향한 고별(告別) 설교를 다 마쳤음을 알 수 있습니다. 그리고 이제는 하나님 아버지를 향한 기도를 하십니다. "눈을 들어 하늘을 우러러 이르시되"에서 '눈을 들어' 라는 표현은 하나님께 제사나 예물을 드릴 때 취했던 전형적인 자세(시 121:1; 겔 33:25; 단 4:34)이자 일반적인 기도의 자세였습니다. 예수님은 11장 41절에서도 이런 자세로 기도하셨는데 이것은 존귀하신 하나님을 우러러 본다는 의미에서 위쪽을 가리키는 것이며, 결국 이것은 아버지와의 영적인 교제를 상징합니다. 그리고 "때가 이르렀사오니"라고 하셨는데 여기서의 '때' 란 대속을 위한 십자가 수난의 때를 가리킵니다(막 14:41). 앞서 대적들은 여러 차례에 걸쳐 예수님을 제거하려고 했으나 '그의 때가 아직 이르지 아니한' 까닭에 예수님을 해치지 못했습니다(7:30; 8:20).

그러나 이제는 때가 왔기 때문에 대제사장적인 기도를 하십니다.

1. 예수님 자신을 위한 기도

예수님의 기도는 한 마디로 영화롭게 해달라는 기도입니다. "아들을 영화롭게 하사 아들로 아버지를 영화롭게 하게 하옵소서"(1)

예수님은 자신의 영광을 구하기 위해 이 땅에 오신 것이 아닙니다(8:50). 궁극적으로 성부 하나님의 영광을 위해 오셨습니다. 예수님이 영화롭게 되면 그것은 성부 하나님을 영화롭게 하는 것이 됩니다. 그런데 예수님은 "아버지를 영화롭게 하게 하옵소서"라고 기도하셨습니다. 예수님이 자신의 십자가상의 죽음을 '영광' 이라고 말씀하신 것은 매우 의미심장한 표현입니다. 예수님이 십자가에서 죽으심으로 하나님의 택한 백성들을 구원하시는 일이 바로 예수님이 영화롭게 되는 것이기 때문입니다. 왜냐하면 예수님이 십자가를 져야만 부활과 승천의 영광을 받을 수 있기 때문입니다.

그러면 왜 예수님께서 십자가를 져야만 했습니까? 그것은 선택받은 하나님의 자녀들, 곧 아들에게 주신 모든 사람들에게 영생을 주기 위해서입니다. 즉 예수님이 십자가를 짐으로써 그를 믿는 모든 자들에게 영생을 얻게 하기 위해서입니다. 예수님이 십자가를 짐으로써 많은 사람들이 구원받아 영생을 얻게 되는 것이 곧 하나님 아버지께 영광이 됩니다. "아버지께서 아들에게 주신 모든 사람에게 영생을 주게 하시려고 만민을 다스리는 권세를 아들에게 주셨음이

로소이다”(2)

여기서 하나님 아버지께서 아들 그리스도에게 주신 모든 사람은 “그의 뜻대로 부르심을 입은 자”(롬 8:28)들입니다. 곧 그리스도와 연합하는 모든 자들을 포함하는 포괄적인 집단이라고 보아야 합니다. 하나님에 의해 생명의 떡에 초대된 자들입니다(6:35,37, 44,45,65). 예수님에게는 이들에게 영생을 주며 만민을 다스릴 수 있는 권세가 있습니다. 만민은 모든 육체, 즉 모든 인류로 죽을 수밖에 없는 유한한 존재들을 의미합니다. 예수님은 이들을 다스릴 권세를 하나님으로부터 부여받았습니다. 이 권세의 목적은 아들 예수 그리스도를 믿는 자에게 영생을 주는 반면 아들에게 순종하지 않는 자에게는 하나님의 진노가 머물도록 하는 것입니다(3:35-36). 우리 예수님에게는 이 세상 마지막 날에 인류를 심판할 수 있는 권세가 있습니다(5:27). 예수님은 이 권세를 제자들에게 주시고 전 세계에 나가서 복음을 전파하게 하셨습니다. 예수님이 십자가를 질 시점에 자신에게 만민을 다스릴 권세가 있다고 말씀하신 것은 이미 십자가에서의 죽음의 승리와 영광을 바라보셨음을 알 수 있습니다.

그러면 영생이 무엇입니까? “영생은 곧 유일하신 참 하나님과 그가 보내신 자 예수 그리스도를 아는 것이니이다”(3) 이 말씀은 영생에 대한 정확한 정의입니다. 지금 예수님은 십자가의 죽음 뒤에 있을 부활을 바라보며 ‘영생’에 대한 정의를 말씀하셨습니다. 한 마디로 영생은 예수 그리스도를 아는 것입니다. 그렇다면 예수 그리스도를 안다는 것은 또 무슨 말입니까? 여기서 ‘안다(기노스코, γινώσκω)’

는 것은 체험적인 지식을 의미합니다. 영생은 유일하신 참 하나님을 체험적으로 아는 것, 즉 하나님께서 이 세상에 보내신 예수 그리스도를 체험적으로 알고 믿는 것입니다. 영생은 천지를 창조하신 오직 한 분 하나님과 하나님께서 우리를 죄악에서 구원하시려고 이 땅에 보내신 그의 아들 예수 그리스도를 알고 믿는 것입니다.

예수님의 기도 내용은 이 세상에 있는 사람들이 하나님 아버지와 예수 그리스도를 바로 알고 그를 믿음으로 구원받는 것이었습니다. 우리의 기도 역시 영생을 위한 것이 되어야 합니다. 예수님이 이 세상에 오신 목적이 바로 죄인들에게 영생을 주는 것이기 때문입니다. 그래서 예수님은 십자가를 지기 전 마지막 날 밤에 우리 인생들이 영생을 얻도록 기도하신 것입니다. 우리도 아직 예수님을 알지 못하는 이웃의 많은 영혼들이 하나님 아버지와 예수 그리스도를 믿음으로 영생을 얻도록 기도해야 합니다. 이것이 하나님께 영광이 되기 때문입니다.

본문에서 예수님은 "아버지께서 내게 하라고 주신 일을 내가 이루어 아버지를 이 세상에서 영화롭게 하였사오니"(4)라고 기도하셨습니다. 예수님은 아직 그의 사역이 끝나지 않았음에도 불구하고 그것을 완수했다고 고백하셨습니다. 이 말씀은 예수님이 인간의 몸을 입고 우리를 구원하려고 이 땅에 오신 그 자체가 이미 아버지를 영화롭게 하셨다는 뜻입니다. 왜냐하면 하나님께서 하시는 일은 실패가 없기 때문입니다. 예수님이 이 세상에 오신 것은 하나님 아버지의 뜻이었습니다. 그러므로 하나님께서 예수님을 이 세상에 보내어 십자가에서 우리를 구원하고자 하신 그 일, 예수님이 세상에 오신 그 자체가 바로 성공을 보장하는 일이기 때문에 하나님을 영화롭게 하셨다고 표현했습니다. 우리 예수님은 이 세상에 오신 목적을 십자가에서 훌륭하게 완성하셨습니다. 예수님께서 십자가상에서 이 세상에 오신 목적을 "다 이루었다"는 선포를 마지막으로 십자가의 구원 사역이 하나님을 영화롭게 하신 일이 되었습니다.예수님은 이렇게 기도하셨습니다. "아버지여 창세 전에 내가 아버지와 함께 가졌던 영화로써 지금도 아버지와 함께 나를 영화롭게 하옵소서"(5) 예수님의 기도의 주제는 아버지 하나님과 자신의 영광이었습니다. 예수님은 이미 창세 전에 성부 하나님과 함께 계셨습니다.

이 기도에는 삼위 일체 하나님에 대하여 언급되어 있습니다. 하나님께서 천지를 창조하실 때 삼위일체 하나님의 사역이 나타났습니다. 이미 영원 전부터 예수님은 하나님과 함께 계셨습니다(1:2). 이는 예수님은 창세 전에 성부 아버지와 함께 계셨던 성자 하나님으로서 이미 존재하신 선재성(先在性)을 강조하는 동시에 지금은 육신의 몸을 입고 이 세상에 오셨음을 시사하고 있습니다. 예수님의 기도는 하늘나라에서 성부 하나님과 함께 계실 때 이미 영광을 받으셨습니다. 그러나 이제는 성육신하여 인간의 몸을 입고 비천한 몸으로 낮아져 십자가를 져야만 합니다. 예수님은 지금 이 십자가의 고난을 통하여 하나님의 영광이 나타날 것을 기도하고 있습니다.

우리 예수님은 "아들을 영화롭게 하사 아들로 아버지를 영화롭게 하게 하옵소서"라고 기도하셨습니다. 주 예수 그리스도를 통하여 구원받은 우리 성도들의 삶의 목표 역시 하나님의 영광이 되어야 합니다. 우리는 하나님과 예수 그리스도의 영광을 위해 살도록 기도해야 합니다. 왕 같은 제사장으로 부름 받은 우리는 이 땅에서 살 동안 하나님께 영광을 돌리는 삶을 살아야 합니다.

미국에서 '황색의 빌 게이츠', '시애틀의 한인 억만장자' 라고 불리는 미국 애리스사의 폴 송(한국명: 송영욱·35) 회장은 27세의 나이에 자본금 1천 달러로 정보시스템 컨설팅회사인 '애리스사' 를 만들어 10년도 채 안 되어 직원 900명, 연간 매출액 1억 1천만 달러(1,320억) 이상의 회사로 성장시켰습니다. 그는 그렇게 된 데는 그의 가족과 자신의 기도 때문이라고 서슴없이 말했습니다. 그의 아버지는 목사였습니다. 어머니는 교회 활동으로 자녀에게 매달릴 시간이 많지 않았지만 하나님이 키워 주시기를 기도하면서 "미국이 주류인 사회에서 성공하여 하나님과 우리나라의 이름을 빛내야 한다."고 강조해 왔다고 합니다. 또한 자신도 하나님의 영광의 도구로 쓰임 받기를 원했다고 합니다. 그래서 그는 '애리스 사' 를 오직 하나님의 영광을 위해 만들었다고 자신 있게 말했습니다. 미국에서의 자신의 삶을 담은 '꿈을 가진 사람들의 세상' 이란 책을 펴낸 그는 회사 운영을 시작할 때 "언젠가는 세계 최대의 기업을 일궈내 하나님께 영광을 돌리겠다."고 가족들에게 말했다고 합니다. 그가 평생을 통하여 이룰 삶의 목적은 오직 하나님의 영광이었습니다.

우리는 우리의 전 삶을 통해 언제 어디에서 무슨 일을 하든지 오직 하나님의 영광을 위해 살도록 늘 기도하고 힘써야 합니다.

2. 제자들을 위한 기도

예수님은 이어서 제자들을 위해 기도하셨습니다.

1) 하나가 되도록 기도하셨습니다

예수님은 이제 세상을 떠나 아버지께로 가야 할 시간이 임박해진 것을 아셨습니다. 이제는 십자가를 지고 죽으셨다가 부활하여 승천하실 때가 가까이 왔습니다. 그러나 제자들은 이 험난한 세상에 남아서 많은 고난을 받으며 복음을 전해야 했습니다. 이런 사실을 누구보다도 잘 아시는 예수님은 장차 이 세상에 남아 있을 제자들에게 닥칠 위험에 관심이 집중되어 있었습니다. 그래서 예수님은 제자들을 위해 기도하셨습니다. "나는 세상에 더 있지 아니하오나 그들은 세상에 있사옵고 나는 아버지께로 가옵나니 거룩하신 아버지여 내게 주신 아버지의 이름으로 그들을 보전하사 우리와 같이 그들도 하나가 되게 하옵소서"(11) 예수님은 부활 승천하신 후에 아버지의 이름으로 성령을 보내주어 저들을 보전해 주시고 저들이 하나가 되게 해달라고 기도하셨습니다. 오순절 성령 강림을 통해 또 다른 보혜사인 성령을 보내 주시고, 또 성령 안에서 제자들을 계속 보호하시고 인도해 주실 것을 기도하셨습니다. 이제 십자가의 죽음에서 승천에 이르기까지 마지막 시간을 오직 거룩하신 하나님 아버지께 이 죄악이 만연한 세상을 살아갈 제자들을 맡길 수밖에 없었습니다. 그래서 예수님은 거룩하신 아버지께 죄악 가운데 남겨둘 제자들의 보전을 위해 간구하신 것입니다.

여기서 '보전하다(테레오, τηρέω)'는 '조심스럽게 돌보다', '굳게 붙들다', '보호하다' 등의 의미가 있습니다. 제자들이 그들의 원수 때문에 패배당하지 않게 되기를 부탁하신 것입니다. 다른 말로 하면 제자들이 관여하는 모든 일들에 있어서 하나님의 섭리의 특별하신 가호를 받게 되기를 간구하신 것입니다. 이 말씀은 "거룩하신 아버지여, 제자들이 사명을 완수할 때까지 그들의 생명을 보전해 주소서. 그들을 위로해 주시고 그들이 직면하는 곤경으로 인하여 넘어지지 않게 붙잡아 주소서. 세상에서 그들이 손해를 보지 않게 하시고 파산당하지 않게 하소서."란 뜻으로 해석할 수 있습니다.

예수님의 이 기도는 응답되었습니다. 예수님이 승천하신 이후 오늘에 이르기까지 성령 하나님은 제자들의 복음 사역과 그리스도의 교회가 놀라울 만큼 보전되어 왔습니다. 예수님께서 제자들을 보전해 주시도록 기도하지 않았다면 어떻게 되었겠습니까? 하나님의 은혜로 그의 교회와 사역자들을 지켜 주시고 유지케 하지 않으셨다면 교회는 벌써 오래 전에 사라졌을 것입니다. 하나님은 복음을 위하여 그의 교회와 제자들을 보전해 주시고 지켜 주십니다. 오늘도 하나님을 경외하며 믿음으로 살아가려는 주의 백성들을 끝까지 지켜 주시고 보호해 주실 것을 믿어야 합니다.

동시에 예수님은 제자들이 하나가 되도록 기도하셨습니다. 우리는 하나님의 영광을 위하여 모두 하나가 되어야 합니다. 복음 전파와 교회의 사명을 위하여, 그리고 교회의 성장과 공동체의 평화와 화목을 위하여 하나가 되어야 합니다.

옛날 프란체스코 수도원에 다섯 명의 수도사들이 머물렀는데 때는 금식 기간이었습니다. 그런데 누군가가 몰래 죽을 먹은 것이 드러났습니다. 사람들은 죽이 없어진 것을 보고 누구 짓이냐며 열을 올렸습니다. "이런 괘씸한 자가 있나! 금식기간에 죽을 먹다니!" 제자들의 모습을 지켜보던 프란체스코가 말했습니다. "얘들아, 죽을 가지고 오너라. 같이 먹자." "제자들이 의아해 하며 금식 중인데 죽을 먹다니요? 그래도 됩니까?" "죽을 먹은 사람을 정죄하다가 받은 은혜도 다 사라지겠다. 모두 함께 먹고 하나가 되자." 굉장한 영성입니다. 형제의 잘못을 모두의 잘못으로 묶어버린 것입니다. 이것이 예수님이 원하시는 공동체입니다.

우리는 모두 주 안에서 하나가 되어 하나님의 뜻을 이루어가야 합니다.

2) 기쁨이 충만하도록 기도하셨습니다

예수님은 제자들을 세상에 남겨두고 아버지에게로 가실 때 그들에게 주님의 기쁨이 충만하길 기도하셨습니다. "지금 내가 아버지께로 가오니 내가 세상에서 이 말을 하옵는 것은 그들로 내 기쁨을 그들 안에 충만히 가지게 하려 함이니이다"(13)

우리 예수님은 그의 제자들이 기쁨으로 충만하기를 간절히 바라셨습니다. 예수님 자신은 눈물과 고통 중에 그들 곁을 떠나시지만 그들만이라도 기쁨으로 충만할 수 있도록 배려를 아끼지 않았습니다. 예수님은 제자들과 이별하더라도 영원하신 하나님께서 성령으로 보호해 주시면 그들은 영적으로나 지식적으로 충만하게 될 것입니다. 그러면 하나님의 임재와 보호하심을 확실히 체험하게 되어 기뻠으로 충만하게 됩니다. 이 기쁨은 하나님께서 주시기 때문입니다.

우리의 참 기쁨은 그리스도 안에 있습니다. 기쁨이 그리스도 안에 있다는 것은 이 세상뿐 아니라 천국의 약속된 기쁨도 있다는 말입니다. 그리스도 안에 있으면 환난을 당해도 기뻐할 수 있습니다. 이 기쁨은 주님이 주시는 기쁨이기 때문입니다. 사도 바울과 실라가 빌립보에서 복음을 전하다가 감옥에 들어갔을 때에 거기에서 받은 기쁨이 바로 이 기쁨입니다. 그들은 매를 맞고 감옥에 갇혔어도 한 밤중에 기쁨으로 찬송하며 기도했습니다. 환난을 당해도 찾아오는 기쁨이 바로 주님이 주시는 기쁨입니다.

우리 주님은 우리에게 기쁨이 충만하도록 기도하셨습니다. 우리도 항상 기쁨으로 충만하여 감사가 넘치는 생활을 하도록 기도해야 합니다. 이 기쁨은 주 안에 있어야 누릴 수 있습니다. “항상 기뻐하라 쉬지 말고 기도하라 범사에 감사하라 이것이 그리스도 예수 안에서 너희를 향하신 하나님의 뜻이니라”(살전 5:16-18)

우리도 주님이 주시는 기쁨을 누려야 합니다. 그러기 위해 부지런히 이 기쁨을 건설해야 합니다. 기쁨을 건설하는 일은 모든 참된 성도들의 특권인 동시에 의무입니다.

우리 모두 주 안에서 항상 기뻐하는 삶을 살도록 기도하여 주님이 주시는 이 기쁨으로 항상 감사하며 살아야 합니다.

3) 악에 빠지지 않도록 기도하셨습니다

예수님은 제자들이 악에 빠지지 않도록 기도하셨습니다. 제자들은 예수님으로부터 자신들에게 위임된 사명을 완수하기까지 여전히 세상 안에 있어야 했습니다. 그래서 예수님은 제자들이 그리스도와 연합되었지만 그와 함께 하늘로 올라갈 수는 없었기 때문에 그들이 악에 빠지지 않도록 기도하신 것입니다. "내가 비옵는 것은 그들을 세상에서 데려가시기를 위함이 아니요 다만 악에 빠지지 않게 보전하시기를 위함이니이다"(15)

여기서의 '악'은 '악한 자', '악한 세력'을 의미합니다. 제자들이 살아가는 이 세상은 악한 자들로 가득하고, 또한 악한 세력이 지배한다는 것을 알 수 있습니다. 이것을 잘 아시는 예수님은 제자들이 악에 빠지지 않도록 기도하셨습니다. 우리가 살고 있는 이 세상에는 악한 일들이 너무도 많습니다. 부정부패를 비롯한 갖가지 일들이 계속 일어나고 있습니다. 최근 경기도 하남에서는 밤에 도서관에서 공부를 하고 귀가하던 여고생을 흉기로 잔인하게 살인하는 일이 있었습니다. 불특정 다수를 향한 일종의 '묻지 마 살인'입니다. 우리는 이런 악한 세상을 위해 기도해야 합니다.

역사상 악한 자들과 악한 세력은 끊임없이 하나님의 교회와 성도들을 향하여 도전해 왔습니다. 이유는 우리가 이 세상에 속해 있지 않기 때문입니다. 우리는 천국의 법을 지키는 천국 백성들입니다. 우리는 천국의 영생을 소유한 사람들이기 때문에 이 세상은 우리를 미워합니다. 그러나 하나님은 교회와 성도들이 승리하게 하셨습니다.

우리 주님은 우리를 위하여 기도하셨고 지금도 기도하고 계십니다. 예수님은 주기도문을 통해 이미 우리에게 가르쳐 주셨습니다. "우리를 시험에 들게 하지 마시옵고 다만 악에서 구하시옵소서"(마 6:13)

우리도 악에 빠지지 않도록, 그리고 악한 자들과 악한 세력에 빠지지 않도록 기도하여 주의 도우심으로 승리하는 삶을 살아야 합니다.

4) 거룩하게 해달라고 기도하셨습니다

예수님은 제자들이 거룩하게 되도록 해달라고 기도하셨습니다. "그들을 진리로 거룩하게 하옵소서 아버지의 말씀은 진리니이다" (17)

여기서 '거룩하게 하다'는 것은 '성별(consecration)'에 대한 것으로 세상과 분리(分離)된 삶을 의미합니다. 예수님은 제자들이 세상에 속하지 않았기 때문에 자신과 같은 거룩함이 그들에게 주어지기를 원하셨습니다(16). 구약에서도 하나님이 선지자를 불러 세상과 구별하여 세울 때에는 먼저 거룩하게(하기아조, ἁγιάζω) 하셨습니다(렘 1:5). 그리고 아론과 그의 아들들을 제사장으로 세울 때에도 역시 거룩하게 하신 후에 제사장 직분을 맡기셨습니다(출 28:41). 따라서 예수님은 자신이 성부에 의해 거룩하게 되어 세상에 보냄을 받은 것 같이 제자들도 세상에 속하지 않은 자로 파송할 때에 하나님에 의해 성별되기를 간구하는 것입니다(10:36).

예수님은 "그들을 진리로 거룩하게 하옵소서"라고 기도하셨습니다. '진리'는 제자들을 거룩하게 하는 매개체이며(요 8:32) 거룩하게 하는 실행자는 '진리의 영'인 성령(16:13)입니다. 이 진리는 하나님의 말씀입니다. "아버지의 말씀은 진리니이다" 하나님 아버지의 말씀이 바로 진리입니다. 이 진리의 말씀은 예수님이 지상에서 사역하실 때 선포된 말씀이며 성령께서는 그 선포된 말씀을 근거로 활동하십니다. 예수님은 진리의 말씀으로 우리를 거룩하게 해달라고 기도하셨습니다. 진리의 말씀이 우리를 거룩하게 합니다. 그러므로 우리는 하나님의 말씀을 늘 사모하며 읽고 배워야 합니다. 그리고 내게 주시는 하나님의 말씀으로 받아들여야 은혜를 받게 되어 거룩한 삶을 살아갈 수 있습니다.

복음은 진리입니다(갈 2:5,14). 우리는 그 복음을 믿고 나의 것으로 받아들여야 합니다. 그래야 말씀을 통해 은혜를 받아 개인적으로 체험하게 되어 거룩한 삶을 살아갈 수 있게 됩니다. 복음은 하나님이 우리를 사랑하신다는 메시지입니다. 바로 요한복음 3장 16절 말씀입니다. "하나님이 세상을 이처럼 사랑하사 독생자를 주셨으니 이는 그를 믿는 자마다 멸망하지 않고 영생을 얻게 하려 하심이라"(3:16)

하나님은 만세 전에, 이미 우리가 태어나기도 전에, 그리고 내가 하나님을 알기 전부터 나를 사랑하셨습니다. 그리고 나를 위해서 독생자 예수 그리스도를 이 땅에 보내어 십자가에서 대신 죽게 하셨습니다. 또한 하나님께서 이 복음으로 나를 불러 내가 예수 그리스도의 십자가를 믿음으로 모든 죄를 용서받아 영생을 얻게 하셨습니다. 우리는 이제 하나님의 말씀, 즉 복음을 통해 구원받아 거룩한 삶을 살아가게 되었습니다. 진리의 말씀이 우리를 거룩하게 만들어 줍니다.

우리는 이 말씀으로 거룩한 삶을 살도록 기도해야 합니다. 매일 세상적인 것만 보고 읽고 말하면 거룩한 삶은커녕 세상을 닮게 되고 세상을 따라가게 됩니다. 반면 우리가 늘 말씀을 가까이 하고 말씀과 만나면 우리는 주님을 닮아가게 되어 점점 더 거룩해집니다. 그러므로 우리는 늘 말씀을 통해서 주님을 가까이 해야 합니다. 그때 은혜를 받아 거룩한 삶을 살 수 있기 때문입니다.

어떤 청년이 여자 친구와 결혼을 하려고 마음을 굳혔지만 부끄러움이 너무 많아서 만나지는 못하고 매일 연애편지만 보냈다고 합니다. 그런 일이 3주간 계속되었는데 드디어 그 여자 친구가 결혼을 하게 되었습니다. 그런데 그녀와 결혼할 상대는 연애편지를 보낸 그 청년이 아니라 매일 편지를 배달한 우편 배달원이었다고 합니다. 매일 편지를 주고받는 만남을 통해 사랑하게 되어 결국 결혼으로 이어지게 된 것입니다.

우리도 말씀을 통해서 주님의 사랑과 인자하심을 맛보게 되면 더욱 말씀을 갈구하게 됩니다. 주님의 말씀을 더욱 갈구하게 되면 믿음이 더욱 성장해져 거룩한 삶을 살아갈 수 있게 됩니다. 우리 모두 말씀을 통해 거룩한 삶을 살아가도록 기도해야 합니다.

우리도 주님처럼 하나가 되도록 기도합시다. 주 안에서 항상 기뻐하는 삶을 살도록 기도합시다. 그리고 우리를 죄악에서 구해 주시고 진리로 거룩한 삶을 살아갈 수 있도록 기도합시다. 아멘.

[20]내가 비옵는 것은 이 사람들만 위함이 아니요 또 그들의 말로 말미암아 나
를 믿는 사람들도 위함이니 [21]아버지여, 아버지께서 내 안에, 내가 아버지 안
에 있는 것 같이 그들도 다 하나가 되어 우리 안에 있게 하사 세상으로 아
버지께서 나를 보내신 것을 믿게 하옵소서 [22]내게 주신 영광을 내가 그들에
게 주었사오니 이는 우리가 하나가 된 것 같이 그들도 하나가 되게 하려 함
이니이다 [23]곧 내가 그들 안에 있고 아버지께서 내 안에 계시어 그들로 온전
함을 이루어 하나가 되게 하려 함은 아버지께서 나를 보내신 것과 또 나를
사랑하심 같이 그들도 사랑하신 것을 세상으로 알게 하려 함이로소이다 [24]아
버지여 내게 주신 자도 나 있는 곳에 나와 함께 있어 아버지께서 창세 전부
터 나를 사랑하시므로 내게 주신 나의 영광을 그들로 보게 하시기를 원하옵
나이다 [25]의로우신 아버지여 세상이 아버지를 알지 못하여도 나는 아버지를
알았사옵고 그들도 아버지께서 나를 보내신 줄 알았사옵나이다 [26]내가 아버
지의 이름을 그들에게 알게 하였고 또 알게 하리니 이는 나를 사랑하신 사
랑이 그들 안에 있고 나도 그들 안에 있게 하려 함이니이다

(요한복음 17:20-26)

17

예수님의 대제사장적인 기도 2: 성도를 위한 기도

예수님은 십자가를 지기 전에 제자들과 성도들을 위하여 대제사장적인 기도를 하셨습니다. 예수님은 먼저 자신을 위하여 기도하셨습니다. 그의 기도는 한 마디로 영화롭게 해달라는 기도였습니다.

그리고 제자들을 위해서도 기도하셨습니다. 그 기도는 하나가 되게 하시고 기쁨을 충만케 하시고 악에 빠지지 않고 거룩하게 해달라는 기도였습니다.

그리고 이제는 이 땅에 있는 성도들을 위해 기도하셨습니다. "내가 비옵는 것은 이 사람들만 위함이 아니요 또 그들의 말로 말미암아 나를 믿는 사람들도 위함이니"(20) 여기에 나오는 '이 사람들'은 예수님을 믿는 사람들과 분명하게 구분되는 사람들로서 예수님의 열한 제자들을 가리킵니다. 예수님의 제자들로 인하여 예수님을 믿는 성도들을 가리킵니다. 예수님의 기도는 그들의 말로 말미암아 예수님을 믿는 사람들을 위한 기도였습니다.

예수님은 먼저 자신을 위해 기도하셨습니다. 그리고 이어서 제자들을 위한 기도를 마친 후 마지막으로 성도들을 위해서도 기도하셨습니다. 예수님은 이 땅에 있는 모든 성도들이

1. 하나가 되도록 기도하셨습니다

"아버지여 아버지께서 내 안에 내가 아버지 안에 있는 것 같이 그들도 다 하나가 되어 우리 안에 있게 하사 세상으로 아버지께서 나를 보내신 것을 믿게 하옵소서 내게 주신 영광을 내가 그들에게 주었사오니 이는 우리가 하나가 된 것 같이 그들도 하나가 되게 하려 함이니이다"(21-22)

여기서 "아버지여 아버지께서 내 안에 내가 아버지 안에 있는 것

같이"란 성부 하나님과 성자 하나님이 하나라는 근거에서 성도들도 하나가 되어야 한다는 말씀입니다. 성부 하나님과 성자 예수님은 일체입니다. 아들이신 성자는 성부 아버지 안에 있으므로 두 분은 하나로 존재하여 함께 일하십니다. 성자 예수님은 아버지 성부 안에서 일하십니다. 예수님은 제자들이 하나가 되도록 기도하셨듯이 저들의 증거를 통해 얻게 될 사람들, 즉 성도들도 하나가 되도록 기도하셨습니다(11). 제자들을 통하여 예수님을 믿는 성도들로 인하여 세워질 교회가 하나가 되도록 기도하셨습니다.

성부 아버지와 성자 아들은 각각 독립적이나 그 본질에 있어서는 완전한 일체를 이룹니다. 마찬가지로 예수님을 믿는 모든 성도들 역시 다양한 특성을 가지고 있지만 본질적으로 하나입니다. 교회 내의 각 지체들, 즉 모든 성도들은 각기 나름대로의 특성과 달란트를 가지고 있지만 하나님의 자녀들로서 하나가 되어야 합니다. 그래서 예수님은 성도들이 하나가 되도록 기도하셨습니다.

성도들이 하나가 되어야 할 이유는 "세상으로 아버지께서 나를 보내신 것을 믿게" 하기 위해서입니다. 예수님의 기도는 성도들의 공동체가 하나님과 그리스도 안에서 일체를 이룸으로써 세상이 이를 통해 믿음을 갖게 되기를 간구하는 내용입니다. 교회, 즉 성도들이 하나가 되어 세상 사람들에게 예수님을 믿게 하기 위해서입니다. 이 세상의 모든 사람들이 예수님을 믿는 것은 아니지만 그 중에는 예수님을 믿어 구원받을 자들도 많습니다. 세상 사람들 중에는 지금은 비록 예수님을 모르더라도 앞으로 예수님을 믿어 구원받을 자들이 분명히 있습니다. 이들은 성도들이 하나가 되어 살아가는 것을 보고 감동을 받아 예수님을 믿게 됩니다.

성도들이 성령의 은혜로 하나가 되면 세상 사람들을 감동시킬 수 있습니다. 반면 성도들이 하나가 되지 못하면 전도를 가로막게 됩니다. 세상 사람들이 성도들끼리 서로 다투거나 불화하면서 협력하지 못하는 모습을 본다면 예수님을 믿으려고 하지 않을 것입니다. 세상 사람들이 볼 때 교회가 하나가 되지 못하고 성도들끼리 서로 다툰다면 아무도 예수님을 믿으려고 하지 않을 것입니다. 그러므로 교회는 어떤 경우에도 다투지 말아야 합니다. 의견 충돌이 있을 때에는 먼저 기도 후에 말씀 안에서 어느 것이 주님의 뜻에 합당한 것인지를 찾아 서로 이해하고 용납하면서 뜻을 모아 성령 안에서 하나가 되어야 합니다. 그때 그 모습을 본 세상 사람들이 예수님을 믿게 되어 점점 교회가 부흥하고 성장하게 될 것입니다.

예루살렘 초대교회가 박해 가운데서도 성령의 충만을 받아 성도들이 하나가 되었습니다. "그들이 사도의 가르침을 받아 서로 교제하고 떡을 떼며 오로지 기도하기를 힘쓰니라 사람마다 두려워하는데 사도들로 말미암아 기사와 표적이 많이 나타나니 믿는 사람이 다 함께 있어 모든 물건을 서로 통용하고 또 재산과 소유를 팔아 각 사람의 필요를 따라 나눠 주며 날마다 마음을 같이 하여 성전에 모이기를 힘쓰고 집에서 떡을 떼며 기쁨과 순전한 마음으로 음식을 먹고 하나님을 찬미하며 또 온 백성에게 칭송을 받으니 주께서 구원받는 사람을 날마다 더하게 하시니라"(행 2:42-47) 성도들의 모습을 본 많은 사람들이 놀랐습니다. 지금까지 보지 못한 일들이 벌어지고 있었기 때문입니다. 서로 사랑하며 서로를 위해 기도해 주고 부자는 가난한 자들에게 먹을 것을 나누어 주었습니다. 날마다 모여 찬송하며 예배하고 성경공부를 하며 교제했습니다. 성도들이 완전히 하나가 되어 생활하는 모습을 본 사람들이 감동을 받아 교회로 나왔습니다. 믿는 자들이 점점 많아졌습니다.

안디옥 교회는 헬라권에 세워진 교회로 설립 초기에 5명의 지도자를 세웠습니다. 그런데 5명의 지도자들 모두가 각기 다른 배경에서 살아왔기 때문에 나름대로 특징들이 있었습니다. 그들은 하나가 되기 어려운 사람들이었습니다. 사실 교회 안의 교역자들도 서로 하나가 되지 못하여 어려움을 겪는 경우가 종종 있습니다. 위대한 사도 바울과 바나바도 마가 요한 때문에 의견 충돌이 일어나 서로 하나가 되지 못했습니다. 그래서 각기 다른 선교지에서 사역하다가 세월이 지난 후에 사도 바울이 마가 요한을 불러 함께 사역하기도 했습니다.

여기서 볼 때 하나가 된다는 것이 사안에 따라서는 쉬운 일이 아님을 알 수 있습니다. 그러나 하나가 되도록 서로가 노력하고 애써야 합니다. 안디옥 교회의 사역자들은 하나가 되었습니다. 그들은 모두가 한 마음이 되어 하나님이 기뻐하시는 교회를 세우기 위해 힘써 금식하며 주를 섬기며 기도하는 삶을 살았습니다.

그들로 하여금 차이를 인정하며 서로 하나가 되게 한 것은 그들의 목표가 하나였기 때문입니다. 그들은 하나님의 나라를 위해 성령과 말씀 안에서 하나가 되었습니다. 성도들을 가르치고 섬기는 일에 하나가 되었습니다. 그러자 가르침을 받는 성도들도 하나가 되어 섬겼습니다. 이것을 본 이방인들이 교회 안으로 들어왔습니다. 이들이 하나가 되어 하나님을 섬기는 모습을 본 사람들은 성도들을 '크리스천' 이라고 불렀습니다. 이때 '크리스천' 이란 말이 생겼습니다. 자신들의 방탕한 생활과는 달리 말씀 안에서 하나가 되어 절제하며 거룩한 생활로 열심히 섬기는 모습을 보고 '크리스천' 이란 이름을 지어 주었습니다. 그리고 많은 사람들이 교회 안으로 들어와 예수님을 믿었습니다.

성도들은 하나가 되어야 하고 통일성을 이루어야 합니다. 서로 사랑함으로 돌보며 위하여 기도해야 합니다. 그래야 전도의 문이 열리게 됩니다. 우리 성도들이 모두 하나가 되어야 할 이유는 복음을 전하기 위해서입니다. 교회가 하나가 되어야 할 이유는 세상 사람들에게 예수님을 전하여 그들이 예수님을 믿게 하기 위해서입니다. 예수님은 지금은 비록 믿지 않더라도 앞으로 구원에 이르게 될 자들도 있다는 것을 잘 아셨습니다. 그래서 제자들이 하나가 되어 교회를 잘 섬기면 복음의 역사가 더욱 강하게 일어날 것이란 말씀을 하시는 것입니다.

교회는 다양한 사람들이 하나가 되어 각자의 사명과 달란트로 협력하여 하나님의 나라를 위해 나아가는 공동체입니다. 우리는 그리스도 안에서 하나가 되어야 합니다. 주 안에서 서로 사랑하며 서로 위하여 기도해야 합니다. 주 안에서 교제하며 성령으로 하나가 되어야 합니다. 그리할 때 교회 밖에 있는 사람들이 예수님 앞으로 나아오는 역사가 나타나게 됩니다.

2. 하나님의 사랑을 알도록 기도하셨습니다

"곧 내가 그들 안에 있고 아버지께서 내 안에 계시어 그들로 온전함을 이루어 하나가 되게 하려 함은 아버지께서 나를 보내신 것과 또 나를 사랑하심 같이 그들도 사랑하신 것을 세상으로 알게 하려 함이로소이다"(23)

예수님의 기도는 하나님께서 자신을 사랑하신 것처럼 그들도 사랑하신 것을 세상으로 알게 하기 위해서입니다. 하나님은 성자 예수 그리스도를 사랑하셨습니다. 성부 하나님은 우리를 죄악에서 구원하시려고 성자 예수님을 이 땅에 인간의 몸을 입혀 보내셨습니다. 그리고 우리를 위하여 십자가에 달리게 하셨습니다. 하나님 아버지는 성자 예수님에게 우리의 모든 죄를 담당시키고 그 죄 값을 다 지불하게 하셨습니다. 그리고 누구든지 예수님을 믿으면 구원받게 하심으로 아들을 희생하면서까지 우리를 사랑하신 하나님의 사랑을 보여주셨습니다. 예수님은 마지막 대제사장적인 기도를 하셨습니다. "아버지께서 나를 보내신 것과 또 나를 사랑하심 같이 그들도 사랑하신 것을 세상으로 알게 하려 함이로소이다"(23) 하나님 아버지께서 예수님을 이 세상에 보내신 것은 우리를 사랑하시기 때문이라고 하십니다. 독생자 예수님을 십자가에서 죽게 하시고 우리의 죄값을 지불하게 하신 것 역시 우리를 사랑하시기 때문입니다. 예수님은 세상이 하나님의 사랑을 알도록 기도하셨습니다.

성경은 말씀합니다. "하나님이 세상을 이처럼 사랑하사 독생자를 주셨으니 이는 그를 믿는 자마다 멸망하지 않고 영생을 얻게 하려

하심이라"(3:16) 하나님은 우리를 먼저 사랑하셨습니다. 그래서 우리를 죄악에서 구원하려고 독생자 예수 그리스도를 이 땅에 보내 주셨습니다. 그리고 예수님은 우리의 모든 죄를 대신하여 십자가를 지고 죽어 주셨으며 누구든지 그를 믿으면 구원을 받게 하셨습니다. 이것이 하나님의 사랑입니다.

미국 애리조나에 사는 도르완 스토다드 씨 부부가 인근의 쇼핑센터에 들러 아침 식사를 하고 나오는데 센터에서는 가브리엘 기퍼즈 하원의원의 유세가 한창이었습니다. 평소 가브리엘 의원을 지지하던 부부는 그를 응원하기 위해서 유세장으로 가는데 갑자기 어디선가 큰 폭발음이 들렸습니다. 처음에는 유세를 위해 폭죽을 터트리는 것으로 알았습니다. 그러나 곧 누군가 총을 쏘고 있다는 것을 알고 즉시 아내 매버넬 씨를 눕힌 뒤 자신의 몸으로 아내를 덮어 보호했습니다. 그로부터 몇 분 동안 가브리엘 의원을 살해하려는 한 남자는 계속 총기를 난사했습니다. 이 사건으로 부인 매버넬 씨는 다리에 가벼운 총상을 입었습니다. 그러나 그녀를 감싸서 보호했던 남편 도르완 씨는 머리에 총을 맞고 그 자리에서 숨졌습니다. 남편은 일흔 여섯이란 나이에도 용기를 낸 결과 아내는 살렸지만 자신은 생명을 잃고 말았습니다. 이 내용은 곧 방송을 통해 많은 사람들에게 알려졌습니다. 부부가 다니던 교회의 마이클 노왁 목사님은 '도르완 씨의 행동은 아내를 진정으로 사랑하는 남편만이 할 수 있는 일' 이라며 그를 추모했습니다.

아내의 안전을 위하여 자신의 생명을 던진 남편처럼 하나님도 우리를 구원하시려고 독생자 예수 그리스도를 이 땅에 보내셨습니다.

그리고 십자가 위에서 우리를 대신하여 살 찢고 피 흘려 목숨까지 주셨습니다. 우리가 이 세상에 태어나기 전에, 이미 2천 년 전에 예수님은 우리를 위하여 구원 역사를 이루어 놓으셨습니다. 이것이 하나님의 사랑입니다. 성경은 말씀합니다. "우리가 아직 죄인 되었을 때에 그리스도께서 우리를 위하여 죽으심으로 하나님께서 우리에 대한 자기의 사랑을 확증하셨느니라"(롬 5:8)

우리는 우리를 죄와 심판에서 구원하기 위해 희생하신 예수님과 그분을 보내신 하나님의 크신 사랑에 항상 감사하며 살아야 합니다. 동시에 하나님의 사랑의 위대함을 세상 모든 사람들에게 전해야 합니다.

예수님의 제자들은 하나님의 사랑을 전하기 위해 전 세계로 흩어졌습니다. 예수님을 믿고 사랑한 수많은 사람들은 하나님의 위대하신 사랑을 세상 모든 사람들에게 전하기 위해서 그들의 삶을 송두리째 바쳤습니다. 사도 요한을 제외한 예수님의 열두 제자는 모두 순교의 제물이 되기까지 전 세계에 흩어져 복음을 전했습니다. 사도 바울의 고백입니다. "나는 선한 싸움을 싸우고 나의 달려갈 길을 마치고 믿음을 지켰으니 이제 후로는 나를 위하여 의의 면류관이 예비되었으므로"(딤후 4:7-8)

생명을 건 서양의 선교사들이 하나님의 사랑을 전하기 위해 우리나라로 왔습니다. 그런데 이제는 우리나라에서 파송한 선교사들이 전 세계로 파송되어 하나님의 사랑을 전하고 있습니다. 우리 교회에서 파송한 선교사도 남부 아프리카에서 흑인들에게 하나님의 사랑을 전하고 있습니다. 전도는 결국 하나님의 사랑을 전파하는 일입니다. 선교사들은 문화권이 다른 해외에서 하나님의 사랑을 전하는 일을 합니다.

우리 주님은 세상의 모든 사람들에게 가서 복음을 전하라고 하셨습니다. 복음을 전하는 일은 곧 하나님이 우리를 얼마나 사랑하시는지를 가르쳐 주는 것입니다. 그러므로 복음 전파는 하나님의 사랑을 전파하는 것입니다. 따라서 우리는 하나님이 세상을 얼마나 사랑하시는지를 알리는 이 일을 해야 합니다. 우리는 이것을 위해 기도해야 합니다. 예수님은 하나님이 세상을 얼마나 사랑하시는지를 세상 사람들이 알도록 기도하셨습니다. 우리도 세상의 모든 사람들이 하나님의 사랑을 알도록 기도하며 전해야 합니다.

우리 성도들은 모두 하나가 되어야 합니다. 그리고 하나님의 사랑을 전해야 합니다. 세상 모든 사람들이 하나님의 사랑을 알고 주님 앞으로 돌아오도록 우리 모두 기도해야 합니다. 아멘.

[1]예수께서 이 말씀을 하시고 제자들과 함께 기드론 시내 건너편으로 나가시
니 그곳에 동산이 있는데 제자들과 함께 들어가시니라 [2]그곳은 가끔 예수께
서 제자들과 모이시는 곳이므로 예수를 파는 유다도 그곳을 알더라 [3]유다가
군대와 대제사장들과 바리새인들에게서 얻은 아랫사람들을 데리고 등과 횃
불과 무기를 가지고 그리로 오는지라 [4]예수께서 그 당할 일을 다 아시고 나
아가 이르시되 너희가 누구를 찾느냐 [5]대답하되 나사렛 예수라 하거늘 이르
시되 내가 그니라 하시니라 그를 파는 유다도 그들과 함께 섰더라 [6]예수께
서 그들에게 내가 그니라 하실 때에 그들이 물러가서 땅에 엎드러지는지라 [7]
이에 다시 누구를 찾느냐고 물으신대 그들이 말하되 나사렛 예수라 하거
늘 [8]예수께서 대답하시되 너희에게 내가 그니라 하였으니 나를 찾거든 이
사람들이 가는 것은 용납하라 하시니 [9]이는 아버지께서 내게 주신 자 중에
서 하나도 잃지 아니하였사옵나이다 하신 말씀을 응하게 하려 함이러라 [10]이
에 시몬 베드로가 칼을 가졌는데 그것을 빼어 대제사장의 종을 쳐서 오른편
귀를 베어버리니 그 종의 이름은 말고라 [11]예수께서 베드로더러 이르시되 칼
을 칼집에 꽂으라 아버지께서 주신 잔을 내가 마시지 아니하겠느냐 하시니
라 [12]이에 군대와 천부장과 유대인의 아랫사람들이 예수를 잡아 결박하여 [13]
먼저 안나스에게로 끌고 가니 안나스는 그해의 대제사장인 가야바의 장인이
라 [14]가야바는 유대인들에게 한 사람이 백성을 위하여 죽는 것이 유익하다고
권고하던 자러라

(요한복음 18:1-14)

18

체포되신 예수님

제자들과 성도들을 위한 대제사장적인 기도를 다 마친 예수님이

겟세마네 동산에서 마지막 밤을 보내실 때 체포되셨습니다.

1. 겟세마네 동산으로 가신 예수님

"예수께서 이 말씀을 하시고 제자들과 함께 기드론 시내 건너편으로 나가시니 그곳에 동산이 있는데 제자들과 함께 들어가시니라"(1)

예수님은 대제사장적인 기도를 마치고 기드론 시내 건너편 동산으로 가셨습니다. 공동번역에서는 기드론 시내가 기드론 골짜기로 번역되어 있습니다. 여기서 '시내'로 번역된 '케이마르로스(χείμαῤῥος)'는 '겨울에 흐르는 시내'라는 의미가 있습니다. 실제 이 시내는 겨울철 우기에만 약간의 물이 흐르다가 곧 말라버립니다. 다른 계절에는 물이 말라 있는 건천(wadi)이라고 보는 것이 더 정확한 표현입니다.

기드론은 '백향목'이라는 뜻을 가진 지명으로 역사적인 사건이 있는 곳입니다. 이곳은 구약 시대의 우상들이 불태워지던 곳이며(왕상 15:13), 다윗의 아들 압살롬이 반란을 일으키자 그들을 피해 다윗이 건넜던 곳이기도 합니다(삼하 15:23). 사도 요한은 '기드론 시내 건너편에 있는 동산'이라 하고, 마태와 마가는 '겟세마네'라 부르던 곳으로, 누가는 '감람산'으로 언급하고 있습니다(마 26:36; 막 14:32; 눅 22:39). 따라서 이곳은 감람산에 있는 '겟세마네'라는 이름을 가진 '정원', 또는 '농원'을 지칭합니다. 이곳은 예수님과 제자들이 자주 찾았던 곳으로 가룟 유다도 이미 잘 알고 있는 장소입니다.

"그곳은 가끔 예수께서 제자들과 모이시는 곳이므로 예수를 파는 유다도 그곳을 알더라"(2) 사도 요한은 예수님과 제자들이 이 동산을 처음으로 찾은 것이 아니라 이전에도 여러 차례 방문한 곳임을 밝히고 있습니다. 이곳은 가룟 유다도 예수님을 따라 온 적이 있어 잘 알기 때문에 그가 군대를 이끌고 예수님을 체포하려고 찾아올 수 있었던 것입니다. 그리고 누가는 보다 더 자세하게 이곳을 '습관을 따라' (눅 22:39)로 번역했습니다.

우리 예수님은 자주 이곳을 찾아 묵상과 기도를 하셨음을 알 수 있습니다. 우리도 예수님처럼 우리의 겟세마네 동산을 만들어야 합니다. 우리의 기도 장소를 만들어 습관적으로 주님과 조용히 만나는 시간을 가져야 합니다. 습관적인 기도의 시간을 갖도록 결심하고 노력해야 합니다. 기도생활도 훈련해야 합니다. 우리도 기도생활을 습관적으로 즐겨야 합니다. 그때 우리의 영혼이 힘을 얻어 능력 있는 신앙생활을 할 수 있기 때문입니다.

2. 예수 그리스도의 체포 과정

1) 가룟 유다의 배반

"유다가 군대와 대제사장들과 바리새인들에게서 얻은 아랫사람들을 데리고 등과 횃불과 무기를 가지고 그리로 오는지라"(3) 가룟 유다가 군대를 이끌고 겟세마네 동산으로 왔습니다.

여기에 나오는 '군대(스페이라, σπειρα)' 는 로마군 600명으로 구성된 한 부대 단위, 또는 200여 명으로 구성된 보병 중대나 안토니아 성에 주둔해 있던 작은 부대를 가리키는 말입니다. 군대는 다수의 하속들, 즉 대제사장들과 바리새인들의 종들을 동행하고 왔습니다. 그리고 여기에 나오는 아랫사람들, 즉 '하속(下屬)들(휘페레테스, ὑπηρέτης)' 은 성전 경비를 맡은 일종의 경찰로 볼 수 있습니다. 예수님을 체포하는 주동자들은 대제사장들과 바리새인들이었습니다. 이들은 예수님을 십자가에 달려 죽게 한 주동자들입니다.

이들이 등과 횃불과 무기를 들고 왔다고 했습니다. 그런데 이때는 유월절(니산월 14일) 전날이며 당시 월력(月曆)을 사용했던 정황으로 보아 거의 만월 상태인데 등과 횃불을 들고 왔습니다. 그것은 당시 상황이 구름으로 인해 날씨가 흐렸거나 아니면 예수님의 체포 시간이 한밤중이었음을 강조하기 위해 등과 횃불을 언급한 것으로 이해할 수 있습니다. 요한복음을 기록한 사도 요한은 당시의 장면을 생생하게 목격했던 장본인이므로 그날 밤의 일기와 관련된 상황을 잘 기억하여 세세하게 기록한 것으로 보입니다.

이때 예수님은 그들이 자신을 체포하러 온 사실을 다 알고 물으셨습니다. "예수께서 그 당할 일을 다 아시고 나아가 이르시되 너희가 누구를 찾느냐"(4) 예수님에게는 초자연적인 예지(豫知)가 있으신 전지하신 하나님이시므로 이 사실도 이미 다 알고 계셨습니다. 예수님은 사역 초기부터 죽음의 위협이 있을 것을 예측하고 이를 제자들에게 여러 차례 말씀하신 적이 있습니다. 그리고 사역 도중에 위협에 직면했을 때에는 아직 고난의 때가 이르지 않았음을 알고 자리를 옮긴 적도 있습니다(10:39; 11:54). 그러나 지금은 때가 이르렀기 때문에 피하지 않고 자신을 잡으러 온 원수들 앞에 담대히 맞섰습니다(17:1).

이 본문에서는 공관복음서와는 달리 예수님의 자발적 체포를 강조하는 동시에 당당하고 권위 있는 예수님의 모습을 부각시키고 있습니다. 이것은 예수님의 죽음이 대적자들에 의한 단순한 처형이 아니라 구원사적 맥락에서 진행되는 하나님의 섭리인 것과 예수님께서 그 섭리를 자발적으로 수용하셨음을 강조합니다. 예수님은 체포하러 온 자들 앞으로 나아가 말씀하셨습니다. "너희가 누구를 찾느냐" 이 질문을 하는 예수님의 모습에서 우리는 예수님의 권위 있는 위엄과 자신의 일을 감당하기 위해 당당하게 체포되는 모습을 볼 수 있습니다. 예수님은 이제 십자가를 지고 우리를 구원하실 때가 왔음을 알고 당당하게 우리를 향한 하나님의 구속역사를 이루어가고 계심을 알 수 있습니다.

"대답하되 나사렛 예수라 하거늘 이르시되 내가 그니라 하시니라 그를 파는 유다도 그들과 함께 섰더라 예수께서 그들에게 내가 그니라 하실 때에 그들이 물러가서 땅에 엎드러지는지라"(5-6) 예수님을 잡으러 온 사람들이 나사렛 예수를 찾는다고 말하자 예수님은 당당하게 "내가 그니라"고 대답하셨습니다. 이때 예수님을 잡으러 온 사람들이 물러서서 땅에 엎드렸습니다. 이것을 볼 때 예수님을 잡으러 온 대적들도 예수님의 신적 권위를 인정한다는 것을 알 수 있습니다. 그들은 예수님의 권능을 잘 알고 있었기 때문에 두려웠던 것입니다. 그리고 그분의 인품과 권위 앞에 엎드렸습니다. 우리 예수님은 그를 대적하는 사람들 앞에서도 존경을 받으실 만한 분입니다.

그리고 이때 예수님을 판 유다도 그들과 함께 있었습니다. "유다도 그들과 함께 섰더라"는 표현에서 가룟 유다가 예수님을 배반한 사람임을 분명히 말해 주고 있습니다. 공관복음에서는 유다가 예수님에게 입을 맞춤으로써 예수님을 체포하게 하는 행위가 언급되어 있습니다. 그런데 요한복음에서는 예수님 스스로 자신의 신분을 밝힘으로써 그의 권위와 위엄에 손상이 가지 않도록 묘사하고 있습니다. 예수님의 제자였던 가룟 유다가 예수님을 체포하러 대적들과 함께 현장으로 왔습니다. 제자가 배반을 했습니다. 예수님의 추종자가 배신자가 된 것입니다. 교회사를 보아도 교회 안에서 많은 배반자들이 나왔습니다. 우리는 누구든지 언제라도 유다와 같은 배반자가 될 수 있음을 기억해야 합니다.

유다가 예수님을 배반한 이유는 먼저 돈에 욕심이 났기 때문이라고 합니다. 유다는 평소에도 자기가 맡은 재정에서 돈을 훔친 도적이라고 성경은 말씀하고 있습니다. 그리고 그는 예수님을 은 30에 팔았습니다. 그리고 가룟 유다가 예수님을 배반한 다른 이유로는 그도 다른 유대인들처럼 예수님이 정치적인 메시야로 유다를 로마의 압제에서 해방시켜 줄 것을 기대하고 있었는데 결국 십자가를 지게 되자 자신의 야망이 사라져 극심한 분노와 실망감을 느꼈기 때문이라고 합니다.

오늘날에도 돈 때문에 예수님을 배반하는 사람들이 많습니다. 돈 문제로 신앙을 포기하거나 양보하고 무시하는 일들이 더러 있습니다. 세상의 권세나 야망 때문에 예수님을 배반하기도 합니다. 세상 때문에 예수님을 배반하는 것은 바로 오늘날의 유다가 되는 길입니다.

우리는 항상 자신을 돌아보고 예수님의 편에 서서 예수님만을 따라가는 제자가 되어야 합니다. 예수님의 제자였던 가룟 유다는 예수님을 배반하고 말았습니다. 우리는 어떤 경우에도 결코 예수님을 배반하지 말고 예수님 편에 서서 굳게 믿음을 지켜야 합니다.

2) 제자들을 배려하시는 예수님

예수님은 이런 긴박한 상황에서도 제자들을 배려하셨습니다. "이에 다시 누구를 찾느냐고 물으신대 그들이 말하되 나사렛 예수라 하거늘 예수께서 대답하시되 너희에게 내가 그니라 하였으니 나를 찾거든 이 사람들이 가는 것은 용납하라 하시니"(7-8)

예수님은 대적들에게 그들이 찾고 있는 예수가 자신임을 거듭 확인시킨 후에 자신과 함께 있던 제자들은 자유롭게 갈 수 있도록 하라는 제안을 하셨습니다. 예수님 자신은 체포되더라도 제자들의 안전을 보장해 주고자 하신 말씀입니다. 마가복음 14장 50절에서는 제자들이 도주했다고 기록하고 있지만 요한복음에서는 제자들이 달아난 것이 아니라 예수님의 말씀에 따라 그들이 보호받았다고 말씀하고 있습니다. 예수님이 제자들을 보호하려는 목적은 "아버지께서 내게 주신 자 중에서 하나도 잃지 아니하였사옵나이다 하신 말씀을 응하게 하려 함"(9)입니다.

예수님은 17장의 대제사장적 기도에서 이미 제자들을 위해 기도하셨습니다. "내가 그들과 함께 있을 때에 내게 주신 아버지의 이름으로 그들을 보전하고 지키었나이다"(17:12) 예수님이 제자들을 보호하려고 하셨던 기도들이 이제 마지막 순간에 성취되고 있습니다. 우리 예수님은 자신이 어려움을 당하는 순간에도 제자들을 보호하려고 하셨습니다. 제자들은 앞으로 예수님의 구속사역을 전해야 할 사람들입니다. 그들은 예수님의 복음을 전해야 하고 예수님의 교회를 세워야 할 중요한 사람들입니다. 그래서 예수님은 자신이 체포되는 순간에도 자발적으로 제자들을 보호하기 위해 행동하시는 것을 볼 수 있습니다.

예수님은 자신을 세 번이나 부인한 베드로를 위해서도 기도하셨습니다. 그가 회개하고 돌아와서 형제들을 돌아보도록 하신 기도가 응답되었습니다.

우리 예수님은 지금도 제자들을 위해, 우리를 위해 기도하고 계십니다. 결코 우리를 혼자 버려두지 않으십니다. 지금도 우리를 위해 기도하시는 예수님을 온전히 의지함으로 승리하시길 바랍니다.

3) 베드로의 저항

예수님을 체포하려는 순간을 목격한 베드로가 저항을 했습니다. "이에 시몬 베드로가 칼을 가졌는데 그것을 빼어 대제사장의 종을 쳐서 오른편 귀를 베어버리니 그 종의 이름은 말고라"(10) 시몬 베드로가 가진 칼은 아마도 위험한 순간이 임박했음을 감지한 베드로가 호신용으로 준비한 단검으로 보입니다. 그 칼로 대제사장의 종인 말고의 오른편 귀를 베었습니다. 베드로의 이런 행동은 예수님의 의사와 무관하게 순식간에 일어난 것으로 볼 수 있습니다. 이때 예수님이 베드로에게 말씀하셨습니다. "칼을 칼집에 꽂으라 아버지께서 주신 잔을 내가 마시지 아니하겠느냐"(11) 예수님은 칼을 사용한 베드로에게 칼을 놓으라고 하셨습니다. 그리고 누가복음에는 예수님이 잘린 귀를 만져 낫게 하신 사랑과 화해의 실천자로 기록되어 있고(눅 22:51), 마태복음에는 예수님이 베드로가 칼을 사용한 사실에 대해 책망하신 내용이 기록되어 있습니다. 그러나 요한복음에는 예수님의 메시야적 사역에 깊은 의미를 두었기 때문에 칼을 사용한 것에 대한 부정적인 반응은 특별히 강조하지 않고 있습니다.

예수님은 "아버지께서 주신 잔을 내가 마시지 아니하겠느냐"고 말씀하셨습니다. 여기서 '잔'은 예수님이 겪어야 할 수난을 의미합니다. '아버지께서 주신 잔'은 죄악 된 인류를 구원하고자 하는 하나님의 구원 섭리를 강조하고 있습니다. "내가 마시지 아니하겠느냐"는 말씀은 겟세마네 동산에서 기도하신 내용처럼 아버지의 뜻이라면 기꺼이 마시겠다는 예수님의 결단을(마 26:42; 막 14:36; 눅 22:42) 좀 더 담담하고 적극적인 모습으로 묘사한 것입니다. 이미 예수님은 이 수난의 길이 필연적으로 걸어야 할 자신의 길임을 확신하셨음을 알 수 있습니다. 이 말씀은 우리를 구원하기 위해 하나님께 자신을 전폭적으로 맡기고 순종하는 하나님의 어린 양으로서의 예수님의 모습입니다. 예수님의 목표는 변함이 없었으며 사명 또한 확고하셨습니다. 그리고 예수님은 하나님께서 준비하신 그 길을 묵묵히 순종하며 가셨습니다. 우리도 예수님처럼 주께서 우리에게 부탁하신 사명을 이루기 위해 최선을 다해야 합니다.

이제 예수님을 체포하러 온 무리가 예수님을 끌고 갔습니다. "이에 군대와 천부장과 유대인의 아랫사람들이 예수를 잡아 결박하여 먼저 안나스에게로 끌고 가니 안나스는 그해의 대제사장인 가야바의 장인이라"(12-13) 예수님을 체포한 지휘관은 천부장이었습니다. 이 천부장은 천명으로 구성된 부대의 지휘관을 말합니다. 천부장이 예수님을 체포하여 제일 먼저 안나스 제사장에게로 끌고 갔습니다. 안나스는 AD 6-15년 사이에 대제사장 직책을 맡았던 사람으로 그에게는 다섯 명의 아들이 있었는데 그들도 역시 제사장직을 맡았습니다. 그리고 본문에 언급된 사위 가야바도 대제사장이었습니다.

당시에 제사장직은 막대한 부와 권력에 의해 좌우되었습니다. 그리고 본래 대제사장은 종신직이지만 로마가 유대를 지배한 후에는 로마에 대한 적극적인 추종자들에게 제사장직을 맡겨 충성하게 했습니다. 안나스 역시 로마 총독 그라투스(Gratus)에 의해 폐위되었는데 본문에는 예수님을 체포하여 대제사장 가야바에게로 가지 않고 먼저 그의 장인 안나스에게로 갔습니다. 그 이유는 정확하게 언급되지 않았지만 무리가 예수님을 안나스에게로 데리고 간 것은 아마 그가 대제사장직에서 폐위되었으나 사위가 대제사장이었으므로 대제사장에 버금가는 영향력을 행사할 수 있는 힘이 있었던 것으로 보입니다. 이미 현직에서는 물러났지만 배후에서 조종할 만큼 막강한 힘이 있었음을 알 수 있습니다. 오늘날에도 역시 은퇴 후에도 막강한 힘과 부를 과시하는 사람들이 있습니다.

그리고 그해 대제사장 가야바는 예수님을 체포한 역사적인 사건 당시의 제사장이었습니다. 그는 약 20년 동안 대제사장직을 맡았던 것으로 알려져 있습니다. "가야바는 유대인들에게 한 사람이 백성을 위하여 죽는 것이 유익하다고 권고하던 자러라"(14) 가야바는 예수님께서 사역하시던 기간에 대제사장으로 활동했기 때문에 예수님의 능력을 누구보다도 잘 알았습니다. 그런데 예수님을 따르는 무리가 점점 많아지자 염려가 되었습니다. 예수님을 앞세우고 나라를 되찾자는 운동으로 변질되면 필경 로마의 공격을 초래할 것이기 때문입니다. 그래서 그는 산헤드린 회원들에게 예수님을 죽이는 것이 모든 백성들에게 유익하다고 말한 것입니다. 가야바는 백성들을 위한 것처럼 말했지만 결국은 자신들의 유익과 권세를 유지하기 위한 수단이었습니다. 그리고 이 사람은 자신들의 유익을 위해 예수님을 죽임으로써 성공했다고 생각했지만 결국에는 하나님이 예언하신 대로 우리를 구원하기 위한 죽음으로 연결되었다는 것을 우리는 알아야 합니다(11:51-52).

하나님의 예언은 그대로 다 성취됩니다. 하나님의 말씀은 일점일획도 남김없이 다 이루어집니다.

우리도 예수님처럼 습관적으로 기도하는 삶을 살아야 합니다. 어떤 어려움이 닥치더라도 유다처럼 예수님을 배반하지 말아야 합니다. 하나님의 말씀은 그대로 다 이루어지기 때문입니다. 아멘.

[15]시몬 베드로와 또 다른 제자 한 사람이 예수를 따르니 이 제자는 대제사장
과 아는 사람이라 예수와 함께 대제사장의 집 뜰에 들어가고 [16]베드로는 문
밖에 서 있는지라 대제사장을 아는 그 다른 제자가 나가서 문 지키는 여자
에게 말하여 베드로를 데리고 들어오니 [17]문 지키는 여종이 베드로에게 말하
되 너도 이 사람의 제자 중 하나가 아니냐 하니 그가 말하되 나는 아니라
하고 [18]그때가 추운고로 종과 아랫사람들이 불을 피우고 서서 쬐니 베드로도
함께 서서 쬐더라 [19]대제사장이 예수에게 그의 제자들과 그의 교훈에 대하여
물으니 [20]예수께서 대답하시되 내가 드러내 놓고 세상에 말하였노라 모든 유
대인들이 모이는 회당과 성전에서 항상 가르쳤고 은밀하게는 아무 것도 말
하지 아니하였거늘 [21]어찌하여 내게 묻느냐 내가 무슨 말을 하였는지 들은
자들에게 물어 보라 그들이 내가 하던 말을 아느니라 [22]이 말씀을 하시매 곁
에 섰던 아랫사람 하나가 손으로 예수를 쳐 이르되 네가 대제사장에게 이같
이 대답하느냐 하니 [23]예수께서 대답하시되 내가 말을 잘못하였으면 그 잘못
한 것을 증언하라 바른 말을 하였으면 네가 어찌하여 나를 치느냐 하시더라
[24]안나스가 예수를 결박한 그대로 대제사장 가야바에게 보내니라 [25]시몬 베
드로가 서서 불을 쬐더니 사람들이 묻되 너도 그 제자 중 하나가 아니냐 베
드로가 부인하여 이르되 나는 아니라 하니 [26]대제사장의 종 하나는 베드로에
게 귀를 잘린 사람의 친척이라 이르되 네가 그 사람과 함께 동산에 있는 것
을 내가 보지 아니하였느냐 [27]이에 베드로가 또 부인하니 곧 닭이 울더라

(요한복음 18:15-27)

19

베드로의 부인

예수님은 겟세마네 동산에서 기도하신 후에 체포되셨습니다. 예

수님이 끌려가실 때에 시몬 베드로와 다른 제자도 따라갔습니다. 예수님이 안나스 대제사장의 집에서 심문을 받는 중에 베드로는 예수님이 이미 예언하신 대로 세 번이나 주님을 모른다고 부인하고 말았습니다.

1. 예수님의 뒤를 따라간 베드로

"시몬 베드로와 또 다른 제자 한 사람이 예수를 따르니 이 제자는 대제사장과 아는 사람이라 예수와 함께 대제사장의 집 뜰에 들어가고"(15)

예수님이 체포되어 가실 때에 베드로와 함께 예수님의 뒤를 따라갔던 제자가 있었는데 그 이름은 기록되어 있지 않습니다. 알려지지 않은 이 제자가 누구인지에 대해서는 여러 가지 추측이 있습니다. 아리마대 사람 요셉(19:38)이나 니고데모(3:1-15; 7:50-52; 19:39)일 것이라는 견해가 있는가 하면 요한의 형제인 야고보, 또는 그의 이름을 밝히지 않았다는 점에서 예수님의 사랑하는 제자 요한 자신일 것이라는 견해도 있습니다. 그 중에서 사도 요한일 것이라는 견해가 대부분입니다. 그런데 우리가 알기로는 요한은 한낱 갈릴리 어촌의 어부에 지나지 않는데 어떻게 유대의 최고 지도자인 대제사장 안나스와 친분 관계를 맺을 수 있었겠는가 하는 점이 해결되어야 할 과제입니다. 이 점에 대해서 어떤 사람은 요한이 제사장 가문의 출신이기 때문에 대제사장과 친분이 있었을 것으로 추측하기도 하지만 이를 실증할 만한 증거가 없습니다. 아무튼 본 절에서 이 제자는 대제사장과 아는 사람이라고만 소개하고 있습니다. 그래서 이 제자는 문을 지키는 여종에게 아무런 제지도 받지 않고 문을 통과할 수 있었습니다.

본문의 "아는 사람"이라는 말에서 '아는(그노스토스, γνωστος)' 이란 말이 어느 정도의 친밀성을 나타내는지는 분명하지가 않습니다. 이 말은 '친한 친구', '친척 관계', 또는 '형제' 를 뜻할 수도 있습니다. 그러나 그가 안으로 들어갈 때 문지기로부터 아무런 제지를 받지 않고 베드로까지 데리고 들어간 것을 보면 대제사장과 아주 친밀한 관계에 있던 사람으로서 '제사장 출신이거나 대제사장과 관련된 일원' 일 것이라는 주장도 있습니다.

"대제사장의 집 뜰에 들어가고"에서 '뜰(아울렌, αυλην)' 이 울타리 안의 뜰을 가리키는지 아니면 산헤드린의 집회 장소 내부를 가리키는지는 분명하지 않습니다. 여기서 안나스가 예수님에게 심문하는 것을 보면 이 뜰은 안나스 제사장의 '안뜰' 로 볼 수 있습니다.

"베드로는 문 밖에 서 있는지라 대제사장을 아는 그 다른 제자가 나가서 문 지키는 여자에게 말하여 베드로를 데리고 들어오니"(16) 베드로가 체포되어 끌려가는 예수님을 따라 온 이유가 제사장의 종 말고의 귀를 칼로 베듯이 스승을 구출한다거나 복수를 하기 위해 따라 왔다고 보기는 어렵습니다. 베드로 혼자 그들의 손에서 예수님을 구출한다는 것은 불가능한 일이기 때문입니다. 그보다 베드로가 예수님의 뒤를 따라온 것은 스승인 예수님의 신변에 어떤 일이 일어날지 걱정이 되어서라고 보는 것이 타당합니다. 그런데 베드로 자신의 힘으로는 문 안으로 들어가려는 시도조차 하지 못했을 것입니다. 주님을 사랑하는 일념으로 따라오기는 했지만 예수님의 제자로서의 신분이 드러날 경우 자신의 신변에도 위험이 따를 수 있었기 때문에 감히 들어가려는 시도는 못했을 것입니다. 더구나 거기에는 자기의 칼에 상처를 입었던 대제사장의 종도 있었을 것이므로 안으로 들어간다는 것은 일종의 모험이 될 수밖에 없었을 것입니다. 그런데 그 때 다른 제자가 문을 지키는 여종에게 말하여 베드로가 안으로 들어올 수 있게 했습니다.

그러나 여기서 분명한 것은 베드로가 예수님의 뒤를 따라 대제사장의 뜰 안까지 들어올 수 있었던 것은 예수님의 말씀을 성취하기 위해서입니다. 즉 베드로가 예수님을 부인하게 되는 과정을 자세히 보여주기 위해서입니다. 베드로가 예수님을 부인하는 사건이 바로 여기서 시작되었기 때문입니다. "문 지키는 여종이 베드로에게 말하되 너도 이 사람의 제자 중 하나가 아니냐 하니 그가 말하되 나는 아니라 하고"(17) 여기서 베드로는 여종 앞에서 예수님을 부인하는 큰 실수를 하게 되었습니다.

요한복음에서 반복해서 나오는 문 지키는 여종은 '어린 소녀', 또는 '하녀'를 의미하는 말입니다. 그런데 마가복음에는 베드로에게 첫 번째 질문을 한 여자가 '대제사장의 여종'이었다고 기록되어 있는데(막 14:66-67) 마태와 누가는 단지 '한 여종'이었다고만 기록했습니다(마 26:69-70; 눅 22:56-57). 요한복음과 공관복음에서 발견되는 공통점은 베드로에게 첫 번째 치욕스런 부인을 하도록 질문을 던진 사람은 바로 '여종'이란 사실입니다. 여종이 베드로에게 물었습니다. “너도 이 사람의 제자 중 하나가 아니냐”(17) 이 말은 “너도 예수님을 따랐던 여러 제자들 중에 한 명이 아니냐?”, “베드로 너도 예수님의 제자가 맞지 않느냐?”는 말입니다. 이 여종은 베드로가 예수님의 제자인 것을 정확하게 말했습니다. 그때 베드로는 “나는 아니라”며 극구 예수님을 부인했습니다. 베드로는 하찮고도 연약한 여종 앞에서조차 주님을 부인하는 비겁함을 보였습니다. 이러한 베드로의 초라한 모습은 그가 예전에 보여 주었던 용기 있는 언행이 얼마나 인간적인 것에 지나지 않는지를 잘 말해 줍니다(13:37).

우리도 언제든지 예수님을 부인할 수 있는 연약한 존재들입니다. 어린 여종 앞에서도 예수님을 부인한 베드로처럼 우리도 어린 아이나 연약한 사람들 앞에서도 예수님을 부인할 가능성이 얼마든지 있음을 기억하여 항상 우리 자신을 경계해야 합니다.

베드로가 처음으로 예수님을 부인한 후에도 그 자리를 떠나지 않고 계속 남아 있었습니다. “그때가 추운고로 종과 아랫사람들이 불을 피우고 서서 쬐니 베드로도 함께 서서 쬐더라”(18) 그때의 날씨가 추웠다고 한 것은 예수님이 체포되던 유월절은 양력으로 3-4월 경이므로 밤에는 다소 쌀쌀하게 느껴졌을 것이기 때문입니다. 예수님을 체포하는 일은 아주 특별한 사건으로 그때의 상황이 아주 긴박했기 때문에 대제사장의 종들과 아랫사람들은 밖에서 대기하고 있어야 했습니다. 그래서 베드로도 그들과 함께 마당에서 불을 쬐고 있었습니다. 많은 사람들이 둘러서서 불을 쬐는 자리는 방금 어린 여종 앞에서 예수님을 모른다고 부인한 베드로가 몸을 숨기고 추위를 피하는 데에 적당한 장소라고 생각되었을 것입니다. 베드로는 이미 무너지기 시작했지만 그 자리를 피하지 않고 계속 남아 있었습니다. 만약 베드로가 그 자리를 떠났더라면 더 이상 예수님을 부인하는 일은 없었을 것입니다.

우리가 범죄할 가능성이 있는 자리는 피하는 것이 좋습니다. 노름판이 펼쳐진 자리, 술자리, 범죄 집단과 함께 하는 자리에서 피해야 합니다. 그런데 베드로는 그 자리를 떠나지 않았습니다. 예수님에 대한 사랑 때문인지 예수님이 걱정되어서 떠나지 못한 것인지 알 수가 없습니다. 아무튼 베드로는 "세 번 나를 부인하리라"는 예수님의 예언을 성취하기 위해서 그 자리에 남아 있었다는 것을 우리는 알 수 있습니다.

2. 대제사장의 심문

대제사장이 예수님을 심문하는 내용이 나옵니다. "대제사장이 예수에게 그의 제자들과 그의 교훈에 대하여 물으니"(19)

여기에 나오는 대제사장은 안나스로 봅니다. 예수님이 체포당하신 해의 공식적 대제사장은 가야바였지만 예수님이 붙잡혀 온 곳은 안나스의 집이었으므로 본문의 대제사장은 안나스로 보는 것이 타당합니다(18:13). 안나스는 예수님에게 그의 제자들과 교훈에 대하여 물었습니다. 공관복음에서의 가야바의 질문과 본문에서 전하는 안나스의 질문은 그 핵심이 다르게 나타납니다. 가야바의 심문은 예수님의 인격, 곧 예수님이 메시야인가에 초점을 맞춘 반면(마 26:57-68; 막 14:53-65; 눅 22:54-55,63-71) 안나스의 심문은 예수님의 의도에 맞추었습니다.

안나스는 두 가지 질문을 했는데 그 중 하나는 예수님의 제자들에 관한 것이고 다른 하나는 그의 교훈에 관한 것이었습니다. 예수님의 제자들에 대해서는 그들의 수와 성향, 그리고 그들을 불러 모으는 이유 등을 질문했을 것입니다. 그리고 예수님의 가르침에 대한 질문은 예수님의 가르침을 통해 무엇을 기대하는지, 즉 그의 교훈들이 지향하는 바가 무엇인지 등을 질문했을 것입니다. 이렇게 질문한 것은 '예수님이 제자들을 규합하여 무력혁명을 일으키려 하지 않을까?' 하는 의구심이 깔려 있었기 때문으로 볼 수 있습니다. 동시에 예수님이 가르치는 중심 교리가 무엇인지도 질문했을 것입니다. 그 이유는 예수님의 가르침에서 그들이 믿는 구약성경의 교훈과 반대되는 이단적인 사상을 찾아 정죄하려는 의도가 있었을 것이기 때문입니다.

예수님의 대적들은 안나스처럼 어떻게 하면 예수님으로부터 잘못을 찾아 그를 정죄하여 죽일까 하는 데 그 초점이 맞추어져 있었습니다. 예수님을 반대하는 사람들의 목적은 오직 하나 예수님을 죽이는 것이었습니다. 예수님을 미워하는 사람은 그를 믿고 따르는 사람들도 미워합니다. 이 세상은 예수님의 가르침을 받는 사람들을 정죄하고 미워한다는 것을 알 수 있습니다. 예수님이 대답하셨습니다. "내가 드러내 놓고 세상에 말하였노라 모든 유대인들이 모이는 회당과 성전에서 항상 가르쳤고 은밀하게는 아무 것도 말하지 아니하였거늘 어찌하여 내게 묻느냐 내가 무슨 말을 하였는지 들은 자들에게 물어 보라 그들이 내가 하던 말을 아느니라"(20)

예수님은 안나스의 두 가지 질문 중에서 제자들에 관한 것은 두고 교훈에 관한 것만 대답하셨습니다. 예수님은 안나스가 묻는 질문의 의도를 이미 아셨기 때문에 그의 물음 자체를 웃음거리로 만들어 버렸습니다. 안나스는 거만함과 권위에 도취되어 지극히 상투적인 질문으로 예수님의 가르침이 이교적이고 폭력적이라고 인정할 만한 혐의를 찾아내려고 했습니다. 그러나 예수님은 자신의 모든 언행이 공개적이었음을 밝힘으로써 안나스의 의도를 좌절시켜 버렸습니다. 예수님은 은밀히 가르치지 않고 모든 유대인들이 모이는 공공장소인 회당과 성전에서 공개적으로 당당하게 말씀하셨습니다. 예수님은 언제나 공개적으로 가르치셨으므로 산헤드린 회원뿐 아니라 이스라엘의 모든 사람들이 그의 교훈을 익히 들어 알고 있었습니다. 그래서 예수님을 책잡으려는 그들의 의도를 아시고 "내 말을 들은 사람들에게 물어 보아라. 내가 무엇을 말했는지 그들이 잘 알고 있으니 그들에게 물어 보아라. 나의 가르침에는 아무런 잘못이 없다."고 말씀하신 것입니다.

예수님의 가르침은 진리였습니다. 생명의 말씀이었고 영생의 양식이었습니다. 예수님은 구원과 의를 공개적으로 가르치셨습니다. 사람을 미혹하고 해치는 거짓된 교리는 공개적으로 가르치지 않고 비밀리에 은밀한 장소에서 가르칩니다. 바로 이단들이 그렇게 합니다. 이단은 거짓을 가르치기 때문에 사람들을 은밀하게 접촉하여 미혹합니다. 그러므로 우리는 이단을 조심해야 합니다. 그러나 우리는 예수님의 진리를 가르치기 때문에 예수님처럼 공공장소에서 당당하게 공개적으로 가르칩니다. 그러므로 우리도 당당하게 자신감을 가지고 영혼을 사랑하는 마음으로 가르쳐야 합니다.

우리 교회 전도대도 열심히 복음을 전합니다. 화요일에는 권사 전도대가, 수요일에는 여전도회별로 전도를 하러 나갑니다. 이때 우리 교회에서 발간하는 '수영 아름다운 신문'도 전달합니다. 파라솔을 설치해서 차를 대접하기도 하고 가정을 방문하기도 합니다. 항상 진리의 말씀, 사람을 살리는 생명의 말씀을 전하기 때문에 언제나 당당하게 공개적으로 영혼을 사랑하는 마음으로 전합니다. 우리는 누구나 예수님처럼 당당하게 공개적으로, 그리고 영혼을 사랑하는 마음으로 복음을 전해야 합니다.

이때 대제사장의 아랫사람이 예수님을 쳤습니다. "이 말씀을 하시매 곁에 섰던 아랫사람 하나가 손으로 예수를 쳐 이르되 네가 대제사장에게 이같이 대답하느냐 하니"(22) 예수님의 답변을 들은 관원들 중에서 곁에 서 있던 아랫사람 한 명이 예수님을 손으로 쳤습니다. 이 사람은 대제사장의 경호원이거나 산헤드린의 경비원이었을 것으로 보입니다. 그는 안나스를 대하는 예수님의 태도가 불손하다고 느꼈던지 손으로 예수님을 쳤습니다. 이 사건을 두고 예수님의 뺨을 때렸다는 주장과 몽둥이나 채찍으로 쳤을 것이란 주장이 엇갈립니다. 구약 성경에 예언된 예수님의 수난(사 50:6)과 연관지어 볼 때 예수님은 뺨을 맞았다고 추정할 수 있습니다.

아무튼 랍비의 율법에 의하면 심문 중에 있는 피고는 대제사장의 질문에 순순히 응해야 한다고 되어 있습니다. 유대 역사가 요세푸스

(Josephus)는 "대제사장에게 설득당하지 않는 사람은 바로 하나님에게 불경건한 자처럼 정의를 등지는 것이다."라고 기록했습니다. 동시에 피고는 자신에게 불리한 증언을 강요받지 않도록 해야 한다는 랍비적인 가르침도 있습니다. 특히 유대인들에게 있어 어떤 사람의 빰을 치는 행위는 하나님의 형상을 입은 인간의 존엄성을 파괴하는 것으로 간주되었기 때문에 그런 행위는 거의 금기시되어 왔습니다. 그런데 대제사장 안나스의 아랫사람이 예수님의 빰을 친 것은 정당한 선고에 의해 유죄가 확정되기 전이었으므로 육체적 가혹 행위를 하지 못하게 되어 있는 유대법에 위배되는 행위입니다. 이것은 과잉 충성에서 나온 행위입니다. 사람에게 폭력을 가하는 일은 결코 있어서는 안 됩니다.

우리는 모두 하나님의 형상대로 지음을 받은 사람들이므로 서로 존중하며 귀하게 여겨야 합니다. 성령의 지배를 받는 사람은 절대 폭력을 휘두르지 않습니다. 그러나 불법을 행하는 악한 자들은 예사로 무력행사를 하며 폭력을 휘두릅니다.

이때 예수님이 말씀하셨습니다. "내가 말을 잘못하였으면 그 잘못한 것을 증언하라 바른 말을 하였으면 네가 어찌하여 나를 치느냐"(23) 예수님은 정당하게 항의하셨습니다. 만약 예수님이 하신 말씀 가운데 잘못된 것이 있다면 대제사장이 정당하게 심판해야 합니다. 그런데 대제사장의 심판이 내려지기도 전에, 그리고 그에게 아무런 잘못이 없는데도 폭력을 행사하는 것은 불법입니다. 이런 의미에서 예수님의 이의 제기는 지극히 정당한 것이었습니다. 예수님의 지적에 대제사장도 아무런 답변을 하지 못했습니다. 잘못이 없는 사람에게 폭력을 행사하는 것은 그릇된 것임을 예수님이 분명하게 지적하셨기 때문입니다.

상황을 파악한 안나스는 예수님을 가야바에게로 보냈습니다. "안나스가 예수를 결박한 그대로 대제사장 가야바에게 보내니라"(24) 안나스는 자신의 의도가 수포로 돌아갔음을 알고 더 이상의 심문을 포기한 채 예수님을 당시의 실제적 대제사장인 가야바에게로 보냈습니다. 이것은 예수님의 무죄를 증거해 줍니다.

예수님은 더 이상 심문 받으실 만한 잘못을 행한 일이 없을 뿐 아니라 깨끗하고 순결한 삶을 살았습니다. 어디서든지 그 누구도 예수님을 정죄할 수는 없습니다.

우리도 예수님처럼 누구 앞에서도 당당할 수 있도록 깨끗한 삶을 살도록 힘써야 합니다.

3. 베드로가 또 예수님을 부인했습니다

예수님이 대제사장에게 심문을 받으실 동안에 바깥에서 사람들이 불을 쬐며 기다리고 있을 때 베드로가 예수님을 부인했습니다. 요한복음에는 첫 번째는 '여종', 두 번째는 '사람들', 마지막 세 번째는 베드로의 칼에 귀가 잘린 바 있는 대제사장의 종 '말고'와 인척 관계인 '한 종'에 의해 질문한 것으로 기록하고 있습니다.

두 번째는 '사람들'이 베드로에게 말했습니다. "시몬 베드로가 서서 불을 쬐더니 사람들이 묻되 너도 그 제자 중 하나가 아니냐 베드로가 부인하여 이르되 나는 아니라 하니"(25) 당시 여러 사람들이 모여 불을 쬐다가 베드로를 향하여 "너도 그 제자 중 하나가 아니냐"고 묻자 베드로는 "나는 아니라"고 대답했습니다. 이것이 두 번째 부인입니다.

그리고 베드로는 다시 세 번째 부인을 했습니다. "대제사장의 종 하나는 베드로에게 귀를 잘린 사람의 친척이라 이르되 네가 그 사람과 함께 동산에 있는 것을 내가 보지 아니하였느냐"(26) 세 번째 질문자는 베드로에게 귀를 잘린 사람의 친척이었습니다. '귀를 잘린 사람'은 대제사장의 종 '말고'였는데(10) 이 '말고'의 친척이 예수님이 체포되던 사건 현장에 있었다고 자처하고 나섰습니다. 누가에 의하면 이 세 번째 질문은 두 번째 질문이 끝난 후 1시간 뒤에 있었으며, 베드로가 예수님의 제자임에 틀림이 없다는 확신을 가지고 그가 갈릴리 사람임을 제시하고 있습니다(눅 22:59-60). 아마 이 세 번째 질문자는 베드로의 말투로 보아 그가 갈릴리 사람으로 짐작했을 것입니다. 세 번째 질문자는 자신이 '말고'의 친척으로서 예수님이 계신 현장에서 베드로를 목격했다는 사실과 베드로가 갈릴리인이라는 구체적인 증거를 제시하며 베드로를 압박했습니다. 세 번째 질문을 받은 베드로는 순순히 자신이 예수님의 제자임을 고백하든지 아니면 더 강하게 부정해야만 하는 선택의 순간을 맞게 되었습니다. 그런데 베드로는 끝내 예수님을 부인하고 말았습니다. "이에 베드로가 또 부인하니 곧 닭이 울더라"(27)

예수님의 예언이 성취되는 순간이었습니다. 예수님은 베드로가 닭이 울기 전에 세 번 부인할 것을 이미 말씀하셨습니다. 베드로는

"주를 위하여 내 목숨을 버리겠나이다"(13:37)라는 맹세를 한 지 불과 몇 시간 만에 예수님을 배반하고 말았습니다. 베드로가 예수님을 부인하지 않겠다고 맹세한 것은 실패했지만 예수님이 베드로가 자신을 세 번 부인할 것이라는 말씀은 정확하게 성취되었습니다(13:37-38). 마태복음과 마가복음과 누가복음에는 베드로가 닭 울음소리를 듣고 예수님의 말씀이 생각이 나서 심히 통곡했다고 기록되어 있습니다(마 26:75; 막 14:72; 눅 22:62). 베드로는 예수님을 끝내 부인하고 말았습니다.

여기에서 우리가 배울 교훈은 우리 인생은 모두 연약한 존재들이란 사실입니다. 동시에 우리도 언제라도 넘어지고 실패할 가능성이 있다는 사실도 기억해야 합니다.

베드로가 실패했던 가장 중요한 이유는 자신을 너무 의지했기 때문입니다. 예수님이 십자가의 고난을 앞두고 제자들에게 "오늘 밤에 너희가 다 나를 버리리라"(마 26:31)고 말씀하셨습니다. 그 때 베드로는 너무도 자신 만만하게 대답했습니다. "모두 주를 버릴지라도 나는 결코 버리지 않겠나이다"(마 26:33) 이것은 바로 교만에서 온 것입니다. 자신을 너무 믿으면 누구나 실패하게 됩니다. 따라서 우리가 실패하지 않으려면 우리 자신을 의지하지 말아야 합니다(마 26:33). 그래서 사도 바울은 이렇게 경고했습니다. "교만은 패망의 선봉이요 거만한 마음은 넘어짐의 앞잡이니라"(잠 16:18), "그런즉 선 줄로 생각하는 자는 넘어질까 조심하라"(고전 10:12)

우리가 시험에 들지 않으려면 항상 겸손해야 하고 실패하지 않으려면 열심히 기도해야 합니다(마 26:41; 36-46). 예수님께서 겟세마네 동산에서 “시험에 들지 않게 깨어 기도하라”(마 26:41)고 말씀하셨지만 제자들은 들은 채 만 채하다가 모두 피곤에 지쳐 잠들고 말았습니다. 주님이 피와 땀을 흘리며 기도하실 때에도 제자들은 모두 잠들어 있었습니다. 그것이 바로 실패의 원인이었습니다. 기도하지 않는 사람은 다 넘어질 수밖에 없습니다. 그러나 우리가 기도할 때 하나님은 응답해 주십니다.

성경에 나오는 믿음의 승리자들의 공통점은 다 기도하는 사람들이었습니다. 기도는 영적인 호흡입니다. 기도하면 승리하지만 기도하지 않으면 누구나 실패할 수밖에 없습니다. 이것이 성경의 공식입니다. 하나님은 반드시 우리의 기도를 들으십니다.

영국 런던에 가면 ‘성 바울교회’가 있는데 아무리 작은 소리로 말해도 벽에다 귀를 대면 다 들린다고 합니다. 구둣방을 하는 어느 청년이 가죽을 살 돈이 없어 구두를 만들 수 없었습니다. 그래서 애인과 결혼을 할 수 없게 된 청년은 혼자 교회당에 가서 흐느끼며 기도하고 있었습니다. 이때에 40미터 쯤 떨어진 저편에서 누군가 듣고 있었습니다. 그 사람은 청년을 위해서 무엇이든 해주고 싶었습니다. 그 신사는 몰래 그 청년을 따라가서 집을 알아 놓았다가 훗날 가죽을 보내 주었습니다. 청년의 기쁨은 이루 말할 수 없었습니다. 돈을 벌어서 결혼도 했습니다. 그 후 이 청년은 가죽을 보내준 사람이 너무 고마워서 그 사람을 찾았는 데 무려 3년이나 걸렸습니다. 그는 바로 당시의 영국 수상이었던 글래드스톤이었습니다. 하나님은 분명히 우리의 기도를 들으십니다.

우리는 우리 자신의 연약함을 잘 알아야 합니다. 항상 자기 자신을 너무 믿지 말고 언제나 겸손해야 합니다. 그리고 늘 기도함으로써 예수님을 부인하지 않는 삶, 승리하는 삶을 살아야 합니다. 아멘.

28그들이 예수를 가야바에게서 관정으로 끌고 가니 새벽이라 그들은 더럽힘
을 받지 아니하고 유월절 잔치를 먹고자 하여 관정에 들어가지 아니하더라
29그러므로 빌라도가 밖으로 나가서 그들에게 말하되 너희가 무슨 일로 이
사람을 고발하느냐 30대답하여 이르되 이 사람이 행악자가 아니었더라면 우
리가 당신에게 넘기지 아니하였겠나이다 31빌라도가 이르되 너희가 그를 데
려다가 너희 법대로 재판하라 유대인들이 이르되 우리에게는 사람을 죽이는
권한이 없나이다 하니 32이는 예수께서 자기가 어떠한 죽음으로 죽을 것을
가리켜 하신 말씀을 응하게 하려 함이러라 33이에 빌라도가 다시 관정에 들
어가 예수를 불러 이르되 네가 유대인의 왕이냐 34예수께서 대답하시되 이는
네가 스스로 하는 말이냐 다른 사람들이 나에 대하여 네게 한 말이냐 35빌라
도가 대답하되 내가 유대인이냐 네 나라 사람과 대제사장들이 너를 내게 넘
겼으니 네가 무엇을 하였느냐 36예수께서 대답하시되 내 나라는 이 세상에
속한 것이 아니니라 만일 내 나라가 이 세상에 속한 것이었더라면 내 종들
이 싸워 나로 유대인들에게 넘겨지지 않게 하였으리라 이제 내 나라는 여기
에 속한 것이 아니니라 37빌라도가 이르되 그러면 네가 왕이 아니냐 예수께
서 대답하시되 네 말과 같이 내가 왕이니라 내가 이를 위하여 태어났으며
이를 위하여 세상에 왔나니 곧 진리에 대하여 증언하려 함이로라 무릇 진리
에 속한 자는 내 음성을 듣느니라 하신대 38빌라도가 이르되 진리가 무엇이
냐 하더라 이 말을 하고 다시 유대인들에게 나가서 이르되 나는 그에게서
아무 죄도 찾지 못하였노라 39유월절이면 내가 너희에게 한 사람을 놓아 주
는 전례가 있으니 그러면 너희는 내가 유대인의 왕을 너희에게 놓아 주기를
원하느냐 하니 40그들이 또 소리 질러 이르되 이 사람이 아니라 바라바라 하
니 바라바는 강도였더라

(요한복음 18:28-40)

20

빌라도의 법정에 서신 예수 그리스도

우리를 구원하기 위해 이 땅에 오신 예수님의 최종 목표는 십자가

를 지는 것이었습니다. 예수님은 우리를 죄악에서 구원하기 위해 십자가를 져야만 했습니다. 그래서 예수님은 빌라도의 재판을 받고 십자가를 졌습니다.

1. 관정 바깥에서 재판을 받으신 예수님

"그들이 예수를 가야바에게서 관정으로 끌고 가니 새벽이라 그들은 더럽힘을 받지 아니하고 유월절 잔치를 먹고자 하여 관정에 들어가지 아니하더라"(28)

유대인들이 예수님을 빌라도에게로 끌고 간 이유가 무엇입니까? 예수님은 유대법에 의하면 신성모독죄란 누명을 쓰고 사형선고를 받을 수도 있었습니다(마 26:57-66; 막 14:53-64; 눅 22:66-71). 그러나 로마의 식민 통치를 받던 이스라엘은 사형을 집행할 권한이 없었기 때문에 예수님을 빌라도의 법정에 세운 것입니다. '관정(프라이토리온, πραιτώριον)'은 라틴어 '프라에토리움(Praetorium)'에 상응하는 말로써 본래 로마 군대의 영내에 있는 장군의 막사를 일컫는 말이지만 본문에서는 총독의 관저를 가리킵니다. 유대 지역을 다스리는 로마의 총독은 평상시에는 가이사랴에 머물면서 총독의 직무를 수행했습니다(행 23:33). 그러나 유월절과 같은 대축제일에는 식민지 백성의 소요(騷擾)를 예방하거나 진압하기 위해 예루살렘에 머물렀습니다. 이때 총독이 머물던 관저의 위치에 대해 어떤 학자들은 헤롯 궁전으로 보는가 하면 안토니아의 성으로 보는 학자들도 있습니다. 그들은 예수님을 새벽에 끌고 갔습니다.

새벽을 가리키는 '프로이(πρωί)'는 지금의 오전 3-6시를 가리킵니다. 이처럼 이른 시간에 예수님을 빌라도의 관저로 데리고 왔다는 것은 한 마디로 불법 재판임을 알 수 있습니다. 산헤드린 공회가 밤새도록 예수님을 심문했다는 것 자체가 불법 행위입니다. 사람의 생명을 다루는 중요한 사건에 대해서 정식 재판 절차를 밟지 않고 밤에 심문하는 것은 불법입니다. 그들은 중요한 사건의 심문은 낮에 시행해야 한다는 규칙을 어겼습니다. 그리고 심문이 있는 당일에 유죄 판결을 내린 것도 불법입니다. 이것은 심문한 당일에는 유죄를 선고할 수 없다는 규정을 어긴 것입니다.

그런데 우리는 여기서도 유대인들의 위선적인 행동을 볼 수 있습니다. 그것은 "그들은 더럽힘을 받지 아니하고 유월절 잔치를 먹고자 하여 관정에 들어가지 아니하더라"(29)는 말씀에서 알 수 있습니다. 예수님을 관정으로 끌고 간 유대인들은 예수님만 넘겨주고 자신들은 들어가려고 하지 않았습니다. 그것은 로마 사람인 빌라도의 집, 즉 이방인의 집에 들어가면 부정하게 되어 유월절 잔치에 참여할 수 없었기 때문입니다. 이방인의 집에 들어가면 부정하게 된다는 것은 구약의 율법에 따른 규정이 아니라 랍비들이 정한 것으로 일반적으로 이 규례를 지켰던 것으로 보입니다(행 10:28). 유월절 잔치 때에 먹는 음식을 먹으려면 부정케 되면 안 됩니다. 그래서 이방인의 집에 들어가면 안 되었기 때문에 그들이 빌라도의 관정으로 들어가지 않은 것입니다. 그들은 위선자들입니다.

그들은 죄가 없으신 예수님을 죽이려고 모든 악한 일을 자행하면서도 유월절을 지키겠다고 관정 안으로 들어가지 않았습니다. 그처럼 큰 죄를 지으면서도 죄로 여기지 않은 채 오히려 작은 죄는 짓지 않으려고 애를 쓰는 그들의 위선적인 모습을 우리는 보게 됩니다. 죄 없는 예수님을 죄인으로 몰아 죽이려고 하면서도 자신들은 거룩한 체하는 행위가 바로 위선입니다. 우리는 이런 유혹에 빠지지 않도록 해야 합니다. 형제의 잘못에 대해서는 잘 정죄하면서도 자신의 거룩만을 강조하는 일은 결코 있어서는 안 됩니다.

우리는 다른 사람을 고소하고 정죄하기에 앞서 먼저 자신을 돌아보는 자세가 필요합니다. 이 사실을 알게 된 빌라도가 밖으로 나가서 물었습니다. "그러므로 빌라도가 밖으로 나가서 그들에게 말하되 너희가 무슨 일로 이 사람을 고발하느냐"(29) 빌라도는 AD 26-36년까지 유대 지방의 총독을 맡았습니다. 1세기의 유대인 철학자 필로(Philo)에 의하면 빌라도는 잔인하고 오만한데다 쉽게 분노했으며, 특히 유대인과의 사이가 좋지 않았다고 합니다. 또한 유대인들이 지니고 있는 완고하고도 의식적인 종교적 편견을 못마땅하게 여겼다고 합니다. 이런 빌라도가 유대인들의 종교적 규범을 인정하고 밖으로 나온 것은 다소 뜻밖의 일이라 할 수 있습니다(28).

여기서 빌라도가 유대인들의 요구에 응한 것은 때가 유대인의 최대 명절이라 민족주의와 강하게 결부된 그들의 종교적 감정이 언제라도 폭동으로 분출될 수 있었기 때문에 가능하면 그들을 자극하지 않는 것이 현명하다고 판단했을 것으로 보입니다. 그래서 빌라도는 쉬어야 할 새벽임에도 불구하고 밖으로 나와 심문을 시작했습니다. "너희가 무슨 일로 이 사람을 고발하느냐"(29) 빌라도는 로마의 재판 절차에 따라 먼저 고발자에게 피고의 혐의 사실이 무엇인지를 물었습니다. 이때 유대인들이 예수님을 고발했습니다. 그들의 고발 내용은 "이 사람이 행악자가 아니었더라면 우리가 당신에게 넘기지 아니하였겠나이다"(30)입니다. 그들의 고발은 다 거짓이었습니다. 그들은 예수님을 행악자라고 고발했습니다. 그런데 행악자는 법률 위반 여부에 관계없이 심성 자체가 악하며 인격이 바르지 못한 자를 가리키는 말입니다. 유대인들의 고소는 다분히 감정적인 것으로 구체적인 범죄사실에 의한 것이 아니었습니다.

유대인들이 예수님을 사형에 처하는 것이 마땅하다고 결정한 것은 예수님 스스로가 자신이 하나님의 아들임을 밝힘으로써 신성 모독죄를 범했다고 보았기 때문입니다(마 26:63-66; 막 14:61-64; 눅 22:66-71). 그것은 유대인들의 종교와 관련된 것입니다. 그런데 로마 법정은 식민지 국민의 종교적인 사안에 대해서는 재판권을 행사하지 않았습니다. 이것을 알고 있는 유대인들은 로마 법정으로부터 사형 선고를 이끌어 내기 위해 비종교적인 죄목으로 예수님을 고발했지만 그것이 전혀 구체성이 없는 '행악자'라는 죄목이었습니다. 고소자들은 예수님이 '행악자'라는 사실을 강조하기 위해, 다시 말하면 지속적으로 악을 행하였다는 사실을 강조하기 위해 '에이미(ϵἰμί)'의 미완료 과거형인 '엔(ἦν)'을 사용했습니다. 이 말에는 예수님이 로마에 대항하기 위해 지속적으로 반역 음모를 꾀했다는 의미가 내포되어 있습니다. 그들은 법을 어긴 사실이 없는 예수님에게 거짓으로 누명을 씌워 죽이려고 했습니다. 그들의 목표는 오직 하나 자신들의 기득권을 지키기 위해 예수님을 죽이는 것이었습니다. 오늘날에도 정치권력을 잡기 위해 원수를 죽이고 성공을 위해 상대방을 짓누르는 일들이 허다합니다.

빌라도가 말했습니다. "빌라도가 이르되 너희가 그를 데려다가 너희 법대로 재판하라"(31) 빌라도는 예수님을 끌고 온 유대인들이 고소하며 재판을 요구하자 "너희 법대로 재판하라"고 말했습니다. 빌라도가 이런 반응을 보이게 된 것은 유대인들이 제기하는 소송이 로마 법정에서 재판받을 성질의 것이 아니라 유대인 자신들의 문제라고 생각했기 때문입니다. 그리고 빌라도는 이미 유대인들이 예수님을 죽이려고 한다는 사실과 자신에게 재판을 해달라는 것은 결국 자신들이 판결한 바를 추인해 달라는 그들의 속셈을 알았기 때문입니다. 그래서 그런 무례한 행위에 대해 자신은 권세자로서 결코 응할 수 없다는 의사 표현일 수도 있습니다. 그리고 때가 유대인의 최대 명절인 유월절이니만큼 예수님을 그들에게 넘겨주고자 했을 것입니다. 빌라도는 당시 유대 지도자들과 사이가 좋지 않았기 때문에 그들에게 호의를 베풂으로써 그동안 서로 불편했던 관계를 다시 회복하고자 하는 마음이 있었다고도 볼 수 있습니다.

그러자 유대인들이 다시 말했습니다. "우리에게는 사람을 죽이는 권한이 없나이다"(31) 이것을 두고 성경은 "예수께서 자기가 어떠한 죽음으로 죽을 것을 가리켜 하신 말씀을 응하게 하려 함이러라"(32)고 증거합니다. 유대인들은 이미 예수님을 죽이려고 결정했기 때문에 이제 로마 법정을 통해 그 결정을 관철시키려고 합니다. 자신들에게는 사형을 시킬 권한이 없기 때문에 로마 총독의 재판이 필요했던 것입니다. 만약 예수님이 로마법정에 의해 사형 집행을 선고 받는다면 그것은 곧 십자가의 죽음이 될 것입니다.

이 모든 일의 진행은 예수님에 대한 예언, 즉 예수님이 어떻게 죽으실 것인가에 대한 말씀을 이루기 위해서입니다. 다시 말하면 예수님이 십자가에 달려 돌아가시는 것은 결코 우연이 아니라 하나님의 뜻에 의해 진행된다는 말입니다. 이미 예수님이 예고하신 대로 진행되고 있습니다(3:14; 12:32-33). 예수님이 빌라도의 법정에 끌려와 불의한 재판을 받는 이 모든 과정들이 하나님의 뜻대로 이루어지고 있다는 사실을 우리는 알아야 합니다.

2. 빌라도의 재판

빌라도가 군중의 요구를 피할 수 없어 다시 관정으로 들어가 재판을 재개했습니다. "이에 빌라도가 다시 관정에 들어가 예수를 불러 이르되 네가 유대인의 왕이냐"(33) 여기서 유대인들은 자신들의 종교적인 규범을 준수하기 위해 관정으로 들어가지 않고 예수님만 인도한 후에 밖에서 기다리고 있었습니다. 그래서 빌라도가 왔다 갔다 하며 심문해야 하는 촌극이 벌어졌습니다(38). 빌라도가 다시 관정으로 들어가 "네가 유대인의 왕이냐"고 물었습니다. 그러자 예수님은 "이는 네가 스스로 하는 말이냐 다른 사람들이 나에 대하여 네게 한 말이냐"(34)라고 되물으셨습니다. 유대인들이 빌라도에게 예수님을 가리켜 '자칭 왕 그리스도' (눅 23:2)라 하는 자라고 고소했을 때 그들은 빌라도가 그 고소의 내용을 정치적인 의미로 이해하기를 바랐을 것이 분명합니다. 예수님은 빌라도가 유대인들의 말을 듣고 예수님에게 선동자냐며 심문한 빌라도의 질문에 대해 되물으셨습니다. 즉 "네 스스로 믿고 묻는 말이냐? 아니면 다른 사람들의 말을 듣고 묻는 말이냐?"라는 뜻입니다. 다시 말하면 빌라도가 유대인의 말만 듣고 예수님이 정치적인 선동자로 알고 물었다는 것을 이미 다 아셨습니다. 그래서 이 말씀은 "네 스스로 판단해서 행동하라"는 뜻으로 이해할 수 있습니다.

"빌라도가 대답하되 내가 유대인이냐 네 나라 사람과 대제사장들이 너를 내게 넘겼으니 네가 무엇을 하였느냐"(35) 누가복음 23장 2절에 의하면 유대인들은 예수님을 세 가지 죄목, 즉 "예수가 유대인을 미혹하는 행동을 한다. 로마 황제인 가이사에게 세금 바치는 것을 금지시킨다. 자신을 가리켜 유대인의 왕이라고 선언한다." 등으로 고발했습니다. 그런데 본문에서는 빌라도가 단지 유대인 고소자들의 말만 듣고 그 세 가지 가운데 정치적인 문제와 관련된 것만 심문하고 있습니다. "내가 유대인이냐 네 나라 사람과 대제사장들이 너를 내게 넘겼으니 네가 무엇을 하였느냐"(35) 빌라도는 단지 대제사장을 비롯한 유대인들이 예수님을 고발하도록 원인을 제공한 행위가 무엇이었는지를 알고 싶었을 뿐입니다. 빌라도는 총독으로서 유대인 중 누군가가 '자칭 이스라엘의 왕' 이라 하며 세력을 규합하여 반로마적 투쟁을 주도한다는 정보를 입수한 바가 없었습니다. 또한 체포되어 끌려온 예수님의 모습에서도 그런 느낌을 받을 수 없었을 것입니다. 그런데 유대인들은 그를 가리켜 '자칭 유대인의 왕' 이라고 한다며 그를 고발했기 때문에 보다 구체적인 질문으로 예수님에 대해 알고자 했던 것입니다.

“네 나라 사람과 대제사장들이 너를 내게 넘겼으니 네가 무엇을 하였느냐”는 표현 속에는 이 재판이 이방인 총독에 의해 제기된 것이 아니라 유대인의 대제사장이 주도적 역할을 했음을 강조하고 있습니다. 예수님의 동족인 유대인 대제사장들이 예수님을 빌라도의 법정에 넘겨 죽이려고 했다는 말입니다. 이 말은 예수님의 죽음에 대한 궁극적 책임이 바로 예수님을 넘긴 유대인들과 대제사장들임을 증명하고 있습니다. 즉 빌라도 자신은 유대인들에 의해 떠밀려서 재판한다는 말이기도 합니다. 또한 이 말에는 빌라도에게는 직무상 재판에 관련된 책임은 있을지라도 사건에 대한 실질적인 책임은 유대인에게 있다는 뜻도 내포되어 있습니다. 빌라도는 예수님이 어떤 잘못을 했기에 고소를 당했는지 그 죄목을 찾으려고 했습니다.

예수님은 빌라도에게 그의 나라에 대하여 말씀하셨습니다. “내 나라는 이 세상에 속한 것이 아니니라 만일 내 나라가 이 세상에 속한 것이었더라면 내 종들이 싸워 나로 유대인들에게 넘겨지지 않게 하였으리라 이제 내 나라는 여기에 속한 것이 아니니라”(36) 예수님은 “네가 무엇을 하였느냐”는 빌라도의 질문에 직접적으로 대답하지 않고 그의 나라에 관해서만 설명하셨습니다. ‘내 나라’, 즉 소유자가 예수님인 그 나라는 세상에 속하지 않았다고 하셨습니다. 예수님이 왕인 나라는 세상의 나라처럼 나라를 지키려고 애를 쓰거나 권력만으로 유지되는 나라가 아니란 말씀입니다. 만약 이 세상에 속한 나라라면 예수님의 종들이 싸워서 유대인들에게 넘어가지 않았을 것이란 말씀입니다. 다시 말하면 예수님의 나라는 싸움에 의해 획득

되고 유지되는 것이 아니란 말씀입니다.

이 세상에 속한 나라들의 권력은 예외 없이 싸움에 의해 얻어지고 지켜지고 있습니다. 역사 이래로 나라를 얻기 위해 수많은 전쟁이 있었습니다. 힘이 있는 자가 승리하고 약한 자는 망하거나 합병되었습니다. 이것이 세상 나라를 얻고 유지하는 방법입니다. 이 세상은 권력을 얻기 위해서 치열한 싸움을 합니다. 권력을 얻기 위해서 모든 것을 걸고 이길 때까지 싸웁니다.

그러나 예수님이나 그의 추종자들은 달랐습니다. 그것은 예수님의 나라는 세상의 나라와는 전혀 다른 질서와 원리에 의해 세워진 나라임을 증명해 줍니다. 그 나라는 사람이 아닌 하나님이 친히 다스리는 나라이며 힘이 아닌 사랑과 평화의 원리로 세워지는 나라입니다(계 11:15). 예수님의 나라는 이 세상과는 다른 원리로 지배되는 나라입니다. 예수님의 나라는 십자가를 져야만 갈 수 있는 나라입니다. 낮아져야 되고 섬겨야 되는 나라입니다. 그 나라는 영원한 생명과 구원이 있습니다.

그러나 빌라도는 예수님의 말씀을 이해하지 못하고 "네가 왕이 아니냐"고 물었습니다. 그러자 예수님은 "네 말과 같이 내가 왕이니라 내가 이를 위하여 태어났으며 이를 위하여 세상에 왔나니 곧 진리에 대하여 증언하려 함이로라 무릇 진리에 속한 자는 내 음성을 듣느니라"(37)고 말씀하셨습니다. "네가 왕이 아니냐"는 빌라도의 질문에 예수님은 "네 말과 같이 내가 왕이니라"고 대답하셨습니다. 예수님은 육적으로는 왕가의 가문에서 출생하셨고(마 1:1; 롬 1:3), 영적으로는 성 삼위의 제2위격인 하나님의 아들입니다(롬 1:4). 그래서 시편의 저자들은 하나님을 '왕' 이라고 표현했습니다(시 47-48). 그리고 사사 기드온도 하나님은 이스라엘, 곧 택함을 받은 백성의 '왕' 이라고 고백했습니다(삿 8:23). 이처럼 하나님은 왕이시므로 성자 예수님도 그의 나라를 유업으로 이어 왕이 됩니다(고전 15:25). 예수님은 우리를 죄악에서 구원하려고 이 땅에 오신 왕입니다. 이 땅에 태어나신 예수님은 참 인간이자 참 하나님으로 우리의 영원한 왕입니다.

예수님은 자신이 오신 목적에 대해 말씀하셨습니다. "진리에 대하여 증언하려 함이로라"(37) 예수님 자신이 하나님의 말씀이며(1:1-3) 진리입니다(14:6). 예수님이 이 세상에 오신 궁극적인 목적은 사람들을 진리와 생명으로 인도하는 것이었습니다(14:6). 그래서 예수님은 "무릇 진리에 속한 자는 내 음성을 듣느니라"(37)고 말씀하신 것입니다.

진리에 속한 자만이 진리이신 예수님의 말씀을 이해할 수 있습니다. 진리에 속한 자는 만세 전에 선택받은 하나님의 백성입니다. 이 땅 위에서 예수 그리스도를 진리의 왕으로 믿고 진리를 말하고 진리를 따르는 자들입니다. 예수님의 이 진리의 말씀을 믿는 자만이 영원한 생명을 얻습니다. 따라서 진리에 속한 구원받은 백성들은 이 진리, 즉 예수님을 모르는 사람들에게 예수님을 널리 전파해야 합니다.

빌라도는 예수님의 왕국을 이해하지 못해 물었습니다. "진리가 무엇이냐"는 빌라도의 질문은 "너 같은 자가 어찌 진리를 알겠느냐?", "당신이 말하는 '진리' 라는 것에 대해서 나는 관심이 없다." 등으로 해석할 수 있습니다. 빌라도가 예수님에게 질문한 후에 그의 대답을 듣지도 않고 곧바로 밖으로 나간 것으로 보아 그는 예수님이 말씀하신 진리에 대해서는 전혀 관심이 없다는 것을 알 수 있습니다. 빌라도는 예수님에 대한 어떤 적대의식이나 그의 대답에 귀를 기울일 의사가 없었습니다.

오늘날에도 예수님에 대해 전혀 관심이 없는 사람들이 많습니다. 진리의 말씀에도 관심이 없고 영생에 대해서도 무지합니다. 우리는 이들에게 진리 되신 예수 그리스도를 전해야 합니다.

빌라도가 판결했습니다. "나는 그에게서 아무 죄도 찾지 못하였노라"(38) 빌라도의 판결처럼 예수님은 사법적 처벌을 받을 아무런 혐의가 없었습니다. 빌라도가 여기까지는 나름대로 공정한 재판장의 모습을 보였습니다. 비록 그는 예수님의 대답에 귀를 기울일 의사가 없었지만 적어도 예수님이 처벌을 받아야 할 만한 행위가 없을 뿐 아니라 어느 것도 의도하지 않았다는 것을 객관적으로 판단하여 유대인들에게 전달했습니다. 예수님은 무죄하며 아무런 잘못이 없다는 판결입니다. 그런데 빌라도가 끝까지 예수님의 무죄를 주장했어야 함에도 그만 흔들렸다는 사실이 안타까울 뿐입니다. 빌라도의 심문은 중립적이고 객관적이었지만 재판장으로서의 자신의 직무를 유기(遺棄)하고 말았습니다. 그는 자신이 말한바와 같이 예수님의 무죄를 확인했으면 곧장 예수님을 석방했어야 했습니다(38). 그런데도 빌라도는 유대인들의 동의를 얻고자 우유부단한 그의 성격을 노출시키고 말았습니다. "유월절이면 내가 너희에게 한 사람을 놓아 주는 전례가 있으니 그러면 너희는 내가 유대인의 왕을 너희에게 놓아 주기를 원하느냐"(39) 빌라도는 유대 지도자들로부터 미움을 받지 않으려고 자신의 판단대로 처리하지 못했습니다. 그래서 그는 유월절에 죄인 하나를 석방시켜 주는 전례에 따라 예수님을 풀어주고자 했습니다. 아마 이러한 전례는 로마 통치자들이 유대인들에 대한 통치를 용이하게 하기 위한 유화(有和)의 수단으로 사용되었을 것으로 보입니다.

빌라도가 "그러면 너희는 내가 유대인의 왕을 너희에게 놓아 주기를 원하느냐"(39)고 물었습니다. 예수님을 가리켜 '유대인의 왕' 이라고 표현한 것은 그가 예수님을 위해 유대인들의 마음을 돌리게 하기 위한 것이라기 보다는 예수님을 고발한 유대인들에 대한 경멸을 담고 있는 표현으로 볼 수 있습니다. 그런데 유대인들은 빌라도의 기대와는 전혀 다른 요구를 했습니다. "그들이 또 소리 질러 이르되 이 사람이 아니라 바라바라 하니 바라바는 강도였더라"(40) 바라바는 강도라고 했는데 여기서 '강도(레스테스, ληστής)' 는 당시에 '게릴라' 를 가리키는 말로도 사용되었습니다(C.K. Barrett). 바라바라는 반로마적 혁명 운동을 주도했던 정치범으로 봅니다(막 15:7; 눅 23:19).

여기서 유대인들은 자가당착적(自家撞着的)인 행위를 보여주고 있습니다. 왜냐하면 그들은 아무런 죄가 없는 예수님을 정치범으로 고소하는 동시에 진짜 정치범은 놓아 달라고 요구하고 있기 때문입니다. 유대인들은 전혀 일관성이 없었습니다. 그들은 다만 예수님에 대한 적개심으로 꽉 차 있어서 수단과 방법을 가리지 않고 메시야를 죽이려고 혈안(血眼)이 되어 있었기 때문입니다.

이 세상은 예수님을 잘 알지 못합니다. 그래서 예수님을 박해하며 이중적인 자세를 취합니다. 결국 그들은 예수님을 대적하며 악을 행하고 말았습니다.

빌라도는 예수님의 무죄를 알았기 때문에 재판을 피하고 싶었지만 끝내 비겁하게 행동하고 말았습니다. 그는 자신이 가진 권세를 올바르고 정의롭게 사용하지 못했습니다. 그리고 유대인 지도자들은 거짓말로 예수님을 고발했습니다. 우리 예수님은 무죄한 분이지만 불의한 자들에 의해 고소를 당했으며 빌라도의 법정에서는 불의한 재판도 받으셨습니다. 죄가 없으신 예수님을 죽이라는 협박에 빌라도가 굴복하고 말았습니다. 그러나 하나님은 이 불의한 자들을 통해서도 위대한 십자가의 구원역사를 이루셨습니다. 예수님이 고난받으며 십자가에 달려 피를 흘리신 것은 오직 하나 우리를 죄악에서 구원하기 위해서입니다.

우리 모두 성탄절을 맞아 우리를 위해 이 땅에 오시어 고난 받으며 십자가를 지신 주님의 은혜에 감사합시다. 그리고 길이요 진리요 생명이신 예수님을 모든 사람들에게 증거하며 찬양하는 삶을 살아갑시다. 아멘.

1이에 빌라도가 예수를 데려다가 채찍질하더라 2군인들이 가시나무로 관
을 엮어 그의 머리에 씌우고 자색 옷을 입히고 3앞에 가서 이르되 유대인
의 왕이여 평안할찌어다 하며 손으로 때리더라 4빌라도가 다시 밖에 나가
말하되 보라 이 사람을 데리고 너희에게 나오나니 이는 내가 그에게서 아
무 죄도 찾지 못한 것을 너희로 알게 하려 함이로라 하더라 5이에 예수께
서 가시관을 쓰고 자색 옷을 입고 나오시니 빌라도가 그들에게 말하되 보
라 이 사람이로다 하매 6대제사장들과 아랫사람들이 예수를 보고 소리 질
러 이르되 십자가에 못 박으소서 십자가에 못 박으소서 하는지라 빌라도
가 이르되 너희가 친히 데려다가 십자가에 못 박으라 나는 그에게서 죄를
찾지 못하였노라 7유대인들이 대답하되 우리에게 법이 있으니 그 법대로
하면 그가 당연히 죽을 것은 그가 자기를 하나님의 아들이라 함이니이다
8빌라도가 이 말을 듣고 더욱 두려워하여 9다시 관정에 들어가서 예수께
말하되 너는 어디로부터냐 하되 예수께서 대답하여 주지 아니하시는지라
10빌라도가 이르되 내게 말하지 아니하느냐 내가 너를 놓을 권한도 있고
십자가에 못 박을 권한도 있는 줄 알지 못하느냐 11예수께서 대답하시되
위에서 주지 아니하셨더라면 나를 해할 권한이 없었으리니 그러므로 나를
네게 넘겨 준 자의 죄는 더 크다 하시니라 12이러하므로 빌라도가 예수를
놓으려고 힘썼으나 유대인들이 소리 질러 이르되 이 사람을 놓으면 가이
사의 충신이 아니니이다 무릇 자기를 왕이라 하는 자는 가이사를 반역하
는 것이니이다 13빌라도가 이 말을 듣고 예수를 끌고 나가서 돌을 깐 뜰
(히브리 말로 가바다)에 있는 재판석에 앉아 있더라 14이날은 유월절의 준
비일이요 때는 제 육시라 빌라도가 유대인들에게 이르되 보라 너희 왕이
로다 15그들이 소리 지르되 없이 하소서 없이 하소서 그를 십자가에 못 박
게 하소서 빌라도가 이르되 내가 너희 왕을 십자가에 못 박으랴 대제사장
들이 대답하되 가이사 외에는 우리에게 왕이 없나이다 하니 16이에 예수를
십자가에 못 박도록 그들에게 넘겨 주니라

(요한복음 19:1-16)

21

십자가형을 받으신 예수 그리스도

예수님께서 인간의 몸을 입고 이 세상에 오신 목적은 자기 백성을 죄악에서 구원하려고 십자가를 지기 위해서입니다. 따라서 예수님은 반드시 십자가를 져야만 했습니다. 예수님을 시기하던 유대인 지도자들은 예수님을 죽이고 싶었습니다. 그러나 그들에게는 종교법은 있었으나 사법적인 사형권이 없었습니다. 그래서 예수님을 체포하여 로마 총독 빌라도에게로 끌고 와서 재판해 줄 것을 요구했습니다. 빌라도는 예수님에게는 죄가 없다는 것을 알고 석방하려고 했으나 유대 지도자들은 예수님을 죽일 것을 요구했습니다. 빌라도는 유대인의 명절인 유월절이면 죄수 한 사람을 사면해 주는 전례에 따라 예수님을 석방하려고 했지만 유대인들은 내란 반역죄로 구속된 강도 바라바를 풀어달라고 소리쳤습니다. 빌라도는 그때부터 예수님을 박해하며 괴롭히기 시작했습니다.

"이에 빌라도가 예수를 데려다가 채찍질하더라"(1) 빌라도가 예수님에게 채찍을 가한 것은 예수님을 죽이는 유대인들의 눈치를 보며 그들의 비위를 맞추고자 취한 야비한 수단이었습니다. 이 채찍질은 로마 시민에게는 하지 않고 외국인이나 종들에게만 행하는 형벌로 먼저 죄수를 벌거벗겨서 기둥에 다는 것이 특징입니다. 그리고 채찍질은 매우 고통이 심한 형벌이라 채찍에 맞다가 죽는 일도 있었다고 합니다. 사실 빌라도가 예수님을 채찍질한 것도 불법입니다. 예수님에게 아무런 법적인 정죄도 없이 채찍을 가했기 때문입니다. 그렇지만 예수님이 채찍질을 당한 것은 예언의 성취였습니다. 이사야 선지자는 이미 "그가 채찍에 맞으므로 우리는 나음을 받았도다"(사 53:5)라고 예언했습니다. 예수님은 우리가 맞아야 할 채찍을 대신해서 맞으셨습니다. 우리 죄를 대신하여 예수님이 매를 맞으셨습니다. 예수님이 매를 맞으심으로 우리에게 하늘의 의(義)를 입혀 주셨습니다.

"군인들이 가시나무로 관을 엮어 그의 머리에 씌우고"(2) 군인들이 가시로 면류관을 엮어 예수님의 머리에 씌운 것은 예수님이 왕이심을 조롱하는 행위입니다. 그들은 참된 왕이신 예수님을 조롱하고 부인하는 큰 죄를 범했습니다. 예수님이 가시관을 쓴 것은 인류의 죄 값을 대신 받는다는 표입니다. 예수님이 고통의 가시관을 머리에 쓴 것은 우리 인류가 머리와 사상적(思想的)으로 많은 죄를 범하기 때문이라 할 수 있습니다. 우리 인간은 머리로 많은 죄를 짓습니다. 생각이나 사상이나 이념으로 짓는 죄가 많습니다. 예수님이 가시관을 쓰심으로 우리의 모든 죄를 용서해 주셨습니다.

그리고 자색 옷을 입혔습니다. '자색(紫色) 옷'은 왕이 입는 옷입니다. 그런데 군인들이 이런 옷을 예수님에게 입힌 것은 예수님이 유대인의 왕이라는 것을 조롱하는 악행입니다. 마태복음에는 그들이 예수님의 손에 갈대를 들리었다고 했습니다(마 27:29). 그것은 금 홀을 쥔 왕을 흉내 내어 예수님에게 갈대 홀을 쥐게 함으로써 예수님을 조롱하는 행위입니다. 사실 예수님은 만왕의 왕이시며 우주의 왕이십니다. 지금도 이 세상의 역사를 주관하지만 장차 우주를 심판할 왕이십니다. 그런데 그런 왕을 조롱하고 박해했다는 것은 큰 범죄 행위입니다. 우리는 왕이신 주님을 항상 찬양하며 경배하는 삶을 살아야 합니다.

"앞에 가서 이르되 유대인의 왕이여 평안할찌어다 하며 손으로 때리더라"(3) 군인들은 예수님에게 "유대인의 왕이여 평안할찌어다"라며 거짓으로 인사한 뒤에 때렸습니다. 마태복음에는 "가시관을 엮어 그 머리에 씌우고 갈대를 그 오른손에 들리고 그 앞에서 무릎을 꿇고 희롱하여 이르되 유대인의 왕이여 평안할찌어다 하며 그에게 침 뱉고 갈대를 빼앗아 그의 머리를 치더라"고 했습니다(마 27:29-30). 이것은 극악한 조롱입니다. 왕에게 거짓으로 인사하는 것은 큰 조롱이며 모독입니다. 그런데 거짓으로 인사를 하며 때렸다는 것은 말로 다할 수 없는 악행입니다. 예수님은 진정한 왕이십니다. 그런데 군인들은 예수님의 왕권을 조롱했습니다. 그들은 참된 왕이신 예수님을 가짜 왕으로 취급하면서 멸시하고 천대하며 모욕적으로 대했습니다.

우리는 왕으로 오신 예수 그리스도를 믿고 최대한 그를 존경하며 높이며 찬양하며 섬겨야 합니다. "빌라도가 다시 밖에 나가 말하되 보라 이 사람을 데리고 너희에게 나오나니 이는 내가 그에게서 아무 죄도 찾지 못한 것을 너희로 알게 하려 함이로라 하더라 이에 예수께서 가시관을 쓰고 자색 옷을 입고 나오시니 빌라도가 그들에게 말하되 보라 이 사람이로다 하매"(4-5) 빌라도는 매를 맞아 처참한 모습으로 변한 예수님을 유대인들 앞으로 데리고 나왔습니다. 빌라도가 상처 입은 예수님을 유대인들에게 보인 목적은 모욕을 당한 모습을 보임으로써 예수님의 무죄를 주장해 석방시켜 주려는 나름대로의 생각이 있었기 때문입니다. 빌라도는 법대로 공정한 재판을 하지 못하고 다만 유대인들의 환심을 얻어 이 어려운 상황에서 속히 벗어나려고만 했습니다. 나름대로 최상의 해결책을 찾아 채찍에 맞은 예수님의 모습을 유대인들에게 보여준 것입니다. 예수님에게 죄가 없으면 석방해야 함에도 불구하고 비겁하게 행동한 빌라도의 이런 자세는 옳지 못합니다.

이때 유대인들이 외쳤습니다. "대제사장들과 아랫사람들이 예수를 보고 소리 질러 이르되 십자가에 못 박으소서 십자가에 못 박으소서 하는지라 빌라도가 이르되 너희가 친히 데려다가 십자가에 못 박으라 나는 그에게서 죄를 찾지 못하였노라"(6) 대제사장들과 아랫사람들은 예수님을 "십자가에 못 박으소서 십자가에 못 박으소서"라며 두 번씩이나 외쳤습니다. 이것으로 보아 그들은 예수님을 지독하게 미워하는 적대감을 갖고 있었음을 알 수 있습니다. 여기서 빌라도가 무죄하신 예수님을 때려 유대인들을 만족시킴으로써 문제를 해결해 보려던 빌라도의 악한 타협주의가 자신의 의도와는 달리 정반대 방향으로 가고 있음을 알 수 있습니다.

결국 빌라도는 유대인들에게 굴복하고 말았습니다. "너희가 친히 데려다가 십자가에 못 박으라 나는 그에게서 죄를 찾지 못하였노라"(6) 빌라도는 재판관으로서 법을 바르게 집행하여 정의와 진리를 바로 세워야 할 사람임에도 그는 불의한 자들의 손을 들어주는 불법을 범하고 말았습니다. 그가 예수님에 대한 아무런 재판도 없이 "너희가 친히 데려다가 십자가에 못 박으라"고 한 것은 엄연한 불법입니다. 그는 진리를 위한다면서도 비 진리와 타협하려고 함으로써 그의 약점을 보여주고 말았습니다. 그는 이미 유대인들의 기세에 밀려 판세가 기울어지고 있었습니다.

빌라도의 약점을 알게 된 유대인들은 더욱 강하게 요구했습니다. "유대인들이 대답하되 우리에게 법이 있으니 그 법대로 하면 그가 당연히 죽을 것은 그가 자기를 하나님의 아들이라 함이니이다"(7) 유대인들이 다시 빌라도를 협박했습니다. 빌라도의 나약함을 알게 된 유대인들은 두려워하지 않았습니다. 그들은 자신들에게는 하나님을 훼방한 자나 거짓 선지자를 죽일 수 있는 종교법이 있다고 당당하게 말했습니다(레 24:16; 신 18:20). 그들은 지금 큰 죄를 범하고 있습니다. 우리를 죄악에서 구원하려고 이 땅에 오신 하나님의 아들 예수 그리스도를 알지 못하고 아주 흉악한 죄인으로 취급하며 죽이려고 합니다. 죄가 없는 예수님이 큰 고통을 받는 것은 바로 우리의 죄악 때문입니다.

유대인들로부터 그들의 종교법으로 예수님을 죽일 수 있다는 말을 들은 빌라도가 두려워했습니다. "빌라도가 이 말을 듣고 더욱 두려워하여 다시 관정에 들어가서 예수께 말하되 너는 어디로부터냐 하되 예수께서 대답하여 주지 아니하시는지라 빌라도가 이르되 내게 말하지 아니하느냐 내가 너를 놓을 권한도 있고 십자가에 못 박을 권한도 있는 줄 알지 못하느냐"(8-10) 빌라도는 재판관이었지만 무리를 두려워한 나머지 올바른 결단을 하지 못하는 나약한 태도를 보였습니다.

빌라도는 유대인들의 강경한 태도, 즉 예수님을 재판하지 않고 바로 죽이라고 요구하는 그들의 기세에 두려움을 느꼈습니다. 그리고 빌라도는 예수님이 자신을 가리켜 '하나님의 아들'이라고 한다는 유대인들의 말(7, 하)을 완전히 이해하지는 못했지만 나름대로 종교적인 개념은 있었습니다. 그래서 '하나님의 아들'이란 말의 정확한 의미는 몰라도 어떤 신(神)에 대한 칭호 정도로 짐작할 수 있었을 것입니다. 그는 평소에 예수님이 놀라운 기적을 행하신 것도 알았습니다. 그래서 예수님을 죽이도록 내어주는 일 자체가 그에게는 큰 두려움이 될 수도 있었던 것입니다. 사실 비종교인이라도 종교적인 행사를 쉽게 무시할 수는 없습니다. 그리고 그들도 성직자들을 함부로 대하는 것을 두려워합니다. 그래서 빌라도 자신도 예수님이 하나님의 아들이라고 말씀하신 것 때문에 쉽게 판결을 하지 못하고 두려워했던 것입니다.

빌라도가 다시 예수님에게로 가서 심문을 했습니다. "다시 관정에 들어가서 예수께 말하되 너는 어디로부터냐 하되 예수께서 대답하여 주지 아니하시는지라"(9) 이것은 유대인들이 "그가 자기를 하나님의 아들이라 함이니이다"(7)라고 한 말을 듣고 두려워서 예수님이 누구인지 알아보려는 의도일 뿐 예수님을 믿으려고 했던 질문은 아닙니다. 예수님은 빌라도의 질문에 대답하지 않았습니다. 이미 예수님은 자신에 대하여 그에게 분명히 증거하셨기 때문에 또 다시 대답할 필요가 없었습니다(18:33-37). 예수님은 이런 불신실한 질문에 대해서는 대답하지 않았습니다. 왕이신 예수님은 자신이 최고의 자리에 있다고 생각하는 빌라도에게 굳이 대답할 필요성을 느끼지 못했습니다.

빌라도가 다시 말했습니다. "내게 말하지 아니하느냐 내가 너를 놓을 권한도 있고 십자가에 못 박을 권한도 있는 줄 알지 못하느냐"(10) 빌라도는 자신의 무식과 교만을 드러냈습니다. 그는 인간인 자신이 최후의 단안을 할 수 있는 권세의 소유자로 자처하는 오만한 발언을 하고 말았습니다. 이 말은 자신에게는 예수님을 죽일 수도 살릴 수도 있는 권한이 있다는 말입니다. 인간의 생사 문제는 오직 모든 권세의 주재(主宰)이신 하나님의 주권에 달려 있습니다. 그는 이 사실을 모르고 무식한 말을 했습니다. 이 무식은 그에게 교만을 낳게 했습니다. 교만은 언제나 무식의 아들입니다. 진리를 알면 겸손해집니다.

세상에서도 많이 알수록 낮아질 수밖에 없습니다. 공부를 많이 하면 할수록 자신의 무능함과 무지함을 고백할 수밖에 없습니다. 빌라도가 자신이 마음만 먹으면 예수님을 살릴 수도 있고 죽일 수도 있다고 말한 것은 바로 교만과 무지에서 온 것입니다. 이런 자들을 우리는 독재자라고 합니다. 독재자들의 특징은 무엇이든지 자신의 힘으로 못할 것이 없다는 생각으로 인권을 유린하며 사람들을 괴롭히는 것입니다.

이때 예수님은 빌라도의 잘못을 정확하게 지적해 주셨습니다. "예수께서 대답하시되 위에서 주지 아니하셨더라면 나를 해할 권한이 없었으리니 그러므로 나를 네게 넘겨 준 자의 죄는 더 크다 하시니라"(11) 하나님께서 빌라도에게 권세를 주지 않으셨다면 그가 예수님을 해하지 못했을 것이란 말씀입니다. 다시 말하면 빌라도는 사람만 보고 모든 것을 잘못 판단하는 반면 예수님은 하나님만 보고 진리대로 판단하신다는 말씀입니다. 이 세상의 정치적 권세도 하나님이 주시지 않으면 아무도 받을 수 없다는 말씀입니다. 예수님은 이미 참새 한 마리가 땅에 떨어지는 것도 하나님께서 허락하지 않으면 떨어질 수 없다고 하셨습니다.

이 세상의 모든 일들은 하나님의 주권 안에서 이루어진다는 것을 알아야 합니다. 빌라도가 예수님을 십자가에 내어주는 것 역시 자신의 권세로 하는 것이 아니라 하나님의 허락이 있어야만 할 수 있다는 말씀입니다. 우리는 항상 하나님의 주권을 인정하고 범사에 하나님을 의지하며 살아야 합니다.

예수님은 오만한 빌라도에게 경고하셨습니다. "나를 네게 넘겨 준 자의 죄는 더 크다"(11) 이 말씀을 어떤 학자들은 "빌라도가 자기에게 주어진 권력을 잘못 사용한 것은 죄악이다. 그러나 그 죄는 예수님을 잡도록 강요된 일도 없이 행동한 자들(제사장들과 바리새인들)의 죄보다는 가볍다."고 해석합니다. 그런가 하면 요한 칼빈은 "빌라도의 정권은 하나님이 주신 것임에도 불구하고 대제사장들이 그것을 하나님의 아들 예수님을 죽이는데 사용했으니 그 죄가 더욱 크다."는 뜻이라고 해석했습니다. 예수님을 빌라도에게 넘겨 준 대제사장들과 바리새인들의 죄악이 크지만 권세를 가진 빌라도가 불의한 재판으로 무죄한 예수 그리스도를 십자가에 못 박아 죽게 한 죄 역시 큽니다. 우리를 구원하러 오신 예수 그리스도를 죽게 한 죄는 세상의 어떤 죄보다도 큽니다.

"이러하므로 빌라도가 예수를 놓으려고 힘썼으나"(12) 예수님의 말씀을 들은 빌라도는 공포심이 몰려와 예수님을 석방하려고 애를 썼습니다. 빌라도가 예수님을 무시하는 듯해도 한편으로는 두려워하는 듯한 태도를 보이고 있습니다. 그러나 유대인들은 빌라도를 꼼짝 못하게 다시 위협했습니다. "유대인들이 소리 질러 이르되 이 사람을 놓으면 가이사의 충신이 아니니이다 무릇 자기를 왕이라 하는 자는 가이사를 반역하는 것이니이다"(12) 유대인들은 "왕은 로마 황제 가이사뿐입니다. 당신이 '유대인의 왕' 이라 하는 예수를 석방하면 당신의 왕 가이사를 부정하는 것이 됩니다. 그렇게 되면 결국 당신은 가이사의 충신이 될 수 없습니다. 자기를 왕이라고 하는 예수는 반역자입니다."라며 빌라도를 꼼짝 못하게 했습니다. 교활한 유대인들은 빌라도의 속셈을 훤히 꿰뚫어 보고 압박을 가했습니다. 빌라도의 목적은 유다에서 총독직을 잘 수행함으로써 승진해서 로마로 돌아가는 것이었습니다. 그런데 예수님을 왕으로 인정하게 되면 로마 황제를 거역하는 일이 된다고 압력을 가하니 이것은 빌라도에게 심각한 문제가 아닐 수 없었습니다. 그들은 빌라도가 예수님을 석방시켜 준다면 로마 황제를 거역하는 행위라고 위협했습니다.

이 말을 들은 빌라도가 다시 재판석에 앉았습니다. "빌라도가 이 말을 듣고 예수를 끌고 나가서 돌을 깐 뜰(히브리 말로 가바다)에 있는 재판석에 앉아 있더라"(13) 여기서 말하는 '돌을 깐 뜰' 은 히브리 말로 '가바다(Γαββαθα)' 인데 구역에는 '박석' 이라고 번역했습니다. 이곳은 아마도 돌을 깔아 놓은 높은 장소를 가리키는 것으로 볼 수 있습니다. 때는 유월절의 준비일이요 제 육시였습니다. 준비일은 금요일을 의미하고 '때는 제 육시' 라는 말은 예수님이 빌라도에게 재판을 받으신 시각을 말합니다. 예수님께서 십자가에 못 박히신 시각이 '제 삼시' 라고 했는데 요한은 예수님이 재판을 받으신 시각이 '제 육시' 라고 했습니다. 이로 미루어 본다면 예수님이 육시에 빌라도에게 판결을 받은 후(요 19:14-16; 마 27:1-2 참조) 골고다까지 끌려가시는 데는 상당한 시간이 걸렸을 것으로 봅니다(눅 23:2-31). 그 후에 예수님이 십자가에 못 박히신 시각이 오전 9시였습니다. 오전 9시는 유대의 계산법대로 하면 '제 삼시' 입니다(막 15:25).

빌라도가 예수 그리스도를 소개했습니다. "빌라도가 유대인들에게 이르되 보라 너희 왕이로다"(14) 그러나 유대인들은 더 격렬하게 예수님을 죽이라고 외쳤습니다. "그들이 소리 지르되 없이 하소서 없이 하소서 그를 십자가에 못 박게 하소서 빌라도가 이르되 내가 너희 왕을 십자가에 못 박으랴 대제사장들이 대답하되 가이사 외에는 우리에게 왕이 없나이다"(15) 이때 유대인 지도자들에 의해 동원된 일반 유대인들, 즉 군중들은 대제사장들이나 기타 종교 지도자들의 선전에 넘어가 그들의 수족 노릇을 했습니다. 그들은 큰 소리로 "없이 하소서 없이 하소서 그를 십자가에 못 박게 하소서" 하며 소리쳤습니다.

이 군중들은 이미 예수님의 진리의 말씀을 들었습니다. 그리고 선한 일들, 즉 기적과 병자들을 고치는 것도 보았습니다. 그런 자들이 부화뇌동하여 대제사장들이 시키는 대로 예수님을 죽이라고 소리치는 악한 행동을 하는 것입니다. 그리고 대제사장들은 "가이사 외에는 우리에게 왕이 없나이다"라며 마음에도 없는 간교한 말을 했습니다. 저들은 결코 로마 황제 가이사를 사랑해서 한 말이 아닙니다. 그들은 가이사를 미워하여 종종 시위를 하기도 하고 폭동도 일으켰습니다. 그런데도 그들은 가이사보다 예수님을 더욱 미워했습니다. 자신들의 이해 관계 때문에 예수님을 죽이려는 목적으로 '우리에게는 로마 황제뿐' 이라는 말을 하는 것입니다. 그들에게는 진리나 도덕의 일정한 표준이 없었습니다. 오직 자신들의 권세와 이익을 위해 예수님을 죽이는 것이 목표였습니다. 그래서 단지 자신들의 목표를 이루기 위해서 '로마 황제가 우리의 왕' 이라는 마음에도 없는 아부성 발언을 하는 것입니다. 여기서도 그들의 비도덕성과 악한 성품을 볼 수 있습니다.

우리가 사는 이 세상에도 이런 사람들이 많습니다. 그들은 자신의 유익을 위해서라면 서슴지 않고 진리도 예사로 버립니다. 하나님의 백성인 우리 성도들은 어떤 상황이 오더라도 진리 되신 예수님을 인정해야 합니다. 진리를 주장하고 외쳐야 합니다. 악한 일, 즉 예수님을 죽이는 일에는 가담해서는 안 됩니다. 우리는 언제나 변함없이 예수님을 믿고 의지하고 전하는 삶을 살아야 합니다.

결국 빌라도는 예수님을 십자가에 달리도록 내어주고 말았습니다. "이에 예수를 십자가에 못 박도록 그들에게 넘겨 주니라"(16) 이것이 빌라도의 한계입니다. 빌라도는 재판장으로서 자신의 책임을 회피하면서도 결국 예수님을 십자가에 못 박도록 내어주고 말았습니다. 결과적으로 빌라도는 예수님을 십자가에 달려 돌아가시게 한 모든 책임을 피할 수 없게 되었습니다. 빌라도가 사형을 선고했기 때문입니다. 결국 예수님은 악한 자들에 의해 십자가에 달려 못 박히게 되었습니다. 그렇지만 예수님이 십자가에 달리신 사건은 이미 구약에서 예언한 우리 인류를 죄악에서 구원하기 위한 하나님의 위대한 사랑의 실현이었습니다. 예수님의 죽으심은 온 천하에 공포되어야 할 속죄의 죽음이었습니다. 그것은 은밀히 감출 것이 아니라 드러내어 선포되어야 할 사건입니다. 이 일을 위해서 예수님이 이 땅에 오셨습니다.

예수님은 우리를 대신하여 가장 악한 죄인처럼 취급 받은 사건입니다. 예수님이 십자가에 달리신 것은 구약의 예언대로 나무에 달리는 저주의 죽음이었습니다. 예수님께서 십자가에 달려 죽으신 것은 우리의 죄악을 대신한 죽음이란 것을 알아야 합니다.

성탄절을 맞아 우리는 우리를 죄악에서 구원하러 오신 예수 그리스도의 은혜에 깊이 감사하며 찬양해야 합니다. 또한 십자가의 구원과 위대한 사랑을 모르는 사람들에게 전해야 합니다. 우리 모두 십자가의 사랑을 감사하며 맞는 성탄이 되어야 하겠습니다. 아멘.

[17]그들이 예수를 맡으매 예수께서 자기의 십자가를 지시고 해골(히브리 말로
골고다)이라 하는 곳에 나가시니 [18]그들이 거기서 예수를 십자가에 못 박을
새 다른 두 사람도 그와 함께 좌우편에 못 박으니 예수는 가운데 있더라
[19]빌라도가 패를 써서 십자가 위에 붙이니 나사렛 예수 유대인의 왕이라 기
록되었더라 [20]예수께서 못 박히신 곳이 성에서 가까운 고로 많은 유대인이
이 패를 읽는데 히브리와 로마와 헬라 말로 기록되었더라 [21]유대인의 대제사
장들이 빌라도에게 이르되 유대인의 왕이라 쓰지 말고 자칭 유대인의 왕이
라 쓰라 하니 [22]빌라도가 대답하되 내가 쓸 것을 썼다 하니라 [23]군인들이 예
수를 십자가에 못 박고 그의 옷을 취하여 네 깃에 나눠 각각 한 깃씩 얻고
속옷도 취하니 이 속옷은 호지 아니하고 위에서부터 통으로 짠 것이라 [24]군
인들이 서로 말하되 이것을 찢지 말고 누가 얻나 제비 뽑자 하니 이는 성경
에 그들이 내 옷을 나누고 내 옷을 제비 뽑나이다 한 것을 응하게 하려 함
이러라 군인들은 이런 일을 하고 [25]예수의 십자가 곁에는 그 어머니와 이모
와 글로바의 아내 마리아와 막달라 마리아가 섰는지라 [26]예수께서 자기의 어
머니와 사랑하시는 제자가 곁에 서 있는 것을 보시고 자기 어머니께 말씀하
시되 여자여 보소서 아들이니이다 하시고 [27]또 그 제자에게 이르시되 보라
네 어머니라 하신대 그때부터 그 제자가 자기 집에 모시니라

(요한복음 19:17-27)

22

십자가에 못 박히신 예수 그리스도

예수님은 빌라도의 불법 재판으로 십자가형을 받았습니다. 관례

에 따라 형을 받을 사람은 자신이 달려야 할 십자가를 지고 형장으로 가게 되어 있었습니다. 우리 예수님도 자신이 달려야 할 십자가를 지고 골고다를 향하여 걸어 가셨습니다. 로마 군병들이 예수님을 형장으로 끌고 갔지만 사실은 예수님이 자발적으로 고난을 향해 나아가신 것입니다. 예수님이 십자가에 못 박히실 장소는 골고다였습니다. "그들이 예수를 맡으매 예수께서 자기의 십자가를 지시고 해골(히브리 말로 골고다)이라 하는 곳에 나가시니"(17)

골고다는 일반적인 범죄자들과 서민들의 처형 장소로 그 이름의 뜻은 '해골의 곳' 입니다. 유대인들은 죽은 사람들의 해골이나 뼈 외에 교수형을 당한 죄수들의 해골도 이곳에 갖다 버렸습니다. 한 마디로 골고다는 부정한 곳입니다. 거기서 우리 예수님이 우리의 죄를 대신하여 고난을 받으셨습니다.

1. 예수님 좌우의 두 강도

"그들이 거기서 예수를 십자가에 못 박을 새 다른 두 사람도 그와 함께 좌우편에 못 박으니 예수는 가운데 있더라"(18)

군병들은 예수님을 골고다에서 십자가에 못을 박았습니다. 전설에 의하면 첫 번째 아담이 이 골고다에 묻혔다고 합니다. 첫 번째 아담은 범죄 결과 죽어서 골고다에 묻혔고, 둘째 아담인 예수 그리스도는 이 골고다에 묻힘으로 첫째 아담을 극복하고 죽음에서 승리하셨다는 것입니다(오리겐(Ooigen), 싸이프리안(Cyprian), 에피파니

누스(Epiphanius), 오스틴(Austin), 제롬(Jerome)). 그리고 아브라함이 하나님의 명령으로 독자 이삭을 바치려고 할 때 하나님께서 이삭을 대신해서 양 한 마리를 대속물로 주신 모리아 땅이 바로 이 골고다라는 주장도 있습니다.

그들은 이 골고다 언덕에서 예수님을 십자가에 못 박아 돌아가시게 했습니다. 예수님의 십자가의 죽음은 유혈이 낭자하고 고통과 치욕으로 넘치는 저주받은 죽음이었습니다. 예수님은 우리의 죄를 대신하여 십자가에 못 박히셨습니다. 우리의 구세주가 되시어 우리의 죄 때문에 죽어주심으로 우리의 죄를 속량하셨습니다.

그때 그들은 예수님 좌우편의 다른 두 행악자들도 함께 처형했습니다(18). 그런데 그들은 예수님과 같은 시각에 처형될 예정이 아니었던 듯합니다. 그런데도 이 강도들을 예수님과 함께 처형한 이유는 아마 예수님의 죽음을 더욱 욕되게 하려고 대제사장들이 특별히 요청한 것으로 보입니다. 그것은 두 행악자 중 한 명이 십자가 위에서 예수님을 비방한 것으로 알 수 있습니다. 예수님 때문에 그들의 죽음이 앞당겨졌기 때문입니다. 만일 대제사장의 무리가 두 강도가 아닌 예수님의 제자들 중에서 택하였다면 그것은 예수님에게는 영예가 되었을 것입니다. 만약 제자들도 예수님과 함께 십자가에 달렸다면 그들이 예수님과 함께 고난에 동참할 기회가 되었을 것이며, 이것은 마치 제자들이 기쁜 마음으로 예수님의 고난에 참여한 것처럼 보일 수도 있었기 때문입니다. 그렇다면 예수님의 죽음의 의미가 달라질 수도 있었습니다. 이것을 잘 아는 대제사장의 무리가 예수님과 함께 죽임을 당할 사람들을 가장 악한 죄인들로 준비한 것으로 보입니다. 결국 두 행악자가 예수님의 좌우편 십자가에 달린 것은 예수님이 우리의 죄를 담당하려고 죽으셨다는 사실과 모든 공로는 오직 주님에게만 있음을 드러내기 위한 것이 되었습니다. 우리 예수님이 흉악한 강도들과 함께 못 박히셨기 때문에 예수님을 비방하는 무리로부터 모욕과 증오가 더욱 가중되었습니다.

일반 대중은 단순합니다. 그들은 깊이 생각하지 않고 나타난 현상만 보고 쉽게 판단하는가 하면 분위기에 잘 휩쓸리기도 합니다. 그래서 그들은 예수님이 행악자들과 함께 못 박힌 것을 보고 예수님 역시 행악자의 한 사람으로 취급했습니다. 뿐만 아니라 주님은 그들 중에서 가운데 못 박히셨으므로 세 명 중 제일 악한 자로 여기게 되었습니다. 그러나 하나님은 이런 일까지도 주의 뜻을 이루는데 사용하셨습니다. "범죄자 중 하나로 헤아림을 받았음이니라"(사 53:12)란 말씀이 성취된 것입니다. 예수님은 제단에서 희생물들에 둘러싸여 죽임을 당하셨다거나 그의 피를 황소나 염소의 피에 혼합시키지도 않았습니다. 예수님은 십자가에 달려 죄인들 가운데서 죽으셨고 그의 흘리신 피는 죄인들의 피와 섞이게 되었습니다. 예수님은 죄인들 가운데서 죽으셨고 그의 피로 우리 죄인들을 구원하셨습니다.

예수님은 두 강도와 함께 십자가에 달렸습니다. 이것은 죽으시는 순간까지도 철저하게 죄인들을 위해 피를 흘리며 죽으셨다는 것을 증명하는 사건입니다. 따라서 우리는 늘 주님의 십자가를 바라보아야 합니다. 영광으로 옷 입으셨던 그분이 우리의 죄 때문에 모든 옷을 벗김 당하시고 치욕의 옷으로 입혀진 사실을 기억해야 합니다. 천사들의 찬양을 받던 주님이 우리의 죄 때문에 인간들의 비난을 받았다는 사실을 잊지 말아야 합니다. 하늘나라 아버지의 품 안에서 영원한 희락과 기쁨을 누리며 지내던 예수님이 우리를 구원하려고 고통의 십자가 위에서 피를 흘리신 것을 바라보아야 합니다.

그리고 우리는 우리를 사랑하시어 십자가에서 모든 것을 다 주신 주님을 사랑해야 합니다. 주님의 은혜를 잊지 말고 그의 은혜를 어떻게 보답하며 살 것인가를 깊이 묵상해야 합니다.

2. 죄패에 기록된 이름은 '나사렛 예수 유대인의 왕'이었습니다

빌라도 총독은 예수님이 못 박히신 이유를 공포하기 위하여 자신이 쓴 죄패를 십자가 상단에 붙이라고 명령했습니다. "빌라도가 패를 써서 십자가 위에 붙이니 나사렛 예수 유대인의 왕이라 기록되었더라 예수께서 못 박히신 곳이 성에서 가까운 고로 많은 유대인이 이 패를 읽는데 히브리와 로마와 헬라 말로 기록되었더라"(19-20)

죄패 내용은 '나사렛 예수 유대인의 왕'이었습니다. 빌라도가 이 패를 붙인 것은 예수님을 모욕하려는 뜻에서였습니다. 다시 말하면 그는 "이 나사렛 예수란 자가 '자칭 유대인의 왕'이라 하는 자라"는 것을 알리고자 했습니다. 또한 이렇게 함으로써 로마 황제 가이사의 위신도 높이고 아울러 자신은 가이사에게 호감을 얻을 수 있는 일석이조의 효과를 노렸던 것입니다. 빌라도는 자신의 명예와 이권에 대단히 민감한 인품의 소유자였습니다. 그는 이번에도 예수님을 명목상의 임금으로 대우하면서 실상은 가장 악한 행악자로 인식시키려고 했습니다. 그러나 하나님은 빌라도의 이런 악한 생각을 통해서도 모든 계획을 이루고자 하셨습니다.

첫째, 이 비문을 통하여 예수님의 무죄가 증거되게 하려는 하나님의 의도가 있었습니다. 이것은 죄패라고는 하지만 전혀 범죄 사실을 증명하는 말이 아니기 때문입니다. 예수님에게는 죄목이 없다는 것을 그가 스스로 입증한 것이 되었습니다.

둘째, 이 비문을 통하여 예수님의 위엄과 명예를 나타내려는 하나님의 숨은 뜻이 있었습니다. 이분이 바로 구세주 예수요 하나님을 위하여 성별된 나사렛 사람이었습니다. 또한 이분이 발람이 예언한 유대인의 왕이요 이스라엘 자손 가운데서 일어날 홀(忽), 곧 메시야였습니다. 또한 그는 가야바가 자연스럽게 미리 말했듯이 그의 백성의 유익을 위하여 죽임을 당하셨습니다. 이처럼 발람, 가야바, 빌라도는 모두 악인들이었습니다. 그 중에 빌라도는 본의 아니게 그리스도의 왕 되심을 증언했습니다. 하나님은 악인도 그날에 합당하게 지으셔서 사용하십니다.

많은 백성들이 이 패를 읽었습니다. "예수께서 못 박히신 곳이 성에서 가까운 고로 많은 유대인이 이 죄패를 읽는데 히브리와 로마와 헬라 말로 기록되었더라"(20) 예루살렘에 사는 사람들뿐만 아니라 지방에서 올라온 사람들과 다른 나라에서 절기를 맞아 예배하러 온 나그네들과 개종자들도 이 비문을 읽었습니다. 읽은 사람들에 따라 그 반응은 천태만상이었습니다. 이 죄패가 많이 읽힌 것은 예수님이 십자가에 못 박힌 곳이 비록 성 밖이었지만 성 가까이에 있었기 때문입니다. 만일 형장이 상당히 먼 거리에 있었다면 비록 호기심이 있더라도 구태여 그곳까지 가서 그 광경을 보고, 또 그 비문을 읽으려고 하지 않았을 것입니다. 그러나 가까이에 있었기 때문에 많은 사람들이 예수님이 유대인의 왕이요 그리스도이심을 알게 되었습니다. 또한 이 죄패는 히브리어와 헬라어와 라틴어로 쓰였기 때문에 모든 사람들에 의해 쉽게 읽혀질 수 있었습니다. 당시 백성들은 이 세 가지 언어 가운데 한두 가지는 알고 있었기 때문입니다. 히브리어, 헬라어, 라틴어는 그 당시 중동 지역에서 널리 통용되던 대중적인 언어였습니다. 따라서 누구든지 세 가지 이 언어 중 하나는 읽을 수 있었습니다.

참으로 놀라운 계획이 아닐 수 없습니다. 하나님은 당시에 가장 널리 알려진 세 개의 언어를 통하여 '그리스도는 왕' 이라고 선포하셨습니다. 이 죄패에 쓰인 글자는 유대인뿐만 아니라 모든 민족들에게 구세주 되심을 알리고자 하는 하나님의 깊은 뜻이 있었음을 알 수 있습니다.

그러나 예수님을 십자가에 달리게 한 기소자들은 그 죄패에 '유대인의 왕' 이라는 내용이 삭제되기를 바랐습니다. "유대인의 대제사장들이 빌라도에게 이르되 유대인의 왕이라 쓰지 말고 자칭 유대인의 왕이라 쓰라 하니"(21) 그들은 그리스도를 십자가에 못 박는 것으로 만족하지 않고 그의 이름까지 십자가에 못 박으려고 했습니다. 그들은 자신들이 예수님을 그처럼 부당하게 대우한 것을 합리화시키기 위하여 예수님에게 나쁜 죄명을 붙이려고 생각했습니다. 그들은 예수님이 '그들의 왕' 으로 칭함 받게 되는 것을 수치로 여겼습니다. 그래서 그들은 어떤 방법을 사용해서라도 빌라도를 설득하여 그리스도를 정죄하려고 했습니다. 그들은 이러한 사소한 문제까지 들춰서라도 계속 예수님을 괴롭히려고 했습니다. 그러나 그들은 예수님이 스스로 유대인의 왕이라고 한다 하여 그를 고소했지만 그들은 그 사실을 입증할 만한 내용이 없었습니다. 그들에게 그렇게 말한 사실조차도 없습니다. 이제 그들의 입장은 더욱 난처해지게 되었습니다.

그러나 빌라도는 자신의 입장을 그대로 고수했습니다. "빌라도가 대답하되 내가 쓸 것을 썼다 하니라"(22) "나는 당연히 쓸 것을 썼다. 이제 그것을 내 손으로 변경해서 일을 그르치지 않겠다."는 말입니다. 이것은 아직도 그를 좌지우지하려는 대제사장들에게 주어진 모욕적인 언사였습니다. 빌라도의 말투로 보아 그가 저들의 요구대로 예수님을 억지로 십자가에 못 박게 한 사실이 굴종한 것으로 대단히 불쾌한 일이었음을 알 수 있습니다. 그런데 그들이 또 이 일을 강요하자 화가 난 빌라도가 그들을 좌절시키려는 결심을 한 것으로 보입니다. 빌라도는 비록 예수님이 초라하게 경멸을 당하고 있지만 유대인의 왕이 될 만한 충분한 자격이 있음을 나타내려고 했습니다. 빌라도는 예수님이 유대인의 왕이었다는 사실을 고수하려고 했습니다. 유대인들이 그리스도를 거절하고 그를 자기들의 왕으로 받아들이려고 하지 않을 때에도 한 이방인인 빌라도는 '그가 왕'이라는 비문을 써서 밝히려고 했습니다.

우리가 여기서 배워야 할 진리는 아무리 부인하려고 해도 예수님은 우리의 왕이시며 우리를 구원하실 구주란 사실입니다. 유대인의 지도자들은 이 사실을 어떻게든 부인하려고 했지만 이방인 로마 총독 빌라도는 비록 예수님을 믿지는 않았어도 '그가 왕' 이란 사실을 공포하여 모든 백성들이 그 비문을 읽게 했습니다.

우리 예수님은 우리의 왕이시며 우주의 왕이시며 영원한 왕이십니다. 우리를 위하여 하늘의 영광을 버리고 이 땅에 오시어 십자가를 지고 우리를 구원하신 우리의 영원한 왕이십니다. 우리는 이 사실을 고백하는 동시에 세상 모든 사람들에게 널리 증거해야 합니다.

3. 군병들이 예수님의 옷을 제비 뽑아 나누었습니다

예수님을 못 박은 그 십자가를 세우는 일에 네 명의 군사가 동원되었습니다. 군인들이 예수님을 십자가에 단 후에는 극심한 고통으로 쇠진해 죽어가는 것을 기다렸다가 그의 옷을 나누어 가지려고 했습니다. "군인들이 예수를 십자가에 못 박고 그의 옷을 취하여 네 깃에 나눠 각각 한 깃씩 얻고 속옷도 취하니 이 속옷은 호지 아니하고 위에서부터 통으로 짠 것이라"(23)

군인들은 우리 주 예수님을 십자가에 못 박기 전에 그의 옷을 벗겼습니다. 그것은 예수님에게 수치심을 주기 위해서입니다. 예수님은 우리의 수치까지도 담당해 주셨습니다. 예수님은 우리를 '흰 세마포' 로 입히기 위해 벗김을 당하셨습니다(계 3:18). 그리고 군인들은 그리스도를 못 박은데 대한 대가로 그 옷을 챙겼습니다. 그들은 예수님의 낡은 옷을 나눠 갖는 것만으로도 예수님을 십자가에 못 박는 일을 기꺼이 수행했습니다. 오늘날에도 적은 대가를 받으며 악한 일을 행하는 나쁜 인간들이 많습니다.

군인들은 예수님의 옷을 함께 나누어 갖기를 원했기 때문에 정확히 네 등분을 하려고 했습니다. 그런데 그 속옷은 호지 아니하고 위에서부터 통으로 짠 것으로 진귀한 것이라 그것을 제비를 뽑아 당첨되는 사람이 갖도록 동의했습니다. "군인들이 서로 말하되 이것을 찢지 말고 누가 얻나 제비 뽑자 하니 이는 성경에 그들이 내 옷을 나누고 내 옷을 제비 뽑나이다 한 것을 응하게 하려 함이러라"(24) 꿰매지 않고 통으로 짠 속옷을 두고 군인들이 내기를 한 것입니다. 예수님에게 어떤 가치 있는 것이 있었다는 내용을 우리는 성경에서 읽은 적이 없습니다. 이 속옷은 아주 평범하게 디자인한 것이었습니다. 전승에 의하면 예수님의 어머니가 그것을 짰다고 전해져 오지만 확실한 것은 아닙니다. 이 옷을 나누려면 찢어야 되는데 병사들은 찢는 것이 아깝다고 생각하여 이 옷을 놓고 제비를 뽑은 것입니다. 그리스도는 고통 중에 죽어가시는데 그들은 히죽거리며 그에게서 얻은 노획물을 나누었습니다. 그러나 이 속옷을 나누는 것 역시 이미 성경에 예언한 말씀을 이루게 하기 위한 것임을 알아야 합니다. 다윗은 영감에 의해서 그리스도의 수난에 관한 바로 이 장면을 예언했습니다. "내 겉옷을 나누며 속옷을 제비 뽑나이다"(시 22:18) 예수님에 대한 예언은 완전하게 이루어졌습니다. 예수님은 이 예언대로 십자가에 달리셨고 그 옷을 군병들이 제비 뽑아 나누었습니다.

예수님은 예언대로 십자가에 못 박혀 죽으셨습니다. 예수님이 십자가에 달린 일과 옷을 제비 뽑아 나누는 이 모든 것들은 우리를 구원하기 위한 하나님의 영원하신 계획과 섭리에 의한 것입니다. 우리는 이 사실을 믿고 항상 십자가의 은혜에 감사하며 믿음으로 주님을 섬기고 찬양하는 삶을 살아야 합니다.

4. 어머니를 부탁하시는 예수님

예수님의 어머니 마리아는 예수님이 죽으시는 순간까지 동행했습니다. "예수의 십자가 곁에는 그 어머니와 이모와 글로바의 아내 마리아와 막달라 마리아가 섰는지라"(25)

예수님의 어머니는 그의 친척과 친구들 몇 명과 함께 그들이 할 수 있는 대로 십자가 가까이에 서 있었습니다. 여기서 우리는 경건한 여성들이 고통 중에 계신 우리 예수님에게 행한 아름다운 사랑을 볼 수 있습니다. 요한을 제외한 모든 제자들은 예수님을 버렸으나 이 여성들은 끝까지 수종하였습니다. 이 여성들은 원수들의 분노나 그 광경에서 풍기는 공포감에도 주저하지 않았습니다. 물론 그들이 예수님을 구출한다거나 편하게 해드릴 수는 없었지만 끝까지 예수님을 수종함으로써 그들의 선한 뜻을 나타내 보였습니다. 특히 예수님의 어머니 마리아의 심정은 이루 말할 수 없었을 것입니다. 시몬이 예언한 대로 "칼이 네 마음을 찌르듯 하리니"란 말씀이 성취되었습니다(눅 2:35). 끝까지 예수님을 따르며 수종했던 여 성도들의 마음도 아팠을 것입니다. 병사들이 예수님에게 가한 모독이 바로 그들 자신의 것으로 생각하며 아파했을 것입니다. 그러나 그런 극심한 시련 중에도 그들은 끝까지 인내했습니다. 마리아가 비통한 나머지 옷을 찢었다거나 비명을 질렀다는 기록은 없습니다. 오히려 마리아와 그녀의 친구들은 놀라울 만큼 침착하게 십자가 곁에 서 있었습니다. 그들이 이처럼 인내할 수 있었던 것은 하나님의 능력에 의한 힘이라고 보아야 합니다. 그리고 마리아는 다른 그 누구보다 그리스도의 부활을 확신했기 때문에 이런 혹독한 시련도 견딜 수 있었을 것으로 보입니다. 우리도 어떤 어려움이 오더라도 전능하신 하나님께서 우리와 함께 하심을 믿고 견디어 일어서야 합니다.

그리고 예수님은 십자가의 극심한 고통 중에도 어머니 마리아를 제자에게 부탁하셨습니다. "예수께서 자기의 어머니와 사랑하시는 제자가 곁에 서 있는 것을 보시고 자기 어머니께 말씀하시되 여자여 보소서 아들이니이다 하시고 또 그 제자에게 이르시되 보라 네 어머니라 하신대 그때부터 그 제자가 자기 집에 모시니라"(26-27) 예수님은 죽음 앞에서도 그의 어머니를 부양할 대책을 세우셨습니다. 마리아의 남편인 요셉은 오래 전에 세상을 떠나고 아들 예수님이 온 가족을 부양해 왔던 것으로 보입니다. 그런데 이제 예수님이 죽음에 이르렀으니 그녀의 심정은 형용할 수 없었을 것입니다. 예수님은 곁에 서 있는 어머니의 염려와 슬픔을 다 아셨습니다. 그래서 예수님은 그의 사랑하는 어머니와 사랑하는 제자 요한에게 새로운 인연을 맺어 주려고 하신 것입니다. 그래서 예수님은 어머니에게 말씀하셨습니다. "여자여 보소서 아들이니이다", 즉 이제 아들처럼 사랑해 달라는 말씀입니다. 그리고 요한에게는 "보라 네 어머니라"며 자식으로서의 의무를 수행하라고 하셨습니다. 그 후 요한은 마리아를 자기 집으로 모셨습니다.

우리는 여기서 예수님께서 사랑하는 어머니에게 베푼 배려를 기억해야 합니다. 예수님은 극심한 고통 중에도 어머니의 노후를 생각하셨습니다. 예수님은 재산이나 후손을 남기지도 않았습니다. 그의 옷은 병사들이 빼앗아 갔고 돈을 맡았던 유다가 자살한 후에는 지녔던 전대가 어떻게 되었는지도 알 수가 없습니다. 그러므로 예수님은 그의 어머니를 친구에게 의탁하는 것 외에 그녀를 돌봐 줄 다른 방법이 없었습니다.

우리는 여기서 하나님의 선하심을 볼 수 있습니다. 우리가 극심한 고통을 당할 때에도 주님은 우리에게 용기를 주십니다. 하나님이 우리에게서 위로를 빼앗아 가실 때에는 우리가 전혀 기대하지 않은 다른 방법으로 위로해 주십니다. 우리 주님은 반드시 주의 백성들을 위로해 주시되 우리가 알지 못하는 다른 길을 예비해 주십니다.

동시에 본문에서 가족 부양의 의무에 대한 실례를 볼 수 있습니다. 자녀들은 힘이 다할 때까지 연로한 부모님을 편안하게 부양해야 함을 가르쳐 줍니다. 다윗도 환난 중에 있을 때 그의 부모를 잘 보살폈으며 그들을 위하여 안식처를 제공하였습니다(삼상 22:3). 죽음 앞에 선 예수님도 어머니 마리아의 노후를 사랑하는 제자에게 부탁하셨습니다. 제자 요한에게는 영광이었습니다. 이것은 요한이 사려가 깊고 신실하다는 증거입니다. 만일 모든 것을 아시는 주님께서 요한을 믿지 못했다면 모친의 후견인으로 삼지 않았을 것입니다. 개인적으로 요한은 예수님의 어머니를 모시게 되는 영광을 얻게 된 동시에 염려와 책임의식을 갖게 했습니다. 그러나 요한은 모든 것을 기쁘게 받아들였습니다. 요한은 마리아를 모심으로써 앞으로 자신이 당하게 될 곤란한 일들, 경비, 가족을 돌보아야 할 책임, 그리고 이 일로 인하여 초래될 가정의 불만도 개의치 않았습니다. 요한은 주님이 부탁하신 거룩한 사명에 기쁨으로 순종했습니다.

우리가 진정 그리스도를 사랑하고, 또 그에게 사랑받는 자들이라면 그분을 위하여 그분에게 속한 사람들까지도 섬길 수 있습니다. 우리는 주님이 부탁하신 거룩한 일에 기쁨으로 충성해야 합니다. 교회사에 의하면 마리아는 요한과 함께 예루살렘에서 11년 동안 살다가 죽었다고 합니다. 또 다른 자료들에 의하면 그녀는 요한과 함께 에베소로 이사하기까지 살아 있었다고 합니다.

우리도 살아계신 부모님을 잘 섬겨야 합니다. 부모님을 섬기는 것을 영광으로 생각하고 기쁨으로 감당해야 합니다. 이것은 주께서 부탁하신 일입니다. 성경은 부모를 공경하는 자에게는 반드시 복을 주신다고 약속하셨습니다.

예수님은 우리의 죄를 대신하여 십자가에 달려 돌아가셨습니다. 흉악한 강도 취급을 받으며 십자가에 달려 온갖 모욕과 수치를 당하셨습니다. 빌라도를 비롯한 로마 군인들도 예수님에게 모욕을 주며 부끄럽게 했습니다. 그것은 우리의 죄를 대신한 십자가였습니다. 십자가 위에서 어머니 마리아를 사랑하는 제자 요한에게 부탁하셨습니다. 요한은 영광스럽게도 예수님의 어머니 마리아를 모시는 영광을 받았습니다.

우리는 우리를 위하여 수치와 고통을 당하신 주님의 은혜를 항상 기억하여 늘 그 은혜에 보답하는 삶을 살아야 합니다. 주님의 무한한 사랑을 받은 자로서 우리에게 주신 거룩한 사명에 기쁨으로 감사함으로 충성을 다해야 합니다. 아멘.

[28]그 후에 예수께서 모든 일이 이미 이루어진 줄 아시고 성경을 응하게 하려
하사 이르시되 내가 목마르다 하시니 [29]거기 신 포도주가 가득히 담긴 그릇
이 있는지라 사람들이 신 포도주를 적신 해면을 우슬초에 매어 예수의 입에
대니 [30]예수께서 신 포도주를 받으신 후에 이르시되 다 이루었다 하시고 머
리를 숙이니 영혼이 떠나가시니라 [31]이날은 준비일이라 유대인들은 그 안식
일이 큰 날이므로 그 안식일에 시체들을 십자가에 두지 아니하려 하여 빌라
도에게 그들의 다리를 꺾어 시체를 치워 달라 하니 [32]군인들이 가서 예수와
함께 못 박힌 첫째 사람과 또 그 다른 사람의 다리를 꺾고 [33]예수께 이르러
서는 이미 죽으신 것을 보고 다리를 꺾지 아니하고 [34]그 중 한 군인이 창으
로 옆구리를 찌르니 곧 피와 물이 나오더라 [35]이를 본 자가 증언하였으니 그
증언이 참이라 그가 자기의 말하는 것이 참인 줄 알고 너희로 믿게 하려 함
이니라 [36]이 일이 일어난 것은 그 뼈가 하나도 꺾이지 아니하리라 한 성경을
응하게 하려 함이라 [37]또 다른 성경에 그들이 그 찌른 자를 보리라 하였느니
라 [38]아리마대 사람 요셉은 예수의 제자이나 유대인이 두려워 그것을 숨기더
니 이 일 후에 빌라도에게 예수의 시체를 가져가기를 구하매 빌라도가 허락
하는지라 이에 가서 예수의 시체를 가져가니라 [39]일찍이 예수께 밤에 찾아왔
던 니고데모도 몰약과 침향 섞은 것을 백 리트라쯤 가지고 온지라 [40]이에 예
수의 시체를 가져다가 유대인의 장례법대로 그 향품과 함께 세마포로 쌌더
라 [41]예수께서 십자가에 못 박히신 곳에 동산이 있고 동산 안에 아직 사람을
장사한 일이 없는 새 무덤이 있는지라 [42]이날은 유대인의 준비일이요 또 무
덤이 가까운 고로 예수를 거기 두니라

(요한복음 19:28-42)

23

예수님의 죽으심과 장사

예수님은 갈보리 산, 즉 골고다에서 십자가에 달리셨습니다. 예수

님을 십자가에 단 로마 군병들은 예수님의 옷을 제비 뽑아 나누었습니다. 십자가의 고통이 절정에 오른 마지막 순간에도 예수님은 어머니 마리아의 노후를 사랑하는 제자 요한에게 부탁하셨습니다. 그리고 십자가 위에서 고통을 받으며 죽으셨습니다.

1. 예수님의 죽으심

예수님은 자신이 십자가에 달려 돌아가시는 이 모든 과정들이 하나님께서 계획해 놓으신 대로 진행되는 예언의 성취임을 아셨습니다. 예수님은 십자가 위에서 "내가 목마르다"고 하셨습니다.

1) 내가 목마르다

"그 후에 예수께서 모든 일이 이미 이루어진 줄 아시고 성경을 응하게 하려 하사 이르시되 내가 목마르다 하시니"(28)

여기서 우리는 예수님이 성경을 얼마나 귀중하게 여기셨는지를 알 수 있습니다. 예수님은 성경에 예언된 자신에 대한 모든 것을 아시고 그것을 마지막 순간까지 이루셨습니다. 사실 예수님은 십자가 위에서 매우 목이 말랐습니다. 인생의 여정이 끝나는 순간, 극심한 고통과 피 흘림으로 인하여 숨이 끊어질 듯한 상태에서 예수님은 목마름을 느꼈습니다. 예수님의 '내가 목마르다'는 외침은 인성을 가진 예수님으로서 너무도 자연스런 외침이었습니다. 동시에 이 말씀을 통해 '그의 영혼의 진통'을 표현하고자 하셨음을 알 수 있습니다.

우리 예수님은 하나님께 영광을 돌리는 일과 우리의 구원 사역을 이루는 일에 갈급하셨습니다. 이 두 가지가 예수 그리스도의 사역의 최대 목적이었습니다. 예수님은 마지막 순간까지 자신에 대한 성경이 성취되는 것을 보고자 하셨습니다. 지금까지 성경의 모든 예언은 다 성취되었고 이제 한 가지만 남았습니다. "내 힘이 말라 질그릇 조각 같고 내 혀가 입천장에 붙었나이다 주께서 또 나를 죽음의 진토 속에 두셨나이다"(시 22:15) 예수님은 이때야말로 그것을 수행하는 데 적절한 시기인 줄도 아셨습니다. 그래서 "내가 목마르다"고 외친 것입니다. 우리 예수님의 십자가의 죽음은 예언의 완벽한 성취임을 보여줍니다. 예수님의 십자가의 죽음은 성경에 예언된 말씀을 완전하게 이룬 사건임을 우리는 알아야 합니다.

예수님이 목마르다고 외치자 사람들의 반응이 나타났습니다. "거기 신 포도주가 가득히 담긴 그릇이 있는지라 사람들이 신 포도주를 적신 해면을 우슬초에 매어 예수의 입에 대니 예수께서 신 포도주를 받으신 후에"(29-30) 성경에는 예수님이 목마를 때 마시게 할 신 포도주가 주어질 것이라고 예언되어 있습니다. "그들이 쓸개를 나의 음식물로 주며 목마를 때에는 초를 마시게 하였사오니"(시 69:21) 마태복음 27장 34절에 보면 예수님을 십자가에 못 박기 전에 신 포도주를 주었을 때 마시지 않았지만 지금은 그것을 받으셨습니다. 그것은 지금 그 잔을 받는 것이 예언의 성취가 되기 때문입니다. 예수님을 기소한 자들은 예수님을 경멸하려고 행동했습니다. 모든 형의 집행을 위해 관습상 있었던 것으로 보이는 신 포도주가 가득히 담긴 그릇이 있었는데 이 그릇은 '죽을 사람을 속히 죽게 하기 위하여' 준비해 둔 것으로 알려지고 있습니다.

그런데 그들은 자신들이 이용하던 포도주 잔 대신에 그리스도를 능욕하기 위하여 계획적으로 가져다 놓은 해면(스펀지)에 포도주를 적시어 주었습니다. 예수님께는 그들의 잔을 허용하지 않으려고 하셨기 때문입니다. 그들은 이 해면을 우슬초 줄기에 매어 예수님의 입에 대었습니다. 그들이 해면을 우슬초에 싸서 매달았다는 뜻입니다. 사실 신 포도주 한 모금보다는 물 한 방울이 더 예수님의 혀를 시원하게 할 수 있었을 것입니다. 그러나 예수님은 모든 위로와 시원함을 박탈당했습니다. 예수님에게는 한 방울의 물도 허용되지 않았으며 물 대신 신 포도주만 주어졌습니다.

우리 주님은 이런 경멸을 당하면서도 끝까지 참으셨습니다. 그것은 성경의 예언을 이루기 위해서입니다. 우리는 우리를 죄악에서 구원하기 위해 우리가 받아야 할 경멸과 고난을 주님이 다 받으셨다는 사실을 기억하고 항상 감사하며 살아야 합니다.

신 포도주를 받은 후 주님의 영혼이 떠나셨습니다. "예수께서 신 포도주를 받으신 후에 이르시되 다 이루었다 하시고 머리를 숙이니 영혼이 떠나가시니라"(30) 우리 예수님께서 십자가 위에서 마지막 유언을 하신 후 영혼이 떠나셨습니다. 예수님은 신 포도주를 마신 후 이로써 충분하다 생각하시고 "다 이루었다"고 말씀하셨습니다. 그리고 머리를 숙이고 영혼이 떠나가셨습니다.

"다 이루었다"는 말에는 여러 가지 해석이 있습니다.

첫째, 예수님을 기소한 자들의 악의와 원한이 최악에까지 도달했음을 뜻한다고 합니다. 예수님은 그들이 주었던 신 포도주를 마심으로 그들의 최후의 분노까지 받아들이셨습니다. 그때 주님이 "이것이 너희가 내게 행할 수 있는 최후의 악행이다. 이제 나는 너희가 손댈 수 없는 곳으로 간다."는 뜻으로 말씀하셨다고 합니다.

둘째, 예수님의 고통에 관한 아버지의 뜻과 명령이 이로써 성취되었다는 뜻이라고 합니다. 주님이 당하신 고통은 '하나님의 정하신 뜻'에 의한 것입니다. 그리고 주님은 하나님 말씀의 일점일획까지 이루어지고 있는 것을 깊이 깨달았습니다(행 2:23). 예수님은 고통이 임박한 순간에 "아버지 내 영혼을 아버지 손에 부탁하나이다"(눅 23:46)라고 말씀하셨고 이제는 기쁨으로 "다 이루었다"고 말씀하십니다. 우리 주님에게는 아버지의 뜻을 이루는 것이 곧 그분의 양식이었습니다(4:34). 그래서 악인들이 담즙을 탄 신 포도주를 예수님에게 주는 것으로 아버지의 뜻을 이루게 되었으며 구원 역사를 이루는데 새로운 원기를 공급하게 되었습니다.

셋째, 메시야의 수난을 가리키는 구약의 모든 유형과 예언이 성취되고 응답되었다는 뜻입니다. 그들이 예수님에게 신 포도주를 주는 순간 예수님은 스스로 구약의 말씀이 성취되는 것을 아셨습니다. 이미 "그가 은 삼십에 팔리우리라", "그의 손과 발이 찔림을 당할 것이라", "그의 옷을 원수들이 나누리라"는 등의 말씀이 이루어졌습니다. 예수님은 신 포도주를 마시는 일도 다 예언대로 이루어졌음을 아시고 "다 이루었다"고 하신 것입니다.

넷째, 형식적인 율법과 그 율법을 지킬 의무가 주어진 시기가 폐지되었다는 말입니다. 이제 본체이신 예수님이 오셨으므로 그림자는 물러갈 때가 되었습니다. 예수님이 돌아가실 때 휘장이 찢긴 것처럼 그는 중간에 막힌 담을 허셨고, 법조문으로 된 계명의 율법까지 폐하셨습니다(엡 2:14-15). 이 모든 것은 더 나은 소망에게 길을 내어 주기 위하여 구약의 모세의 체제는 무너져야 했습니다.

다섯째, 영원한 의를 세상에 도입하심으로 허물이 끝나게 되리라는 말씀입니다. 이 말씀은 다니엘 9장 24절의 말씀을 언급한 내용처럼 보입니다. "네 백성과 네 거룩한 성을 위하여 일흔 이레를 기한으로 정하였나니 허물이 그치며 죄가 끝나며 죄악이 용서되며 영원한 의가 드러나며 환상과 예언이 응하며 또 지극히 거룩한 이가 기름 부음을 받으리라"(단 9:24) 이 말씀이 히브리서 9장 26절에서 완성되었다고 말씀합니다. "이제 자기를 단번에 제물로 드려 죄를 없이 하시려고 세상 끝에 나타나셨느니라"(히 9:26)

여섯째, 예수님의 고난, 곧 그의 영혼과 육신의 고난이 끝났다는 말입니다. 예수님에게 있어서 폭풍우도 끝났고 최악의 시련도 지나갔습니다. 또한 예수님의 고난과 고뇌도 마지막 순간에 이르렀습니다. 이제 예수님은 낙원에서 그의 앞에 전개될 기쁨을 누리게 될 것입니다.

일곱째, 예수님의 일생이 끝났다는 말입니다. 이제 예수님은 최후의 호흡을 하신 후 더 이상 이 세상에는 계시지 않을 것이란 말입니다.

여덟째, 주님의 사역에 있어서 최후의 순간이 끝나는 동시에 인간을 향한 그분의 구속과 구원의 역사가 완성되었다는 말입니다. 예수님의 죽으심은 하나님의 공의를 완전히 만족시켰으며 사탄의 세력에게는 치명타가 되었습니다. 그리고 영원히 흐르는 은혜의 샘이 터

지게 했으며 결코 끊임 없는 평화와 행복의 샘이 흐르게 하는 능력이 되었습니다.

예수 그리스도는 철저히 그의 사역을 위해 살았으며, 또 그 일을 이루셨습니다(17:4). 예수님이 이루신 사업은 완전한 것이었습니다. 주 예수 그리스도는 속죄의 대가를 치르는 일과 구속을 실천하는 일에 있어서도 모든 것을 다 이루셨습니다. 예수 그리스도는 우리 죄인들을 위한 완전한 구원 역사를 이루셨습니다.

2) 예수님은 머리를 숙이고 영혼이 돌아가셨습니다

"예수께서 신 포도주를 받으신 후에 이르시되 다 이루었다 하시고 머리를 숙이니 영혼이 떠나가시니라"(30) 예수 그리스도는 자진하여 죽음에 임하셨습니다. 예수님이 죽으신 이유는 예수님 자신이 희생 제물일 뿐 아니라 제사장이며 제물을 드리는 예배자였기 때문입니다. 희생에 있어서 가장 귀중한 것이 예배자의 정신입니다. 그러므로 예수 그리스도는 그의 고난을 통하여 자신의 의지를 나타내셨을 뿐 아니라 그의 이러한 의지에 의하여 우리를 의롭게 하셨습니다.

첫째, 예수님은 자진하여 죽으셨습니다. 그 누구도 예수님의 생명을 강제로 빼앗을 수는 없습니다. 예수님은 자진하여 생명을 내놓으셨습니다. 이러한 행위의 취지를 표현한 말씀이 "아버지 내 영혼을 아버지 손에 부탁하나이다"(눅 23:46)입니다. 이 말씀은 예수님 자신을 많은 사람들을 위한 구속물로 드리겠다는 의미입니다. 이 말씀에 따라서 예수님은 자신의 영혼을 우리를 위하여 주셨습니다. 이로써 예수님은 하나님 아버지에게 그 대가를 치르시고 하나님 아버지는 우리를 용서해 주셨습니다.

둘째, 머리를 숙이셨습니다. 십자가에 못 박힌 사람들은 숨을 거두기 직전에 숨을 몰아서 쉬느라고 고개를 치켜듭니다. 그러나 예수님은 자신의 죽음을 재촉하기 위하여 마치 잠이라도 청하듯 숨이 끊어지기 전에 머리를 숙이셨습니다. 하나님은 모든 사람의 불의를 예수 그리스도께, 이 아름다운 희생 제물의 머리 위에 감당시키셨습니다. 어떤 이들은 예수님이 머리를 숙이신 것은 모든 불의의 무거운 짐이 그에게 지워졌음을 나타내고자 하는 것이라고 합니다(시 38:4; 40:12 참조). 확실한 것은 예수님이 머리를 숙이신 것은 하나님 아버지의 뜻과 죽음에 대한 복종을 나타내는 것이었습니다.

예수 그리스도는 우리가 당해야 할 그 죽음을 스스로 감당하셨습니다. 오직 우리를 죄악에서 구원하시려고 스스로 머리를 숙이며 죽음에 복종하셨습니다. 우리는 주님이 십자가에서 죽으신 그 은혜에 늘 감사하며 살아야 합니다.

2. 이날은 준비일

이날은 안식일을 위한 예비일이었습니다. 그런데 이 안식일은 유월절 주간에 속해 있었기 때문에 그들은 특히 이 안식일에 경의를 표하여 '큰 날'이라고 하였습니다. 따라서 유대인들은 이 안식일에는 시체를 십자가에 두지 않기를 바랐습니다. 그래서 빌라도에게 그들의 다리를 꺾어 시체를 눈에 띄지 않게 묻어 달라고 하였습니다.

"이날은 준비일이라 유대인들은 그 안식일이 큰 날이므로 그 안식일에 시체들을 십자가에 두지 아니하려 하여 빌라도에게 그들의 다리를 꺾어 시체를 치워 달라 하니"(31)

유대인들은 사람들로부터 다가올 안식일에 대하여 경의를 표했다는 소리를 듣고 싶었습니다. 왜냐하면 이날은 누룩을 먹는 날들 가운데 하루인데다 첫 소산물을 드리는 날이라 거룩한 날이요 즐거운 날이었기 때문입니다. 더구나 유월절 기간 중의 안식일은 큰 날이었으므로 만일 시체가 십자가에 매달려 있다면 이날을 욕되게 하는 것으로 생각했기 때문입니다.

본래 유대인의 법에 따르면 시체는 당일에 장사하도록 되어 있었습니다(신 21:23). 또한 이날에는 원근 각처에서 많은 사람들이 예루살렘으로 모여들었으므로 시체를 그대로 두면 그들의 마음이 상하지 않을까 염려했던 것입니다. 그리고 각처에서 모인 사람들이 그리스도가 십자가에 달린 모습을 볼 수 없을 것이란 점도 알았습니다. 그들의 양심이 화인 맞지 않은 한 분노의 열기가 진정되면 자신들을 비난할 것을 대제사장들은 이미 알고 있었습니다. 그래서 그들이 가장 격렬한 고통을 받으며 죽게 하기 위해 빌라도에게 그들의 다리를 꺾어서 치워 달라고 청한 것입니다.

우리는 여기서 악인이 베푸는 자비는 친절로 위장하지만 실상은 잔악하다는 것과 위선자들의 거짓된 거룩은 가증하다는 사실을 알아야 합니다. 이들 유대인들은 사람들로부터 안식일을 아주 존경한다는 소리를 듣고 싶어 하면서도 그들은 정의와 의(義)에 대해서는 관심이 없었습니다. 그들은 죄가 없는 분을 십자가에 다는 일에 아무런 거리낌도 없었습니다. 그래서 그들은 무죄한 예수 그리스도를 죽였으면서도 시체를 십자가에 매달아 두는 일에는 주저했습니다. 이들의 이중성과 위선을 우리는 경계해야 합니다.

빌라도는 그들의 요구를 들어 주었습니다. "군인들이 가서 예수와 함께 못 박힌 첫째 사람과 또 그 다른 사람의 다리를 꺾고"(32) 빌라도의 명이 떨어지자 병사들이 두 강도의 다리를 꺾었습니다. 아직 살아있는 두 강도는 그들의 다리를 꺾을 때 비명을 질렀을 것입니다. 이 강도들 중의 한 사람은 회개한 사람으로 예수님으로부터 그와 함께 낙원에 있을 것이라는 약속을 받았습니다. 그럼에도 그도 다른 강도와 똑같은 고통을 받으며 비참한 죽음을 맞았습니다. 이것은 죽음은 모든 사람들에게 공평하게 찾아온다는 것을 말해 줍니다. 하늘나라에 간 많은 사람들도 죽음을 면하지 못했습니다. 하지만 구원받은 성도들은 죄악의 고통스러운 죽음 저편에 하늘나라의 위로가 준비되어 있고, 거룩한 영혼들이 천국에 들어가는 데는 죽음이 결코 장애가 되지는 못한다는 사실을 압니다.

그러나 병사들은 예수님의 다리는 꺾지 않았습니다. "예수께 이르러서는 이미 죽으신 것을 보고 다리를 꺾지 아니하고"(33) 예수님은 십자가에 못 박힌 다른 사람들보다 일찍 돌아가셨습니다. 그 이유는 예수님의 몸의 구조가 비범하게 섬세하여 고통을 받기 시작하자 다른 사람들보다 더 빠른 속도로 파괴된 것으로 보인다고 말합니다. 그런가 하면 예수님 스스로 생명을 포기하셨다는 견해도 있고, 비록 예수님이 손에 못이 박혀 움직일 수는 없었으나 자신이 원하는 때에 죽으실 수 있음을 의미한다는 견해도 있습니다.

분명한 것은 예수님 스스로 자신을 죽음에 내어 주신 것이지 결코 죽음에 정복당한 것은 아니란 사실입니다. 원수들은 예수님의 다리를 꺾어서라도 죽게 하려고 계획했지만 하나님의 계획은 다른 데 있었으므로 그 일은 저지되고 말았습니다. 예수님의 다리를 꺾지 못한 것 역시 하나님의 예언의 성취였습니다. "이 일이 일어난 것은 그 뼈가 하나도 꺾이지 아니하리라 한 성경을 응하게 하려 함이라"(36) 이 말씀 역시 예언의 성취입니다. "그의 모든 뼈를 보호하심이여 그 중에서 하나도 꺾이지 아니하도다"(시 34:20)

이 말씀은 유월절 어린 양의 뼈를 꺾지 말라는 데서 나왔습니다. 출애굽을 앞두고 유월절 어린 양을 잡을 때에는 "뼈도 꺾지 말지며"(출 12:46), 그리고 민수기에서도 "뼈를 하나도 꺾지 말아서"(민 9:12)라고 반복하고 있습니다. "유월절 양 곧 그리스도께서 희생되셨느니라"(고전 5:7), 그는 곧 "하나님의 어린 양이로다"(1:29)라고 성경은 증거합니다. 예수님은 참 유월절 어린 양으로서 그의 뼈가 꺾이지 않고 보존되었습니다. 예언의 성취가 십자가 위에서 그의 죽으심으로 이루어졌습니다.

군인들은 예수님이 죽으신 것을 확인한 후에도 더 이상 논쟁의 여지가 없도록 하기 위해 그의 몸을 검증하려고 창으로 몸을 찔렀습니다. "그 중 한 군인이 창으로 옆구리를 찌르니 곧 피와 물이 나오더라"(34) 이 병사는 예수님의 생사 여부를 확인하고자 마음먹고 옆구리를 찌른 것입니다. 이 병사가 예수님의 옆구리를 창으로 찌름으로써 다른 두 죄수들처럼 다리를 꺾이는 수치는 면할 수 있었습니다. 전승에 의하면 롱기누스(Longinus)라는 이 병사는 눈병이 들었는데 옆구리에서 흘러내린 몇 방울의 피로 그 병을 즉시 고쳤다고 합니다.

창으로 찌른 이 사건은 예수님이 죽으셨음을 입증하기 위한 것이었습니다. 그리고 더 나아가 예수님의 부활의 확실성을 나타내기 위한 것이었습니다. 만일 예수님이 실신이나 기절을 하셨다면 그의 부활은 허위가 될 수도 있기 때문입니다. 그러므로 예수님은 분명히 죽으셔야만 했습니다. 그래서 생사의 검증이 필요했던 것입니다. 한 병사가 찌른 예수님의 옆구리에서 피와 물이 흘렀다는 것으로 예수님의 죽음이 증명되었습니다. "이를 본 자가 증언하였으니 그 증언이 참이라 그가 자기의 말하는 것이 참인 줄 알고 너희로 믿게 하려 함이니라 이 일이 일어난 것은 그 뼈가 하나도 꺾이지 아니하리라 한 성경을 응하게 하려 함이라"(35-36)

예수님은 분명히 죽으셨습니다. 그의 옆구리에서 피와 물이 흘렀습니다. 이 모든 일련의 사건은 성경이 예언한 말씀의 성취입니다. 놀라운 하나님의 계획입니다. 그리고 하나님의 말씀인 성경은 이처럼 정확합니다. 예수님은 피와 물을 쏟으셨습니다. 영적으로 피와 물은 그리스도를 통하여 모든 사람들이 얻게 될 두 가지 아름다운 이익, 즉 의로움과 성화가 주어짐을 뜻합니다. 피가 우리 모든 죄의 사면을 뜻한다면 물은 중생을 뜻하며, 또 피가 구속을 뜻한다면 물은 순결을 뜻합니다. 우리의 범죄는 피에 의해서만 용서받을 수 있고 더러운 것은 순결의 물에 의해서만 씻겨질 수 있습니다. 그러므로 이 두 가지는 항상 병존해야만 합니다.

우리는 예수님의 보혈로 의롭다함을 받아 천국 백성이 되었으므로 날마다 성령의 물로 씻음을 받아 거룩하고 순결한 삶을 살아야 합니다.

3. 예수님의 장례

이제 우리 주 예수님의 장례 과정이 설명되고 있습니다. 주님의 장례는 일찍이 유례를 찾아 볼 수 없는 독특한 것이었습니다.

1) 아리마대 요셉이 예수님의 시체를 요구했습니다

"아리마대 사람 요셉은 예수의 제자이나 유대인이 두려워 그것을 숨기더니 이 일 후에 빌라도에게 예수의 시체를 가져가기를 구하매 빌라도가 허락하는지라 이에 가서 예수의 시체를 가져 가니라"(38)

요셉은 예수님의 제자였으나 은휘된 제자였습니다. 하지만 그는 기꺼이 그의 제자임을 공언한 사람들 이상으로 그리스도에게 가까운 친구였습니다. 평소에는 소심하다가도 시련이 커질수록 더욱 용감해지는 사람들이 있는데 요셉이 바로 그러한 인물이었습니다. 그도 처음에는 유대인들을 두려워하여, 곧 그들이 자신을 최초로 산헤드린 공회에서 출교시킬까 해서 그리스도에 대한 그의 애정을 감추었습니다. 그러나 그는 가장 중요한 순간에 총독 빌라도에게 담대하게 나아가 예수님의 시신을 요구했습니다. 그 누구도 할 수 없는 일이었습니다. 예수님의 어머니나 가까운 친척들은 이러한 일을 계획할 만한 정신이 없었습니다. 그리고 예수님의 제자들은 여기에 없었으니 그들이 예수님을 강도들과 함께 매장했을 것입니다. 그래서 하나님은 아리마대 요셉을 통해 이 일을 처리하게 하셨습니다.

하나님이 어떤 일을 하고자 하실 때에는 그 일을 할 만한 적당한 인물을 찾아 그에게 감당할 수 있는 힘도 주십니다. 빌라도는 아리마대 요셉의 요구를 들어주었습니다. 요셉은 예수님의 장례에 꼭 필요한 인물이었습니다. 우리도 예수님에게 꼭 필요한 사람들이 되어야 합니다.

2) 니고데모가 몰약과 침향을 준비해서 왔습니다

"일찍이 예수께 밤에 찾아왔던 니고데모도 몰약과 침향 섞은 것을 백 리트라 쯤 가지고 온지라 이에 예수의 시체를 가져다가 유대인의 장례법대로 그 향품과 함께 세마포로 쌌더라"(39-40)

니고데모 역시 요셉과 유사한 입장이었던 제자입니다. 그는 그리스도의 계속적인 추종자는 아니었지만 예수님의 은밀한 친구였습니다. 밤에 예수님을 찾아와서 영생에 대한 질문을 했던 니고데모는 이제 때가 되자 예수님을 위해 나섰습니다. 요셉은 그의 부동산으로, 니고데모는 돈으로 예수님을 섬겼습니다. 그들은 시간적으로 여유가 없었기 때문에 이 일을 서둘렀습니다. 이 두 사람은 비록 예수님이 십자가에 달려 수치스럽게 돌아가셨지만 존경심에는 변함이 없었습니다. 그들은 그리스도의 몸을 장사하는데 관대한 경의를 표했습니다. 동시에 그들은 예수 그리스도의 부활을 소망하며 이 일을 수종했을 것입니다. 예수님의 시체를 세마포로 싸고 시체와 수의까지 몰약과 침향 향기가 진동하도록 향품을 넉넉히 사용하였습니다.

그리고 아리마대가 준비한 무덤에 장사했습니다.

"예수께서 십자가에 못 박히신 곳에 동산이 있고 동산 안에 아직 사람을 장사한 일이 없는 새 무덤이 있는지라 이날은 유대인의 준비일이요 또 무덤이 가까운 고로 예수를 거기 두니라"(41-42) 그 무덤은 예수님이 십자가에 못 박힌 곳으로부터 매우 가까이에 있는 아리마대 요셉에게 속해 있는 동산에 있었습니다. 예수님이 성 밖에 묻힌 것은 유대인들은 무덤을 만지는 것이 율법상 부정하다고 생각했기 때문입니다. 그들은 장례를 안식일까지 길게 하려고 하지 않았습니다. 안식일은 거룩한 날이요 기쁨의 날이기 때문입니다.

우리도 이들처럼 죽은 자의 장례를 정성스럽게 치러야 합니다. 그것은 부활의 소망이 있기 때문입니다. 우리 예수님은 새 무덤에 잠깐 묻혔다가 곧 부활하셨습니다. 예수님의 장사는 부활을 전제하는 것이기 때문에 매우 거룩하고 소중한 의식이었습니다. 우리도 장례식을 거행할 때마다 부활의 소망을 가지고 정성을 다해 믿음으로 행하여야 합니다.

우리 예수님은 우리를 죄악에서 구원하기 위해 우리가 받아야 할 죄 값을 다 치르고 성경대로 십자가에서 죽으셨습니다. 그리고 잠깐 무덤에 묻혔다가 부활하셨습니다. 예수님의 죽음은 우리를 구원하기 위한 죽음이었습니다. 예수님의 부활은 곧 우리의 부활이요 우리의 소망입니다. 아멘.

[1]안식 후 첫날 일찍이 아직 어두울 때에 막달라 마리아가 무덤에 와서 돌
이 무덤에서 옮겨진 것을 보고 [2]시몬 베드로와 예수께서 사랑하시던 그
다른 제자에게 달려가서 말하되 사람들이 주님을 무덤에서 가져다가 어디
두었는지 우리가 알지 못하겠다 하니 [3]베드로와 그 다른 제자가 나가서
무덤으로 갈 새 [4]둘이 같이 달음질하더니 그 다른 제자가 베드로보다 더
빨리 달려가서 먼저 무덤에 이르러 [5]구부려 세마포 놓인 것을 보았으나
들어가지는 아니하였더니 [6]시몬 베드로는 따라와서 무덤에 들어가 보니
세마포가 놓였고 [7]또 머리를 쌌던 수건은 세마포와 함께 놓이지 않고 딴
곳에 쌌던 대로 놓여 있더라 [8]그때에야 무덤에 먼저 갔던 그 다른 제자도
들어가 보고 믿더라 [9](그들은 성경에 그가 죽은 자 가운데서 다시 살아나
야 하리라 하신 말씀을 아직 알지 못하더라) [10]이에 두 제자가 자기들의
집으로 돌아가니라 [11]마리아는 무덤 밖에 서서 울고 있더니 울면서 구부려
무덤 안을 들여다보니 [12]흰 옷 입은 두 천사가 예수의 시체 뉘었던 곳에
하나는 머리 편에, 하나는 발 편에 앉았더라 [13]천사들이 이르되 여자여 어
찌하여 우느냐 이르되 사람들이 내 주님을 옮겨다가 어디 두었는지 내가
알지 못함이니이다 [14]이 말을 하고 뒤로 돌이켜 예수께서 서 계신 것을 보
았으나 예수이신 줄은 알지 못하더라 [15]예수께서 이르시되 여자여 어찌하
여 울며 누구를 찾느냐 하시니 마리아는 그가 동산지기인 줄 알고 이르되
주여 당신이 옮겼거든 어디 두었는지 내게 이르소서 그리하면 내가 가져
가리이다 [16]예수께서 마리아야 하시거늘 마리아가 돌이켜 히브리 말로 랍
오니 하니(이는 선생님이라는 말이라) [17]예수께서 이르시되 나를 붙들지
말라 내가 아직 아버지께로 올라가지 아니하였노라 너는 내 형제들에게
가서 이르되 내가 내 아버지 곧 너희 아버지, 내 하나님 곧 너희 하나님
께로 올라간다 하라 하시니 [18]막달라 마리아가 가서 제자들에게 내가 주를
보았다 하고 또 주께서 자기에게 이렇게 말씀하셨다 이르니라

(요한복음 20:1-18)

24

막달라 마리아를 만나 주신 부활의 주님

예수님의 부활은 우리 기독교 신앙의 확신입니다. 우리가 교회당에 나와서 예배드리는 것은 부활하신 주님을 믿기 때문입니다. 훌륭한 예배당을 건축하는 것 역시 부활하신 주님을 경배하고 증거하기 위해서입니다.

본문은 부활하신 주님을 만난 막달라 마리아를 통해서 우리에게 교훈하고 있습니다. 예수님의 열두 제자들은 모두 남자였으나 예수님을 따랐던 사람들 중에는 여자들이 많았습니다. 더욱 중요한 것은 당시의 문화와는 달리 예수님은 여성들을 홀대하지 않고 아주 위엄있게 인격적으로 대해 주셨습니다. 사실 막달라 마리아는 예수님의 사역 초기부터 따랐습니다. 감정이 풍부한 마리아는 열심히 예수님을 따르며 필요한 사람들을 돌보았습니다.

1. 막달라 마리아는 부활의 확신이 없었습니다

안식일이 지난 새벽 일찍 무덤으로 달려간 마리아는 아직 부활에 대한 확신이 없었습니다. "안식 후 첫날 일찍이 아직 어두울 때에 막

달라 마리아가 무덤에 와서 돌이 무덤에서 옮겨진 것을 보고"(1)

막달라 마리아는 예수님의 몸에 향유를 더 발라드리기 위해 예수님의 무덤으로 갔습니다. 예수님이 죽으신 날은 안식일 전날이었기 때문에 예수님의 몸에 향유를 발라드릴 시간이 짧았습니다. 그래서 예수님의 몸에 향유를 충분히 발라드리지 못했다고 생각한 마리아가 안식일이 지나자마자 향유를 더 발라드리기 위해 새벽 일찍 무덤으로 간 것입니다.

이것으로 보아 마리아는 아직 예수님의 부활에 대한 확신이 없었음을 알 수 있습니다. 막달라 마리아가 예수님의 시체에 향을 부으려고 왔다가 부활의 주님을 만났지만 알아보지 못했습니다. "이 말을 하고 뒤로 돌이켜 예수께서 서 계신 것을 보았으나 예수이신 줄은 알지 못하더라"(14)

그러면 마리아가 부활하신 주님에 대한 확신이 없었던 이유가 무엇입니까?

1) 주님의 말씀은 믿지 않고 죽으신 것만 생각했기 때문입니다

마리아의 목적은 오직 하나 예수님의 시신에 향유를 발라드리는 것이었습니다. 그러다보니 부활하신 예수님을 보고도 알아보지 못했습니다. 우리도 한 가지 일에 몰두하면 다른 것은 보이지 않을 때가 있습니다. 막달라 마리아도 예수님의 몸에 향을 부어 훌륭한 장례를 치러야겠다는 생각뿐이었지 예수님의 부활에 대해서는 전혀 관심이 없었습니다. 그래서 부활하신 주님을 보고도 알아보지 못했던 것입니다. 우리는 십자가에서 우리를 위하여 죽으신 예수님을 생각하는 동시에 부활의 주님도 바라보아야 합니다. 우리는 죽으신 예수님뿐 아니라 다시 살아나신 예수님을 바라보는 믿음을 가져야 합니다.

2) 슬픔에 깊이 빠져 있었기 때문입니다

막달라 마리아는 예수님의 죽음을 너무 슬퍼했습니다. 마리아는 눈물이 앞을 가려 눈앞에 계신 주님을 알아보지 못했습니다. 사랑하는 사람의 죽음으로 인해 슬픔에 잠긴 유족들에는 어떤 말로도 위로가 되지 않습니다. 마리아가 지금 그런 상황입니다. 예수님의 죽음을 너무 슬퍼하다 보니 부활하신 예수님을 보고도 알아보지 못했습니다. 우리도 죽음을 너무 슬퍼하지 말아야 합니다. 너무 슬퍼하다 보면 부활의 소망과 확신이 무디어지고 약해져 결국 믿음이 자라지 않게 됩니다.

3) 고정관념에 빠져 있었기 때문입니다

대부분의 사람들은 사람이 죽으면 다시 살아날 수 없다는 고정관념에 빠져 있습니다. 막달라 마리아 역시 이런 고정관념에 빠져 있었습니다. 우리 성도들 중에도 고정관념에 빠진 분들이 많습니다. "사람이 죽으면 모든 것이 끝난다. 영원한 이별이다." 등의 고정관념에 사로잡혀 있습니다. 세상의 많은 사람들의 고정관념은 죽으면 끝이라는 생각이 지배적입니다. 그러나 예수님은 생전에 자신은 십자가에 달려 고난을 받으며 죽지만 다시 살아날 것이라고 늘 제자들에게 강조해 오셨습니다. 그렇지만 제자들은 고정관념에 빠져 부활하신 주님을 믿지 못했습니다.

우리도 세상적인 고정관념에 빠져 부활하신 예수님을 믿지 못하는 일이 있어서는 안 됩니다. 우리는 더 나은 신앙을 향해 나아가야 합니다. 잘못된 고정관념은 과감하게 버려야 합니다.

2. 막달라 마리아가 부활의 주님에 대한 확신을 갖게 되었습니다

확신을 갖게 된 과정을 살펴봅시다.

1) 빈 무덤이었습니다

"안식 후 첫날 일찍이 아직 어두울 때에 막달라 마리아가 무덤에 와서 돌이 무덤에서 옮겨진 것을 보고 시몬 베드로와 예수께서 사랑하시던 그 다른 제자에게 달려가서 말하되 사람들이 주님을 무덤에서 가져다가 어디 두었는지 우리가 알지 못하겠다 하니"(1-2)

아직 부활하신 주님에 대한 확신이 없던 마리아는 예수님의 빈 무덤을 보고 베드로와 주님이 사랑하는 제자 사도 요한에게로 달려가 말했습니다. 그러자 베드로와 요한이 무덤으로 달려 갔습니다. "베드로와 그 다른 제자가 나가서 무덤으로 갈 새 둘이 같이 달음질하더니 그 다른 제자가 베드로보다 더 빨리 달려가서 먼저 무덤에 이르러 구부려 세마포 놓인 것을 보았으나 들어가지는 아니하였더니 시몬 베드로는 따라와서 무덤에 들어가 보니 세마포가 놓였고 또 머리를 쌌던 수건은 세마포와 함께 놓이지 않고 딴 곳에 쌌던 대로 놓여 있더라 그때에야 무덤에 먼저 갔던 그 다른 제자도 들어가 보고 믿더라"(3-8)

여기서 보면 무덤에 먼저 도착한 사도 요한이 두려워 들어가지 못하고 있을 때 늦게 도착한 베드로는 도착한 즉시 무덤 안으로 들어갔다고 했습니다. 예수님의 무덤을 향해 두 사람이 똑같이 출발했지만 젊은 요한은 베드로보다 걸음이 빨라 먼저 도착했습니다. 그러나 그는 두려워 무덤 안으로 들어가지 못하고 바깥에 있었습니다. 사실 무덤 안으로 들어가려고 하면 두려움이 있습니다. 그런데 용감한 베드로는 도착한 즉시 들어가고 요한은 그 뒤에 들어갔습니다. 요한복음의 저자인 요한이 아주 솔직하게 자신이 뒤에 들어갔다고 기록했습니다.

우리는 정직하게 기록한 사도 요한의 모습을 본 받아야 합니다. 우리의 약점을 숨기려고 하다가 후에 알게 되면 곤란한 일이 벌어질 수도 있기 때문입니다. 하나님의 백성인 우리 성도들은 솔직하게 우리의 연약한 모습을 사실대로 고백하면서 잘못된 것은 지양해 나가는 것이 훨씬 편하고 낫습니다.

베드로와 요한과 마리아가 무덤까지는 왔지만 아직 그들에게는 주님의 부활에 대한 확신이 없었습니다. 성경은 이렇게 증거합니다. "(그들은 성경에 그가 죽은 자 가운데서 다시 살아나야 하리라 하신 말씀을 아직 알지 못하더라) 이에 두 제자가 자기들의 집으로 돌아가니라"(9-10) 빈 무덤을 보고 놀라기는 했지만 부활에 대한 확신이 부족했던 두 제자는 집으로 돌아갔습니다. "이 말을 하고 뒤로 돌이켜 예수께서 서 계신 것을 보았으나 예수이신 줄은 알지 못하더라" (14) 마리아 역시 부활하신 예수님을 보고도 알아보지 못한 것은 마찬가지입니다.

여기서 우리의 연약한 모습을 볼 수 있습니다. 예수님은 분명히 부활할 것을 여러 차례 말씀하셨음에도 불구하고 제자들은 의심했습니다. 마리아도 부활하신 예수님을 바로 눈앞에서 보면서도 알아보지 못했습니다. 부활할 것이라는 예수님의 말씀을 믿지 못했기 때문입니다. 우리도 항상 말씀을 그대로 믿으면 되는데 다 믿지 못할 때가 많습니다. 우리가 말씀을 그대로 믿지 못하다 보니 시간이 걸립니다. 자신의 머리와 생각으로 이해가 될 때에만 믿는 사람들은 믿음이 잘 자랄 수 없습니다. 무엇이든지 자신이 체험하고 모든 것을 확인한 후에 믿는 사람들의 신앙은 성장하는데 많은 시간이 걸립니다. 그러다 보니 항상 늦습니다. 그러므로 우리는 말씀을 들었으면 들은 그대로 믿어야 합니다. 그러면 신앙의 성장도 빠르고 고민을 할 필요도 없을 뿐더러 결국 예수님의 말씀대로 됩니다. 그런데 우리에게는 의심하고 믿지 못하는 약점이 있습니다.

따라서 우리는 하나님의 말씀을 그대로 믿어야 합니다. 예수님이 십자가에 달려 죽으신 것과 부활도 믿고 예수님의 승천과 천국과 재림도 말씀대로 믿으면 됩니다. 기도 응답도 믿고 축복의 약속도 그대로 믿으면 됩니다. 막달라 마리아는 예수님의 빈 무덤을 보고 예수님의 부활을 믿기 시작했으나 아직 확신은 없었습니다.

예수님의 빈 무덤은 부활의 상징입니다. 살아있는 자는 무덤에 있을 필요가 없습니다. 무덤은 죽은 자를 위해 필요한 것입니다. 우리 예수님은 죽어서 무덤에 묻혔지만 죽음을 이기고 부활하셨습니다. 예수님의 빈 무덤은 부활의 증거입니다.

2) 부활하신 주님을 직접 만났습니다

막달라 마리아는 돌아가지 않고 남아 있다가 부활하신 주님을 직접 눈으로 보았고 그의 음성을 들었습니다. "예수께서 마리아야 하시거늘 마리아가 돌이켜 히브리 말로 랍오니 하니(이는 선생님이라는 말이라)"(16)

마리아는 부활하신 예수님을 직접 만났습니다. 처음에는 동산을 지키는 사람으로 알았습니다. "예수께서 이르시되 여자여 어찌하여 울며 누구를 찾느냐 하시니 마리아는 그가 동산지기인 줄 알고 이르되 주여 당신이 옮겼거든 어디 두었는지 내게 이르소서 그리하면 내가 가져가리이다"(15) 아직도 부활을 확신하지 못하고 죽은 예수님만 생각하고 있는 마리아에게 부활하신 예수님이 "마리아야" 하고 부르셨습니다. 이 음성은 예전에 주님이 마리아를 향해 자주 불러주셨던 다정한 그 음성입니다. 이 주님의 음성을 들었을 때 마리아는 예수님을 바로 알아보고 확신이 생겼습니다. 우리의 믿음은 말씀을 듣고 그대로 믿을 때 생깁니다. 주님의 음성을 들을 때 마리아의 믿음이 회복되었습니다.

우리도 하나님의 음성을 들을 때 믿음이 생깁니다. 성경 말씀이나 설교를 통해서 주님의 음성이 내 귀와 내 마음에 확실하게 들릴 때 우리의 믿음은 확고해집니다. 성경은 말씀합니다. "그러므로 믿음은 들음에서 나며 들음은 그리스도의 말씀으로 말미암았느니라"(롬

10:17) 지금 우리는 부활하신 주님을 직접 만날 수 없습니다. 부활하신 주님이 다메섹으로 가던 사울에게 나타나 말씀하시던 그런 일은 일어나지 않습니다. 그러나 이제는 계시로 주신 성경 말씀을 통해서 하나님의 말씀을 들을 수 있습니다. 따라서 우리는 늘 성경을 읽고 설교 말씀을 들어야 합니다. 들어야 확신이 생깁니다. 그리고 우리가 기도할 때 성령으로 가르쳐 주심으로 주의 음성을 깨닫게 하십니다. 말씀을 통해서 주의 뜻을 알게 하십니다.

예수님의 일행이 예루살렘 근처 베다니에 이르렀을 때 날이 저물었습니다. 그곳은 나사로와 그의 누이들인 마르다와 마리아가 함께 살고 있는 곳입니다. 그들은 예수님이 가실 때마다 종종 모시고 섬겼습니다. 예수님의 일행이 도착하자 마르다는 저녁 준비에 분주했습니다. 그런데 동생 마리아는 언니를 돕지 않고 예수님의 발 옆에 앉아 예수님의 말씀을 듣고 있었습니다. 마르다가 참다못해 불평을 했습니다. "주님, 동생이 모든 일을 저에게 맡기고 말씀만 듣고 있습니다. 마리아더러 저를 좀 도우라고 말씀해 주십시오." 그때 예수님이 말씀하셨습니다. "마르다야 마르다야 네가 많은 일로 염려하고 근심하나 몇 가지만 하든지 혹은 한 가지만이라도 족하니라 마리아는 이 좋은 편을 택하였으니 빼앗기지 아니하리라"(눅 10:41-42) 예수님은 화가 난 마르다를 두 번 씩이나 다정하게 부르시며 "너는 많은 일에 마음을 쓰며 걱정을 하지만 실제 중요한 것은 한 가지이다. 마리아는 그 많은 것들 중에 참 좋은 것을 택하였다. 그것을 빼앗으면 안 된다." 하시며 오히려 마리아를 칭찬해 주셨습니다.

오늘날 많은 성도들이 이런 저런 세상일로 바쁘다는 이유를 들어 하나님의 말씀을 가까이 하지 못합니다. 그러나 우리가 아무리 바쁘고 피곤해도 하나님을 만나는 시간, 하나님의 음성을 듣는 시간은 반드시 있어야 합니다. 설교를 통해서 하나님의 음성을 들어야 하고 성경 통독을 통해서도 말씀을 들어야 합니다. 우리 모두 하나님의 말씀을 통해서 주님을 만나고 주님의 음성을 듣도록 늘 말씀을 사모하여 가까이 해야 합니다.

그리고 주님을 간절히 사모하고 사랑해야 합니다. 막달라 마리아가 새벽에 무덤까지 달려간 것은 그녀가 주님을 얼마나 사모하고 사랑했는지를 알 수 있습니다. 막달라 마리아는 누구보다도 주님의 은혜와 사랑을 많이 받았습니다. 마리아가 예수님을 만나기 전에는 일곱 귀신이 들렸는데 예수님이 좇아내 주심으로 정숙한 여자가 되었습니다(눅 8:2). 귀신이 일곱이나 들어와 자리를 잡았으니 더럽고 추잡하기 짝이 없었을 것입니다. 그런 마리아였지만 예수님이 귀신을 좇아내 주시어 정결하고 현숙한 여인으로 변했습니다. 그 후 마리아는 주님의 사역에 동참하여 주님의 일을 수종하면서 전도활동에 봉사하며 섬겼습니다. 마리아는 다른 제자들은 다 떠나도 예수님이 십자가에 달릴 때까지 옆에서 지켜보았습니다. "멀리서 바라보는 여자들도 있었는데 그 중에 막달라 마리아와 또 작은 야고보와 요셉의 어머니 마리아와 또 살로메가 있었으니"(막 15:40)

제자들은 어려움이 오자 다 떠나고 몇몇 여자들만이 예수님의 십자가 곁에 서서 끝까지 함께 했습니다. 이 여자들이 끝까지 남아 있었던 것은 예수님에 대한 사랑과 믿음이 있었기 때문입니다. 막달라 마리아가 바로 그런 여자였습니다. 이것으로 보아 어떤 경우에는 여자들이 남자들보다 더 용감하고 의리가 있고 더 충성할 수 있다는 것을 보여줍니다. 그리고 막달라 마리아는 십자가에 달려 죽으신 예수님의 몸에 향을 부으려고 이른 새벽에 무덤까지 갔습니다. 우리도 막달라 마리아처럼 더욱 주님을 사모하고 사랑하며 열심으로 섬기면 주님이 우리를 만나 주십니다. 주님의 음성을 들을 수 있습니다.

우리도 주님을 사모하여 새벽에 주님의 무덤을 향하던 막달라 마리아의 열정으로 새벽기도회에 참석해야 합니다. 그리고 주님을 사랑함으로 열심히 봉사해야 합니다. 그래서 주님을 만나 주님의 음성을 들어야 합니다.

3. 막달라 마리아가 부활의 증인이 되었습니다

막달라 마리아는 부활하신 주님을 만난 즉시 부활하신 주님을 전했습니다. 부활의 증인이 된 것입니다. "막달라 마리아가 가서 제자들에게 내가 주를 보았다 하고 또 주께서 자기에게 이렇게 말씀하셨다 이르니라"(18)

우리도 마리아처럼 부활의 주님을 만나야 합니다. 부활의 주님을 체험하고 증거해야 합니다. 막달라 마리아는 평생 주님의 증인으로 살았다고 알려지고 있습니다. 서방의 전승에 따르면 예수 그리스도의 승천 후에 마르다와 나사로와 함께 프랑스의 마르세유에 이르러 프로방스 지방의 동굴에서 30년간 참회의 고행을 하며 하루 일곱 번의 시간을 정해 놓고 기도했다고 합니다.

예수님의 제자들도 그들의 평생을 부활하신 그리스도를 전파하는 데 다 바쳤습니다. 전 세계로 다니면서 부활의 주님을 증거했습니다. 지금도 세계 열방에서 부활하신 예수님을 증거하는 성도들이 많습니다. 부활하신 주님을 만난 성도들은 한결 같이 부활하신 주님을 증거하지 않을 수가 없습니다. 부활하여 지금도 살아 계셔서 우리와 함께 하시는 주님을 증언할 수밖에 없습니다.

우리도 부활하신 주님의 증인이 되어야 합니다. 전도자가 되어야 합니다. 이제 모든 예배 시간마다 새로 건축한 이 교회당이 가득 차도록 우리 모두 부활의 주님을 증거합시다. 수요 저녁예배 시간에도 가득 차도록 전합시다. 올해는 우리 교회의 모든 성도들이 '나도 한 사람 전도' 를 실천할 수 있기를 바랍니다. 우리 주위에는 예수님의 복음을 들어야 할 사람들, 우리가 전도해야 할 대상자들이 많습니다. 우리의 전도를 기다리는 사람들도 많습니다.

영국의 대철학자요 수학자였던 알프레드 화이트헤드는 젊은 시절 학문에 심취하면서부터 신앙에 깊은 회의를 느끼게 되어 급기야는 교회 출석도 하지 않게 되었습니다. 세월이 흘러 그도 어느덧 인생의 황혼기에 접어 들었습니다. 그러던 어느 날 그가 사는 도시에 폭설이 내렸습니다. 서둘러서 집으로 돌아오던 그는 한 나이 많은 할머니가 눈구덩이에 빠져 있는 것을 보게 되었습니다. 그는 재빨리 그 할머니를 구해 주었습니다. 그러자 그 할머니는 그에게 고맙다는 인사를 하며 물었습니다. "내게 큰 친절을 베푸는 것을 보니 깊은 신앙심을 가지고 있는 분이 분명한데 어느 교회에 출석하고 계십니까?" 그가 신앙생활을 하지 않는다고 대답했더니 그 할머니는 의외라는 듯이 이렇게 말했습니다. "아니, 다 늙어서 어쩌자고 아직도 예수님을 믿지 않는단 말이오! 그러다가 나처럼 뜻밖의 사고를 당하면 어쩌려고 그러시오? 나는 저 눈구덩이에서 죽는 줄 알고 열심히 찬송을 부르고 있었구먼." 그는 그 할머니의 확신에 찬 대답을 듣고서 자신이 지금껏 탐구해 왔던 학문에 대한 회의가 들기 시작했습니다. 그는 이 일로 인하여 다시금 신앙을 회복하여 부활하신 주님을 영접했습니다.

우리 주위에는 부활의 주님을 만나야 할 사람들이 너무도 많습니다. 우리는 부활의 주님을 담대하게 전해야 합니다.

우리도 막달라 마리아처럼 부활하신 주님을 만나야 하고 주님의 음성을 들어야 합니다. 그러기 위해 말씀을 가까이 하고 사모하며 말씀을 듣고 읽기에 힘써야 합니다. 그리고 주님을 사모하고 사랑하며 섬겨야 합니다. 우리 모두 우리가 만난 부활하신 예수님을 증거하는 삶을 살아갑시다. 아멘.

19이날 곧 안식 후 첫날 저녁 때에 제자들이 유대인들을 두려워하여 모인 곳
의 문들을 닫았더니 예수께서 오사 가운데 서서 이르시되 너희에게 평강이
있을지어다 20이 말씀을 하시고 손과 옆구리를 보이시니 제자들이 주를 보고
기뻐하더라 21예수께서 또 이르시되 너희에게 평강이 있을지어다 아버지께서
나를 보내신 것 같이 나도 너희를 보내노라 22이 말씀을 하시고 그들을 향하
사 숨을 내쉬며 이르시되 성령을 받으라 23너희가 누구의 죄든지 사하면 사
하여질 것이요 누구의 죄든지 그대로 두면 그대로 있으리라 하시니라 24열두
제자 중의 하나로서 디두모라 불리는 도마는 예수께서 오셨을 때에 함께 있
지 아니한지라 25다른 제자들이 그에게 이르되 우리가 주를 보았노라 하니
도마가 이르되 내가 그의 손의 못 자국을 보며 내 손가락을 그 못 자국에
넣으며 내 손을 그 옆구리에 넣어 보지 않고는 믿지 아니하겠노라 하니라
26여드레를 지나서 제자들이 다시 집 안에 있을 때에 도마도 함께 있고 문들
이 닫혔는데 예수께서 오사 가운데 서서 이르시되 너희에게 평강이 있을지
어다 하시고 27도마에게 이르시되 네 손가락을 이리 내밀어 내 손을 보고 네
손을 내밀어 내 옆구리에 넣어 보라 그리하여 믿음 없는 자가 되지 말고 믿
는 자가 되라 28도마가 대답하여 이르되 나의 주님이시요 나의 하나님이시니
이다 29예수께서 이르시되 너는 나를 본 고로 믿느냐 보지 못하고 믿는 자들
은 복되도다 하시니라 30예수께서 제자들 앞에서 이 책에 기록되지 아니한
다른 표적도 많이 행하셨으나 31오직 이것을 기록함은 너희로 예수께서 하나
님의 아들 그리스도이심을 믿게 하려 함이요 또 너희로 믿고 그 이름을 힘
입어 생명을 얻게 하려 함이니라

(요한복음 20:19-31)

25

보지 못하고 믿는 자들이 복되도다

믿음에 이르는 과정은 크게 두 가지로 나눌 수 있습니다. 그것은

보아야 믿는 형태와 보지 않고도 믿는 형태입니다. 보아야 믿는 믿음은 현상적으로 증명될 수 있는 이적을 요구하는 것과 맥을 같이 한다고 볼 수 있습니다. 직접 눈으로 확인하고 손으로 만져보는 등 자신이 체험한 후에 믿는 믿음입니다. 반면 보지 않고도 믿는 믿음은 어떠한 이적적인 사건을 보지 않아도 믿는 믿음입니다. 눈으로 보지 않고 귀로 듣지 않아도 믿는 믿음입니다.

부활하신 예수님은 의심이 많은 제자 도마에게 직접 자신의 못 박힌 손과 옆구리를 만져 보고 "믿음 없는 자가 되지 말고 믿는 자가 되라"고 말씀하셨습니다. 그때 도마로부터 "나의 주님이시요 나의 하나님이시니이다"(28)라는 고백을 들은 예수님이 "너는 나를 본 고로 믿느냐 보지 못하고 믿는 자들은 복되도다"(29)라고 말씀하셨습니다.

이 말씀은 예수님이 도마를 책망하신 것이 아니라 도마를 포함한 우리 모두에게 교훈하신 말씀입니다. 예수님은 도마의 믿음을 인정하셨습니다. 주님의 제자들은 부활하신 주님을 직접 목격함으로써 믿음을 갖게 되었습니다. 그것은 제자들에게만 주어진 특정한 상황에 기인한 것입니다. 그러나 이 시대를 살아가는 우리는 부활하신 주님을 직접 만나보지 않아도 하나님께서 주신 말씀과 성령의 역사로 믿을 수 있습니다. 그래서 우리 주님은 말씀하십니다. "너는 나를 본 고로 믿느냐 보지 못하고 믿는 자들은 복되도다"(29)

우리 성도들은 부활하신 예수님을 직접 보지 않아도 제자들이 가졌던 믿음과 동일한 믿음을 가질 수 있어야 합니다. 이 믿음이 복된 믿음입니다.

1. 부활하신 주님이 제자들을 찾아 오셨습니다

제자들은 예수님이 십자가에 달려 돌아가실 때 모두 그의 곁을 떠났습니다. 그리고 그로부터 사흘 후에 예수님이 부활하셨다는 소식을 들었습니다. 제일 먼저 부활하신 주님을 만난 막달라 마리아가 베드로와 요한에게 전했습니다. 그 후 예수님은 여러 제자들에게도 나타나셨습니다. 실의에 빠져 엠마오로 내려가는 제자들에게는 용기를 주셨습니다. 베드로와 야고보에게도 나타나셨습니다. 그리고 8일째 되는 날에는 도마를 제외한 모든 제자들이 모였을 때 부활하신 주님이 찾아 오셨습니다. "이날 곧 안식 후 첫날 저녁 때에 제자들이 유대인들을 두려워하여 모인 곳의 문들을 닫았더니 예수께서 오사 가운데 서서 이르시되 너희에게 평강이 있을지어다 이 말씀을 하시고 손과 옆구리를 보이시니 제자들이 주를 보고 기뻐하더라 예수께서 또 이르시되 너희에게 평강이 있을지어다 아버지께서 나를 보내신 것 같이 나도 너희를 보내노라"(19-21) 예수님은 두 번이나 제자들에게 평강을 빌었습니다. 지금 제자들에게 필요한 것은 바로 평강이기 때문입니다.

여기서의 '평강'은 헬라어로 '에이레네(ωἰρήνη)', 히브리어로는 '샬롬(שָׁלוֹם)'입니다. '샬롬'은 인간이 누릴 수 있는 하나님 나라에 소장된 모든 복을 가르키는 것으로 '안녕, 평화, 행복, 안전, 만족'을 담고 있는 최상의 상태를 의미합니다. 제자들은 믿었던 예수님이 돌아가시자 모든 걱정과 염려와 두려움이 몰려왔습니다. 두려움 때문에 그들에게는 비전도 미래도 없었으며 어떤 계획도 세우지 못하고 있었습니다. 부활하신 예수님은 그들에게 가장 필요한 것이 무엇인지를 잘 아셨습니다. 먹을 것과 입을 것이 아니었습니다. 두려움에 떨고 있는 그들에게 가장 필요한 것은 바로 평안이었습니다. 그래서 말씀하셨습니다. "너희에게 평강이 있을지어다(Peace be with you)" 머잖아 예수님은 승천하셔야 했고 이 땅에 교회를 세우고 제자들을 통하여 만방에 복음을 전파하셔야 했습니다. 따라서 불안에 떨고 있는 제자들에게 가장 필요한 것은 바로 평강이었습니다. 마음에 평강이 있어야 담대하게 복음을 전할 수 있고 기쁨으로 섬길 수 있기 때문입니다.

한 노인이 젊은 청년에게 물었습니다. "그대가 원하는 것이 무엇인가?" 젊은이가 말했습니다. "첫째는 건강이고, 둘째는 재물이고, 셋째는 미모이고, 넷째는 재능이고, 다섯째는 권력이고, 여섯째는 명예입니다." 그러자 이 청년을 지긋이 바라보고 있던 노인이 말했습니다. "청년, 그러나 평안이 없으면 아무 것도 즐길 수 없다네."

평안은 인생에 있어서 가장 중요한 것 중의 하나입니다. 물론 사람에게는 많은 것들이 필요합니다. 그러나 돈도 명예도 권력도 인기도 학벌도 건강도 필요하지만 평안이 없다면 아무 쓸모가 없습니다. 평안이 없는 인기와 권력과 부와 명예는 가치가 없습니다. 평안은 삶의 가장 근원적인 요소입니다. 평안이 행복을 가져다주기 때문입니다. 그런데 사람들은 평안의 중요성을 모르고 있습니다. 이것을 잘 아는 주님은 제자들에게 평강을 선포하시고 복음 전파를 위해 보낸다고 말씀하셨습니다. 평강이 있어야 복음을 전파할 수 있기 때문입니다.

복음은 마음이 평안하지 않으면 전할 수 없습니다. 그러므로 우리는 평안을 달라고 기도해야 합니다. 우리 주님은 우리에게 평안을 선포하셨습니다. 우리도 평안한 마음을 소유할 수 있도록 늘 기도해야 합니다. 그래서 우리의 삶속에 항상 주님이 주시는 평안으로 충만해야 합니다. 그리고 우리가 평안한 마음으로 복음을 전하러 가기 전에 먼저 성령을 받아야 합니다.

예수님은 제자들에게 평강을 선포하신 후에 성령을 받으라고 하셨습니다. "이 말씀을 하시고 손과 옆구리를 보이시니 제자들이 주를 보고 기뻐하더라 예수께서 또 이르시되 너희에게 평강이 있을지어다 아버지께서 나를 보내신 것 같이 나도 너희를 보내노라 이 말씀을 하시고 그들을 향하사 숨을 내쉬며 이르시되 성령을 받으라" (20-22) 제자들이 부활하신 주님을 세상 모든 사람들에게 전파해야 했기 때문에 주님은 이들을 세상에 보내어 증인으로 일하게 하셨습니다. 그러기 위해 제자들에게 필요한 것은 평안이었습니다. 그리고 주님은 성령을 받아야 한다고 말씀하셨습니다.

우리에게 필요한 것은 평안입니다. 우리에게 평안이 있어야 세상을 기쁘게 살아갈 수 있고 주의 일도 행복하게 할 수 있습니다. 가정의 일이나 직장에서의 일뿐 아니라 사업도 평안해야 즐겁게 할 수 있습니다. 그러므로 우리는 주님의 평강을 사모해야 합니다. 주님이 주시는 평강이 있으면 우리의 삶이 변화됩니다. 주님이 주신 평안으로 나아갈 때 사람들을 변화시키는 역사가 일어납니다.

존 게디(John Geddie) 선교사가 남태평양 선교에 대한 기도를 하다가 식인종들이 살고 있는 뉴 헤브라이드 군도 안네이티움 섬에 복음을 전하기로 마음을 굳혔습니다. 그는 죽음을 각오하고 그 섬으로 들어가 복음을 전하였습니다. 그들의 언어를 배워서 성경을 번역하고 그들에게 온갖 사랑을 쏟아 헌신했습니다. 그의 사역은 탁월하여 감동을 받은 식인종들이 한 명씩 기독교로 개종하기 시작했습니다. 그가 설립한 교회 중의 한 비문에는 이런 글이 새겨져 있었습니다. "그가 1848년에 이곳에 첫발을 내딛었을 때 이 섬에는 단 한 사람의 기독교인도 없었다. 그러나 그가 1872년에 이 섬을 떠날 때에는 단 한 사람의 불신자도 없게 되었다." 식인종에게 평화가 있을 리 없습니다. 내가 다른 사람을 잡아먹을 수 있듯이 다른 사람도 나를 잡아먹을 수 있다고 생각하면 어떤 평안도 있을 리 없습니다. 늘 불안과 두려움 속에서 살아야 했을 것입니다. 그런데 복음이 증거되어 섬 전체가 예수님을 믿게 되자 그 섬에 평안이 임했습니다. 복음이 전해졌을 때 비로소 평강이 임하게 된 것입니다.

모름지기 성도는 복음을 전하는 자로서의 의식이 있어야 합니다. 평강이 임할 때 모든 불안과 걱정 근심이 사라졌습니다. 우리도 늘 주님의 평강을 소유하도록 기도해야 합니다. 전도는 우리에게 평강이 있을 때 비로소 가능합니다. 내게 평강이 있을 때 우리 주위를 변화시킬 수 있습니다. 그러기 위해 우리는 성령을 받아야 합니다. 그러므로 성령을 충만하게 달라고 기도해야 합니다. 성령을 받으면 기쁨이 넘칩니다. 성령의 열매 중에는 기쁨이 있습니다. 성경은 말씀합니다. "오직 성령의 열매는 사랑과 희락과 화평과 오래 참음과 자비와 양선과 충성과 온유와 절제니 이같은 것을 금지할 법이 없느니라"(갈 5:22-23) 그리고 "술 취하지 말라 이는 방탕한 것이니 오직 성령으로 충만함을 받으라"(엡 5:18)고 말씀합니다.

우리 예수님은 우리가 평안하길 원하십니다. 그리고 주님은 우리에게 성령을 받으라고 하셨습니다. 그러므로 우리 모두 우리에게 성령의 충만을 주시고 기쁨이 충만하게 해달라고 기도해야 합니다. 우리 주님은 우리가 성령으로 충만하길 원하시므로 성령의 충만을 받도록 기도해야 합니다. 우리가 기도하면 주님은 평강도 주시고 성령의 충만도 주십니다.

우리 모두 주님이 주시는 평안과 주님이 주시는 성령으로 열심히 복음을 전하여 우리 주위를 변화시킵니다.

2. 의심이 많은 제자 도마를 만나 주셨습니다

도마는 부활하신 예수님께서 제자들에게 평안을 선포하실 때 그 자리에 없었습니다. 그래서 도마는 제자들이 부활하신 주님을 만났다고 할 때에도 믿지 못했습니다. "다른 제자들이 그에게 이르되 우리가 주를 보았노라 하니 도마가 이르되 내가 그의 손의 못 자국을 보며 내 손가락을 그 못 자국에 넣으며 내 손을 그 옆구리에 넣어 보지 않고는 믿지 아니하겠노라 하니라"(25)

이것이 도마의 모습입니다. 다른 제자들은 모두 예수님을 믿었지만 도마는 믿지 못했습니다. 그 원인은 예수님이 나타나셨을 때 그 자리에 없었기 때문입니다. "열두 제자 중의 하나로서 디두모라 불리는 도마는 예수께서 오셨을 때에 함께 있지 아니한지라(24) 도마가 의심하는 이유는 예수님이 나타나신 그 자리에 함께 있지 않았기 때문입니다. 도마는 부활하신 주님이 나타나신 그 자리에 없었기 때문에 믿을 수 없다고 한 것입니다. 은혜 받을 자리에 없었던 사람들은 잘 믿지를 못합니다. 도마는 예수님이 찾아오셨을 때 그 자리에 함께 하지 못했기 때문에 부활하신 주님을 믿을 수 없었습니다.

우리도 도마처럼 은혜 받을 자리에서 이탈하면 안 됩니다. 주님이 오시는 그 자리에 없으면 의심하게 됩니다.

우리는 주님을 만나는 자리, 말씀이 있는 자리, 은혜의 역사가 있는 자리라면 빠짐 없이 동참하여 부활의 주님을 만나 확신 있는 신앙생활을 해야 합니다. 그리고 도마는 자신이 눈으로 확인하고 손으로 만져보아야 믿을 수 있다고 말했습니다. 도마는 직접 자신의 눈으로 확인하고 감각적으로 느껴야 믿는 사람이었습니다. 우리는 모든 것을 감각적으로 믿고 눈으로 봐야 믿는 사람이 되어선 안 됩니다. 눈으로 보지 못하고 손으로 만져보지 못해도 하나님의 말씀이라면 그대로 믿을 수 있어야 합니다.

도마가 있을 때 부활하신 예수님이 나타나셨습니다. "여드레를 지나서 제자들이 다시 집 안에 있을 때에 도마도 함께 있고 문들이 닫혔는데 예수께서 오사 가운데 서서 이르시되 너희에게 평강이 있을지어다 하시고"(26)

부활하신 주님이 처음으로 제자들에게 나타나신 날로부터 일주일 후에 도마와 다른 제자들이 있을 때 다시 찾아오신 주님이 도마에게 물으셨습니다. "도마에게 이르시되 네 손가락을 이리 내밀어 내 손을 보고 네 손을 내밀어 내 옆구리에 넣어 보라 그리하여 믿음 없는 자가 되지 말고 믿는 자가 되라"(27) 부활하신 주님은 도마에게 믿음의 확신을 주시려고 직접 손가락으로 확인해 보라고 하셨습니다. 다른 제자들과는 달리 아직 믿지 못하는 도마에게 주님은 직접 손으로 만져본 후에 확신을 가지라고 하셨습니다. 예수님은 사랑하는 제자 도마가 부활하신 주님을 확실하게 믿게 하려고 그의 손으로 직접 예수님의 상처를 만져보라고 하신 것입니다.

여기서 우리는 예수님의 자세를 배워야 합니다. 믿음이 약한 사람에게 믿음의 확신을 줄 수 있는 방법을 배워야 합니다. 우리 주위에도 믿음이 약한 사람들, 확신이 없는 사람들, 의심을 잘 하는 사람들이 있습니다. 우리는 이들도 끝까지 포기하지 말아야 합니다. 그들에게 믿음의 확신이 생기도록 도와주어야 합니다. 관심을 가지고 기도하면서 말씀을 잘 설명해 주어야 합니다.

부부 사이게 불화가 잦은 한 부인이 있었습니다. 남편은 술을 너무 좋아해서 매일 회식을 한다며 밤늦게 들어와 주정을 하는가 하면 자다가 일어나서는 아무 곳에서나 볼일을 보는 일이 허다했습니다. 다음날 아침에 잠에서 깨어나면 한결 같이 다시는 술을 마시지 않겠다고 결심을 하지만 늘 작심삼일로 끝났습니다. 이런 일이 계속 반복되던 어느 날 예수님을 잘 믿는 남편의 친구가 찾아와 그를 기도원으로 데리고 갔습니다. 아무 것도 모르고 끌려가다시피 한 남편은 열심히 찬송가를 따라 부르며 기도를 했습니다. 그리고 앉아 하나님의 말씀을 듣는 순간 자신도 모르게 눈물을 흘리며 회개의 기도를 했습니다. 그날 남편은 예수님을 영접했고 그때부터 줄곧 교회에 출석했습니다. 당연히 술도 마시지 않게 되었습니다. 그리고 아내에게는 예수님을 믿자고 했습니다. 아내는 도저히 남편을 믿을 수가 없었습니다. '과연 남편이 술을 끊을 수 있을까? 남편이 예수님을 믿는다는 것이 정말일까? 분명히 며칠 못 가서 다시 술도 마시고 교회에도 나가지 않을 거야.' 하고 생각했습니다. 그런데 하루 이틀이 가더니 무려 석 달 동안이나 술을 마시지 않을 뿐 아니라 교회에도 부지런히 갔습니다. 무언가 확실한 변화가 일어나고 있다고 생각한 아내는 남편을 따라 교회로 갔습니다. 그런데 의심되는 것이 너무 많았습니다. 많은 것이 믿어지지 않았습니다. 남편도 완전히 믿어지지 않았지만 성경 말씀도 믿을 수 없는 것들이 많았습니다. 교회생활이나 헌금생활뿐 아니라 의심되고 궁금한 것이 한두 가지가 아니었습니다. 목사님 부부는 그 성도에게 인내심을 가지고 말씀을 가르쳐 주었으며 교회 생활도 잘 지도해 주었습니다. 기도생활과 헌금 생활도 친절하게 가르쳐 주었습니다. 그 성도 역시 부지런히 배우려고 노력했습니다. 드디어 성령께서 이 성도의 마음의 문을 열어 주셔서 믿음이 생기기 시작했습니다. 목사님의 가르침을 그대로 믿고 순종한 결과 믿음이 반듯하게 자랐습니다. 학습과 세례를 받은 후 제자반 공부도 마치고 집사가 되었습니다. 교회 봉사를 통해 계속 믿음이 자라더니 드디어 권사가 되었습니다. 지금도 온 가족이 하나님을 잘 섬기는 믿음의 가정이 되어 있습니다.

우리도 믿음이 약하고 의심이 많은 사람들이 믿음의 확신을 가질 수 있도록 관심을 가지고 도와줌으로써 믿음의 열매가 풍성해지도록 해야 합니다.

예수님은 도마에게 말씀하셨습니다. "믿음 없는 자가 되지 말고 믿는 자가 되라"(27) 여기서 '믿음'은 부활하신 예수님, 즉 부활을 믿는 신앙을 말합니다. 예수 그리스도의 부활은 기독교의 핵심이자 가장 중요한 사건입니다. 예수님의 부활은 곧 우리의 부활을 의미합니다. 예수님을 믿는 성도는 예수님처럼 우리도 부활할 것이라는 이 사실을 믿지 않으면 우리 기독교인들의 믿음은 헛된 것이며 아무 소용이 없게 됩니다. 그래서 예수님은 도마에게 "믿음 없는 자가 되지 말고 믿는 자가 되라"고 말씀하셨습니다. 이 말씀은 의심하지 말고 확실한 믿음을 가지라는 명령입니다.

우리 예수님은 도마가 보여준 회의에 대하여 책망하신 것이 아닙니다. 다만 아직 온전한 믿음에 이르지 못한 데에 대한 안타까움으로 그가 굳건한 믿음을 갖게 되기를 간절히 원하셨음을 볼 수 있습니다. 결국 이러한 주님의 태도는 마침내 도마를 감화시켰고 그로부터 위대한 신앙고백을 이끌어 내셨습니다. "도마가 대답하여 이르되 나의 주님이시요 나의 하나님이시니이다"(28)

본문에는 도마가 주님이 허락하신 대로 그분의 손과 옆구리의 상흔(傷痕)을 확인해 보았는지에 대해서는 언급하지 않고 바로 감격에 겨워 신앙을 고백하는 장면만 볼 수 있습니다. 도마는 예수님을 보고 말씀을 듣는 순간 모든 것이 분명해졌고 그 동안의 모든 의심이 사라졌습니다. 그는 예수님을 향하여 "나의 주님이시요 나의 하나님이시니이다"라고 고백했습니다. 도마는 지금 자기 앞에 서 계신 예수님이 십자가에 달리기 전의 주님이 아니라 죽음을 이기고 부활하신 예수님, 바로 하나님의 모습을 발견한 것입니다. 부활하신 예수님은 인간이기 이전에 태초에 하나님과 함께 계셨던 영원한 말씀,

곧 로고스였으며 지금은 아버지 하나님이요 영광의 주님이심을 고백했습니다.

우리도 도마처럼 고백할 수 있어야 합니다. 우리도 어디서나 누구 앞에서라도 예수님을 "나의 주, 나의 하나님이십니다."라고 당당하고도 분명하게 고백해야 합니다.

그리고 예수님은 "너는 나를 본 고로 믿느냐 보지 못하고 믿는 자들은 복되도다"(29)라고 하셨습니다. 이 말씀은 보지 못하고 믿는 자들이 더 복되다는 말씀입니다. 도마를 비롯한 제자들, 그리고 많은 사람들의 믿음은 눈으로 보아야만 믿는 믿음이었습니다. 그러나 주님이 요구하시는 것은 보지 않고도 믿는 믿음입니다.

예수님의 제자들은 부활하신 주님을 직접 목격한 후에 믿는 믿음이었습니다. 그것은 그 당시의 제자들에게만 주어진 특별한 사건입니다. 그러나 이제는 부활하신 예수님을 직접 보지 않고서도 제자들이 가졌던 믿음과 동일한 믿음을 가질 수 있습니다. 믿음은 반드시 눈으로 보지 않아도 믿을 수 있기 때문입니다. 우리는 성령께서 기록하신 신구약 성경 66권을 통해서 예수님을 만나보고 경험할 수 있습니다. 예수님은 말씀하십니다. "예수께서 제자들 앞에서 이 책에 기록되지 아니한 다른 표적도 많이 행하셨으나 오직 이것을 기록함은 너희로 예수께서 하나님의 아들 그리스도이심을 믿게 하려 함이요 또 너희로 믿고 그 이름을 힘입어 생명을 얻게 하려 함이니라"(30-31)

하나님께서 우리에게 성경을 주신 것은 모든 진리가 성경 말씀 안에 다 있기 때문입니다. 우리는 예수님을 직접 만나지 않아도 성경에 기록된 말씀만으로도 충분이 예수님을 만날 수 있고 믿을 수 있습니다. 그래서 예수님은 보지 않고 믿는 자가 더 복되다고 말씀하신 것입니다. 우리는 성경을 통해 가르쳐 주시는 예수님, 부활하신 예수님을 그대로 믿어야 합니다.

성경은 예수님이 먼저 우리를 사랑하셨다고 분명히 말씀합니다. 그래서 주님이 우리를 위해 십자가를 지셨고 부활하셨습니다. 지금도 부활하신 예수님은 우리를 사랑하시어 찾아 주시고 불러 주십니다. 그러므로 우리는 "예수님은 나의 주 나의 하나님이십니다."라고 고백하고 믿어야 합니다.

우리는 예수님을 사랑해야 합니다. 사도 베드로의 고백입니다. 우리도 고백합시다. "예수를 너희가 보지 못하였으나 사랑하는도다 이제도 보지 못하나 믿고 말할 수 없는 영광스러운 즐거움으로 기뻐하니 믿음의 결국 곧 영혼의 구원을 받음이라"(벧전 1:8-9) 아멘.

1그 후에 예수께서 디베랴 호수에서 또 제자들에게 자기를 나타내셨으니 나
타내신 일은 이러하니라 2시몬 베드로와 디두모라 하는 도마와 갈릴리 가나
사람 나다나엘과 세베대의 아들들과 또 다른 제자 둘이 함께 있더니 3시몬
베드로가 나는 물고기 잡으러 가노라 하니 그들이 우리도 함께 가겠다 하고
나가서 배에 올랐으나 그날 밤에 아무 것도 잡지 못하였더니 4날이 새어갈
때에 예수께서 바닷가에 서셨으나 제자들이 예수이신 줄 알지 못하는지라
5예수께서 이르시되 얘들아 너희에게 고기가 있느냐 대답하되 없나이다 6이
르시되 그물을 배 오른편에 던지라 그리하면 잡으리라 하시니 이에 던졌더
니 물고기가 많아 그물을 들 수 없더라 7예수께서 사랑하시는 그 제자가 베
드로에게 이르되 주님이시라 하니 시몬 베드로가 벗고 있다가 주님이라 하
는 말을 듣고 겉옷을 두른 후에 바다로 뛰어 내리더라 8다른 제자들은 육지
에서 거리가 불과 한 오십 칸쯤 되므로 작은 배를 타고 물고기 든 그물을
끌고 와서 9육지에 올라보니 숯불이 있는데 그 위에 생선이 놓였고 떡도 있
더라 10예수께서 이르시되 지금 잡은 생선을 좀 가져오라 하시니 11시몬 베드
로가 올라가서 그물을 육지에 끌어 올리니 가득히 찬 큰 물고기가 백 쉰 세
마리라 이같이 많으나 그물이 찢어지지 아니하였더라 12예수께서 이르시되
와서 조반을 먹으라 하시니 제자들이 주님이신 줄 아는 고로 당신이 누구냐
감히 묻는 자가 없더라 13예수께서 가셔서 떡을 가져다가 그들에게 주시고
생선도 그와 같이 하시니라 14이것은 예수께서 죽은 자 가운데서 살아나신
후에 세 번째로 제자들에게 나타나신 것이라 15그들이 조반 먹은 후에 예수
께서 시몬 베드로에게 이르시되 요한의 아들 시몬아 네가 이 사람들보다 나
를 더 사랑하느냐 하시니 이르되 주님 그러하나이다 내가 주님을 사랑하는
줄 주님께서 아시나이다 이르시되 내 어린 양을 먹이라 하시고 16또 두 번째
이르시되 요한의 아들 시몬아 네가 나를 사랑하느냐 하시니 이르되 주님 그
러하나이다 내가 주님을 사랑하는 줄 주님께서 아시나이다 이르시되 내 양
을 치라 하시고 17세 번째 이르시되 요한의 아들 시몬아 네가 나를 사랑하느
냐 하시니 주께서 세 번째 네가 나를 사랑하느냐 하시므로 베드로가 근심하
여 이르되 주님 모든 것을 아시오매 내가 주님을 사랑하는 줄을 주님께서
아시나이다 예수께서 이르시되 내 양을 먹이라 18내가 진실로 진실로 네게
이르노니 네가 젊어서는 스스로 띠 띠고 원하는 곳으로 다녔거니와 늙어서
는 네 팔을 벌리리니 남이 네게 띠 띠우고 원하지 아니하는 곳으로 데려가
리라 19이 말씀을 하심은 베드로가 어떠한 죽음으로 하나님께 영광을 돌릴
것을 가리키심이러라 이 말씀을 하시고 베드로에게 이르시되 나를 따르라

하시니 [20]베드로가 돌이켜 예수께서 사랑하시는 그 제자가 따르는 것을 보니
그는 만찬석에서 예수의 품에 의지하여 주님 주님을 파는 자가 누구오니이
까 묻던 자더라 [21]이에 베드로가 그를 보고 예수께 여짜오되 주님 이 사람은
어떻게 되겠사옵나이까 [22]예수께서 이르시되 내가 올 때까지 그를 머물게 하
고자 할지라도 네게 무슨 상관이냐 너는 나를 따르라 하시더라 [23]이 말씀이
형제들에게 나가서 그 제자는 죽지 아니하겠다 하였으나 예수의 말씀은 그
가 죽지 않겠다 하신 것이 아니라 내가 올 때까지 그를 머물게 하고자 할지
라도 네게 무슨 상관이냐 하신 것이러라 [24]이 일들을 증언하고 이 일들을 기
록한 제자가 이 사람이라 우리는 그의 증언이 참된 줄 아노라 [25]예수께서 행
하신 일이 이 외에도 많으니 만일 낱낱이 기록된다면 이 세상이라도 이 기
록된 책을 두기에 부족할 줄 아노라

(요한복음 21:1-25)

26

나를 사랑하느냐

예수님의 제자들은 부활하신 주님을 만났지만 다시 그들을 떠나시게 되자 또 의심하기 시작했습니다. 베드로가 물고기를 잡으러 다시 고향으로 돌아가겠다고 하자 도마와 나다나엘과 세베대의 아들들 야고보와 요한을 비롯한 다른 두 제자도 함께 따라갔습니다. 모두 7명의 제자가 디베랴 바다로 돌아가서 밤새 물고기를 잡았지만

한 마리도 잡지 못했습니다. 새벽에 예수님이 그들을 찾아 오셨습니다. 그러나 제자들은 예수님을 알아보지 못했습니다. 예수님은 제자들에게 배 오른편으로 그물을 던지라고 말씀하셨습니다. 제자들이 예수님의 말씀대로 그물을 던졌더니 큰 물고기가 153마리가 잡혔습니다. 베드로가 예수님을 알아보고 헤엄쳐서 예수님께로 왔습니다. 그리고 다른 제자들도 배를 타고 물고기가 든 그물을 끌고 왔습니다. 예수님은 미리 제자들을 위하여 숯불을 피워놓고 생선과 떡을 준비해 두셨다가 조반을 먹으라고 하셨습니다. 예수님은 조반을 먹고 난 후에 베드로에게 "네가 나를 사랑하느냐?"고 세 번이나 물으셨습니다. 그리고 예수님은 베드로에게서 사랑한다는 고백을 받은 후 "내 양을 먹이라"고 말씀하셨습니다.

우리 주님이 제자들로부터 원하시는 것은 주님을 향한 사랑이었습니다. 주님이 우리에게도 "나를 사랑하느냐?"고 물으실 것입니다. 그러면 우리가 어떤 환경에 처하더라도 언제 어디서라도 "주님, 사랑합니다."라고 고백할 수 있어야 합니다.

1. 주님은 우리에게 사랑을 요구하십니다

예수님은 베드로에게 세 번이나 "나를 사랑하느냐?"고 물으셨습니다. "그들이 조반 먹은 후에 예수께서 시몬 베드로에게 이르시되 요한의 아들 시몬아 네가 이 사람들보다 나를 더 사랑하느냐 하시니"(15)

여기서 예수님의 "요한의 아들 시몬아 네가 이 사람들보다 나를 더 사랑하느냐"라는 질문에서 '이 사람들'은 세 가지로 해석할 수 있습니다. 첫째는 '네가 다른 사람들이 나를 사랑하는 것보다 나를 더 사랑하느냐?' 입니다. 둘째는 '네가 이 사람들(함께 있던 제자들)을 사랑하는 것보다 나를 더 사랑하느냐?' 입니다. 셋째는 '네가 이 것들(배와 기타 물고기를 잡는 도구들)보다 나를 더 사랑하느냐?' 입니다. 이 세 가지 해석이 다 가능하며 타당성이 있습니다. 그 중에서도 첫 번째 '네가 다른 사람들이 나를 사랑하는 것보다 나를 더 사랑하느냐?' 가 가장 타당하다고 볼 수 있습니다.

우리 예수님은 베드로에게서 사랑을 원하셨습니다. 이 사랑은 최우선적인 사랑입니다. 왜냐하면 주님이 먼저 우리를 사랑하셨기 때문입니다. 주님은 하나님의 형상대로 창조하신 우리를 죄악 가운데서 구원해 주셨습니다. 우리를 구원하기 위해 십자가에서 모든 고초를 다 당하며 살 찢고 피 흘려 우리를 구속하셨습니다. 그리고 우리의 모든 죄를 다 용서하시고 영생을 주시고 우리를 천국으로 인도하십니다.

우리를 위하여 모든 것을 다 주신 주님은 제자들에게 "나를 더 사랑하느냐?"고 물으셨습니다. 우리 주님이 제자인 우리에게 사랑을 요구하시는 것은 앞으로 우리가 주의 복음을 전할 때 많은 어려움과 고난을 당할 것을 이미 다 아셨기 때문입니다. 그래서 주님을 뜨겁게 사랑한다는 고백이 없이는 사명을 감당할 수 없다는 것을 알고 물으신 것입니다. 주님을 뜨겁게 사랑하지 않고는 제자의 길을 걸어갈 수 없습니다. 주님을 정말 사랑하면 어떤 어려움이 오더라도 사명에 충성할 수 있습니다. 시몬 베드로는 예수님이 "나를 사랑하느냐?"고 물으실 때 "내가 주님을 사랑하는 줄을 주님께서 아시나이다"라고 대답했습니다. 베드로는 자신이 없었습니다. 다른 사람들은 다 주님을 떠나더라도 자신만은 죽는 데까지라도 함께 하겠다고 자신 있게 말한 지 얼마 안 되어 맥없이 주님을 모른다고 세 번이나 부인한 적이 있기 때문입니다. 그리고 부활하신 주님을 만난 후에도 실망하여 물고기를 잡으러 예전의 직업으로 돌아간 자신의 연약함을 잘 알기 때문입니다.

그리고 예수님이 "나를 사랑하느냐?"고 물으실 때의 단어가 '아가페'였습니다. 주님은 베드로에게 아가페의 사랑으로 "나를 사랑하느냐?"고 물으셨습니다. 이 아가페 사랑은 하나님의 사랑, 신적인 사랑, 숭고하고도 헌신적인 사랑, 완전히 이타적인 사랑을 가리킵니다. 그런데 베드로는 '필리아' 사랑으로 대답했습니다. 필리아 사랑은 아가페보다 다소 차원이 낮은 사랑, 즉 인간적인 우정의 관계를 표현하는 말로 해석합니다. 그러나 다른 학자에 의하면 요한은 그의 복음서에서 두 단어, 즉 하나님의 사랑과 인간의 사랑을 구별하지 않고 표현했다고 합니다. 그래서 여기서도 두 단어를 구별하지 않고 사용했다고 보고 있습니다.

여기서 분명한 것은 예수님은 베드로에게 사랑을 요구하시고 베드로 역시 사랑을 고백했다는 사실입니다. 예수님이 베드로를 사랑하시는 것도 확실하고 베드로가 주님을 사랑하는 것도 틀림이 없습니다. 베드로가 주님을 향한 사랑이 있었기에 복음을 전할 때 수많은 고난을 능히 이겨낼 수 있었습니다. 주님을 사랑하는 마음이 없다면 주의 일을 할 수도 없고 주님을 끝까지 따라갈 수도 없습니다. 그러나 주님을 사랑한다면 어떤 어려움이 오더라도 주님을 믿고 따라갈 수 있습니다. 우리는 한 순간도 우리를 향하신 하나님의 사랑을 잊지 말아야 합니다.

중세기의 스콜라 철학자요 신학자로 '신학대전'을 저술한 토마스 아퀴나스가 주님께 간절히 기도하는 어느 날 주님이 찾아와 물었습니다. "토마스야, 네 기도가 내게 상달되었다. 네 소원을 말해 보아라." 그때 그가 "주님, 사랑하기를 원합니다." 하고 대답하자 주님이 다시 물었습니다. "그것은 이미 내가 알고 있으니 다른 소원이 무엇이냐?" 그때도 그는 "주님, 사랑하기를 원합니다." 하고 대답했습니다. 주님이 이렇게 세 번 물은 후 말씀하셨습니다. "너는 참 좋은 것을 가졌구나!"

우리가 애창하는 찬양입니다. "갈릴리 바닷가에서 주님은 시몬에게 물으셨네 사랑하는 시몬아 넌 날 사랑하느냐 오 주님 당신만이 아십니다 사마리아 우물가에서 주님은 여인에게 물으셨네 사랑하는 여인아 넌 날 사랑하느냐 오 주님 당신만이 아십니다"

우리 주님은 우리에게도 물으십니다. "나를 사랑하느냐?" 오늘도 내일도 우리 주님은 우리에게 "나를 사랑하느냐?"고 물으십니다. "이 사람들보다 나를 더 사랑하느냐? 이 세상 그 어떤 것보다 나를 더 사랑하느냐?"고 물으십니다. 이 질문에 주저함 없이 감사함으로 "주님, 이 세상 무엇보다도 주님을 제일로 사랑하며 섬기며 살겠습니다."라고 고백할 수 있기를 바랍니다.

2. 주님을 사랑할 때 사명을 감당할 수 있습니다

부활하신 예수님은 시몬 베드로에게 "네가 이 사람들보다 나를 더 사랑하느냐"(15)고 물으신 후에 베드로에게서 "주님 모든 것을 아시오매 내가 주님을 사랑하는 줄을 주님께서 아시나이다"(17)라는 고백을 받은 후에 "내 양을 먹이라"(17)고 세 번이나 부탁하셨습니다. 예수님은 주님을 사랑한다고 고백하는 베드로에게 "내 양을 먹이라"(15), "내 양을 치라"(16), "내 양을 먹이라"(17)고 말씀하셨습니다. 이 말씀은 베드로에게 주신 사명입니다. 예수님은 베드로를 다시 회복시켜 주셨습니다.

베드로에게 "내 양을 먹이라"고 하신 말씀은 복음 전도의 사명입니다. 세상 모든 사람들에게 복음을 전해야 할 사명입니다. 동시에 교회 안에 있는 양들, 즉 하나님의 자녀들을 잘 돌보고 가르치라는 명령이기도 합니다. 특히 예수님은 "내 어린 양을 먹이라"고 하셨는데 여기서 '어린' 이라는 표현은 아직 신앙이 약한 성도들을 의미합니다. 예수님은 베드로에게 믿음이 약한 어린 성도들을 잘 가르치고 돌보라는 목양적인 사명을 주셨습니다. 주님을 사랑하는 우리 성도들은 주님의 명령을 잘 듣고 순종해야 합니다.

먼저 복음을 전해야 합니다. 교회 밖에 있는 주님의 양들을 찾아 복음을 전해야 합니다. 주님의 양들은 전 세계 곳곳에 있습니다. 이 지구상에는 아직도 주의 복음을 듣지 못한 영혼들, 복음을 전해 주기를 기다리는 영혼들이 많습니다. 그래서 예수님은 모든 민족 땅 끝까지 가서 복음을 전파하라고 명령하셨습니다. 우리는 세상 모든 나라에 복음을 전파해야 합니다. 주님의 잃은 양들을 찾아 나서야 합니다. 이 일을 위해 파송된 선교사들이 우리를 대신해서 복음을 전하고 있습니다. 그러므로 우리는 모두 보내는 선교사가 되어야 합니다. 우리는 직접 가지 못하기 때문에 우리를 대신해서 선교사를 보내는 사람들입니다. 우리의 선교지는 오대양 육대주입니다.

우리 교회에서 후원하는 선교사들이 세계 곳곳에 흩어져 있습니다. 특히 우리는 남부 아프리카에 선교사를 파송하여 복음을 전하며 주님의 양들을 찾고 있습니다. 그러므로 우리는 선교사역을 위해 기도와 물질로 동참해야 합니다. 이것이 주님의 양을 먹이는 사역입니다.

그리고 우리는 교회 안에 있는 주님의 어린 양들을 잘 돌보아야 합니다. 믿음이 약한 성도들을 잘 인도해야 합니다. 참된 신앙을 갖도록 말씀을 잘 가르쳐야 합니다. 잘못된 가르침이나 이단으로부터 보호해야 합니다. 예배생활과 기도하는 것도 가르치고 전도하는 것과 봉사하는 것도 가르쳐야 합니다.

오늘날 진리를 위협하는 세력들이 많습니다. 성경 중심의 정통 개혁주의 신학을 파수하기가 점점 더 어려워지는 이때에 많은 도전을 받고 있습니다. 많은 신학교들이 자유화되고 있습니다. 자유화가 된다는 말은 성경을 영감으로 기록된 하나님의 말씀으로 온전히 믿지 못한다는 말입니다. 그리고 오늘날은 인기 위주의 설교와 목회가 성행하고 있습니다. 말씀에서 떠난 설교, 흥미위주의 사역 프로그램과 예배, 매스컴을 통한 대중성을 위한 말씀 증거 등이 이 시대의 물결입니다. 이런 시대 물결을 계속 따르다 보면 신앙생활을 하면서도 참된 진리의 말씀을 모를 수가 있습니다. 갈수록 진리를 전파하기 어려워집니다.

뿐만 아니라 종교 다원주의, 세속주의, 자유주의, 인본주의, 이단들이 항상 교회 안의 양들을 노리고 있습니다. 목회자는 이 모든 것들과 싸워 양떼를 보호해야 합니다. 그러므로 양들은 교회 안에서 말씀을 잘 먹어 건강하게 자라야 합니다. 무기력한 양이 되어서는 마귀의 공격에 너무도 허무하게 무너질 수 있습니다. 이것은 주님의 명령입니다. 부름 받은 주의 종들과 성도들은 주님의 양들을 잘 가르치고 양육해야 합니다. 먼저 부름 받은 성도들은 어린 성도들을 말씀과 사랑으로 잘 지도하고 이끌어야 할 책임이 있습니다. 이것은 주님을 향한 사랑에 기초해야 합니다. 주님을 향한 사랑이 없이는 어린 양들을 양육시킬 수 없습니다. 주님을 향한 뜨거운 사랑이 있어야 어린 영혼들을 가르치고 인도할 수 있습니다. 이 모든 것이 주님을 사랑하는 마음과 믿음이 있어야 가능합니다.

우리 주님은 우리를 먼저 사랑하여 우리를 위해 모든 것을 다 주셨습니다. 그러므로 우리도 주님을 더 사랑하며 맡겨 주신 사명에도 충성해야 합니다.

11세기(1096년)에 한 유대인 랍비 마이어 벤 아이작(Meir Ben Issac)은 아람어로 하나님의 사랑에 대하여 이렇게 기록했습니다. “하늘이 양피지로 펼쳐 있고 세상의 모든 갈대와 나뭇가지와 칼이 펜이며 대양을 전부 잉크로 채우고 모든 사람들이 능숙한 서기관이라 할지라도 하나님의 크신 영광에 대한 기이한 이야기를 다 기록할 수 없으리라” 이 시가 바탕이 되어 우리가 부르는 찬송가 304장의 3

절 가사가 되었습니다. "하늘을 두루마리 삼고 바다를 먹물 삼아도 한없는 하나님의 사랑 다 기록할 수 없겠네 하나님의 크신 사랑 그 어찌 다 쓸까 저 하늘 높이 쌓아도 채우지 못하리 하나님 크신 사랑은 측량 다 못하네 영원히 변치 않는 사랑 성도여 찬양하세"

하나님의 크신 사랑으로 영생을 얻고, 또 사명까지 받은 우리는 변함없는 주님의 사랑에 늘 감사해야 합니다. 그리고 우리도 힘껏 주님을 사랑함으로 주신 사명에 충성해야 합니다.

3. 고난도 받을 줄 알아야 합니다

우리 주님은 베드로에게 "나를 사랑하느냐"고 물으셨습니다. 그리고 "내가 주님을 사랑하는 줄을 주님께서 아시나이다"(17)라는 대답을 확인한 후 사명을 주시며 앞으로 고난을 받을 것이라고 말씀하셨습니다. "내가 진실로 진실로 네게 이르노니 네가 젊어서는 스스로 띠 띠고 원하는 곳으로 다녔거니와 늙어서는 네 팔을 벌리리니 남이 네게 띠 띠우고 원하지 아니하는 곳으로 데려가리라 이 말씀을 하심은 베드로가 어떠한 죽음으로 하나님께 영광을 돌릴 것을 가리키심이러라"(18-19)

이 말씀은 장차 복음과 목회를 위한 고난을 각오하라는 말씀입니다. 여기서 "진실로 진실로 네게 이르노니(ἀμήν ἀμήν λέγω σοι)"라는 표현은 엄숙하고 중요한 말씀을 하실 때 사용하신 문장입니다. 이 말씀은 앞으로 베드로의 순교를 미리 예고하신 말씀입니다. '팔을 벌리리니'를 많은 학자들은 베드로가 십자가에 달릴 것을 의미한다고 말합니다. 베드로는 주님으로부터 소명을 받았습니다. 소명을 받은 자는 자기의 마음대로 하는 것이 아니라 부르신 분의 뜻대로 살아야 합니다. 더 이상 자의적인 삶을 살지 않고 주님의 붙잡힘을 받은 대로 살아야 합니다. 그러나 사명을 받은 자는 억지로 마지못해 끌려가는 사람이 아닙니다. 주님의 나라와 그의 영광을 위해, 그리고 주의 복음을 위해 기꺼이 자발적인 결단으로 고난을 받습니다. 베드로는 주님의 사랑하는 양들을 위하여 노구의 몸을 이끌고 복음을 전하다가 스스로 순교의 제물이 되었습니다.

유대인 역사가 유세베우스(Eusebius)는 베드로가 자청하여 십자가에 거꾸로 달려 순교했다고 합니다. 쎙케비치의 '쿠오바디스'라는 책에도 십자가에 거꾸로 달렸다고 기록되어 있습니다. 그 이유는 "주님이신 예수님께서 십자가에 처형되었는데 내가 어찌 주님처럼 바로 매달릴 수 있겠는가?"라는 베드로의 철저한 겸손과 순종 때문이었다고 합니다.

로마 제국이 기독교를 박해할 때 카리스토라는 한 젊은 여성이 예수님을 영접하게 되었습니다. 당시에 많은 기독교인들이 박해를 피하여 지하분묘인 카타콤에 숨어 몰래 신앙생활을 하고 있었습니다. 어느 날 이곳에 기독교인들이 숨었다는 사실을 알게 된 로마 군인들이 갑자기 습격하였습니다. 피할 틈도 없이 카리스토는 로마 군인들에게 체포되어 끌려갔습니다. 로마 군인들은 "이제라도 예수를 믿지 않겠다고 하면 너를 보내 줄 수 있다. 집으로 돌아갈 것인가, 아니면 이 창에 찔려 죽을 것인가?" 그러나 카리스토는 조금도 동요하지 않고 담대하게 말했습니다. "나는 죽어도 예수님을 놓을 수가 없소." 그러자 로마 군인 중 한 명이 카리스토의 옆구리를 찔렀습니다. 그러나 카리스토는 쓰러지는 순간에도 손가락 세 개를 내보이며 "성부 성자 성령인 하나님을 당신들도 믿어야 합니다."라는 절규와 함께 순교의 제물이 되었습니다. 그 이후부터 이곳을 그녀의 아름다운 신앙을 기념하기 위하여 '성 카리스 카타콤'이라 불렀습니다. 이곳의 지하 4층에는 카리스토가 손가락 세 개를 내밀며 쓰러지는 모습을 흰색 대리석에 조각해 놓았습니다.

오늘날에도 주님을 사랑함으로 주님의 복음을 전하는 사람들과 성도들은 고난을 각오해야 합니다. 특히 복음을 전파할 때에는 많은 고난을 받을 것을 각오해야 합니다. 그런데 오늘날에는 성도들뿐 아니라 주의 종들마저 고난을 싫어합니다. 영광은 원하지만 고난을 싫어하는 것은 그만큼 힘들기 때문입니다.

제2차 세계 대전이 끝난 후 영국 군인들이 사랑하는 고국으로 돌아오는 날, 런던 거리에는 아침부터 전쟁에서 승리하고 돌아오는 군인들을 환영하기 위하여 수많은 시민들이 몰렸습니다. 영국의 상·하원 의원들과 귀족들이 새벽부터 길 양쪽에 서서 기다리다가 여왕이 자리에 앉자 마침내 영국 군인들의 개선 행진이 시작되었습니다. 육군이 그 행렬의 선두에 서고 뒤를 이어 해군과 공군과 해병대가 차례로 지나갔습니다. 마지막으로 한 작은 부대가 입구에 들어서자 갑자기 영국 여왕을 비롯한 귀족들과 서민들이 벌떡 일어나 그 지나가는 부대를 향해 한없이 박수를 쳤습니다. 그 작은 부대는 전쟁 중에 팔과 다리를 잃거나 눈, 혹은 몸뚱이의 한 부분을 잃어버린 상이(傷

痍) 군인들로 이루어진 부대였습니다. 그들이야말로 개선 행렬의 진정한 스타들이었습니다.

이 땅에서의 모든 삶이 끝나고 역사의 주인이신 살아 계신 하나님 앞에 서는 그날에는 이들 상이군인들처럼 예수님과 복음 때문에 고난을 받았던 그들이 바로 주인공이 될 것입니다. "오히려 너희가 그리스도의 고난에 참여하는 것으로 즐거워하라 이는 그의 영광을 나타내실 때에 너희로 즐거워하고 기뻐하게 하려 함이라"(벧전 4:13)

주님을 사랑하는 우리도 주님을 위하여 고난 받을 수 있어야 합니다. 주님을 사랑한다고 고백한 우리는 주님의 양들을 위해서도 기꺼이 고난 받을 수 있어야 합니다. 주님의 부르심을 받은 우리는 주님의 교회를 위해서도 자발적으로 고난에 동참할 수 있어야 합니다. 우리에게 어떤 고난이 닥치더라도 주님이 세워주신 사명의 길을 끝까지 감당함으로 승리해야 합니다.

4. 오직 주님이 주신 자신의 사명에만 충실해야 합니다

베드로는 자신이 순교 당할 것이라는 주님의 말씀을 듣고 난 후 그의 동료요 예수님의 사랑하는 제자인 요한에 관하여 물었습니다. "베드로가 돌이켜 예수께서 사랑하시는 그 제자가 따르는 것을 보니 그는 만찬석에서 예수의 품에 의지하여 주님 주님을 파는 자가 누구오니이까 묻던 자더라 이에 베드로가 그를 보고 예수께 여짜오되 주님 이 사람은 어떻게 되겠사옵나이까 예수께서 이르시되 내가 올 때까지 그를 머물게 하고자 할지라도 네게 무슨 상관이냐 너는 나를 따르라 하시더라"(20-22) 한 마디로 "너와는 상관이 없다. 너는 너의 길만 가면 된다."는 말씀입니다.

주님은 베드로의 호기심을 경계하셨습니다. 예수님은 베드로가 다른 사람에게 관심 갖는 것을 책망하셨습니다. 그런데 이 말씀이 오해를 불러 일으켰습니다. "이 말씀이 형제들에게 나가서 그 제자는 죽지 아니하겠다 하였으나 예수의 말씀은 그가 죽지 않겠다 하신 것이 아니라 내가 올 때까지 그를 머물게 하고자 할지라도 네게 무슨 상관이냐 하신 것이러라"(23) 다른 제자들은 사도 요한이 예수님이 재림하실 때까지 살아 있을 것이라고 오해한 것입니다. 그래서 초대 교회 성도들은 사도 요한이 죽기 전에 주님이 재림할 것이라고 믿었습니다.

이것은 잘못된 생각입니다. 항상 성경을 바로 해석하지 못하면 이런 오해를 할 수 있습니다. 요즈음도 나타나는 잘못된 종말론 재림 사상은 다 성경을 오해한 데서부터 나온 것입니다. 예수님의 말씀은 "내가 요한을 재림할 그때까지 살게 할지라도 네가 상관할 바가 아니다."란 말씀을 강조하신 것입니다. 예수님은 베드로의 호기심과 다른 사람에 대한 관심을 경계하신 것입니다. 예수님은 베드로에게 "너는 나를 따르라"(22)고 하셨습니다.

여기에서 중요한 것은 베드로와 요한의 모든 삶과 생명이 다 주님의 손에 달려 있으며 그들에게는 각각 자신들의 독립적인 삶이 있다는 사실입니다. 이것은 주님의 주권대로 되는 것입니다. 그러므로 베드로는 베드로에게 주어진 길로 가고 요한은 요한의 길로 가면 됩니다. 이것은 사명을 받은 성도는 다른 사람들과 상대적으로 비교할 것이 아니라 오직 주님만 바라보고 그분만을 의지하는 절대적인 관계를 가지라는 가르침입니다.

주님을 사랑하는 성도는 오직 한 길, 즉 주님만 바라보고 달려가야 합니다. 다른 곳에는 신경을 쓰지 말고 오직 주님이 주신 사명에만 최선을 다해야 합니다. 오직 푯대를 향하여 위에서 부르신 상을 받기 위해서 앞만 보고 달려가야 합니다. 지나치게 다른 사람들에게는 신경을 쓰지 말아야 합니다. 중요한 것은 주님과 내가 튼튼한 관계를 유지하며 좌우로 흔들리지 않고 달려가는 것입니다. 주님을 따라 가는 데는 내가 어떤 위치에 있느냐 하는 것은 중요하지 않습니다. 오직 우리는 주님과의 절대적인 관계만 가지면 됩니다. 오직 믿음의 주요 온전케 하시는 이인 예수님만 바라보고 달려야 합니다.

우리가 잘 아는 빌리 그래함 목사님과 평생을 동역하신 조지 베브리 쉐아(George B. Shea)라는 복음성가 가수가 있습니다. 1931년 미국의 보험회사에서 세일즈맨으로 일하던 그는 NBC의 라디오 공개방송에서 노래할 기회를 얻게 되었습니다. 그가 들려준 저음의 바리톤은 방송을 통해 미국 전역에 울려 퍼졌고 노래에 매료된 사람들은 그에게 끝없는 박수갈채를 보냈습니다. 갑자기 그는 유명 스타가 되어 여러 방송사에서 끊임없는 계약제의가 들어왔습니다. 앞으로의 그의 인생은 출세와 부(富)가 보장된 스타로서의 길을 갈 수 있게 되었습니다. 그럼에도 불구하고 그의 마음에는 왠지 기쁨보다는 두려움이 밀려와 견딜 수 없었습니다. 그래서 그는 조용히 머리를 숙여 기도했습니다. 그가 기도하던 그 시간에 그의 어머니도 기도하고 있었습니다. 기도하는 어머니의 마음에도 아들의 출세의 길이 눈앞에 보였지만 기쁨은 없었습니다. 그의 어머니는 사랑하는 아들의 책상 위에 조그마한 쪽지 하나를 놓고 갔습니다. 그가 종이를 펼쳐보니 어머니가 자주 애송하던 밀러 부인의 성시가 적혀 있었습니다. 그는 그 성시를 조용히 읽다가 감동을 받아 뜨거운 눈물을 흘렸습니다. 그리고 그의 마음에서 울려나오는 멜로디를 종이에 기록했습니다. "주 예수보다 더 귀한 것은 없네 이 세상 부귀와 바꿀 수 없네 영 죽을 내 대신 돌아가신 그 놀라운 사랑 잊지 못해 세상 즐거움 다 버리고 세상 자랑 다 버렸네 주 예수보다 더 귀한 것은 없네 예수밖에는 없네" 1983년 네덜란드의 암스텔담에서 전 세계의 전도자들이 모두 모였을 때 그가 특별 찬양을 했습니다. 찬양이 끝나자 장내의 수많은 사람들이 일어나서 끝없는 박수갈채를 보냈습니다. 그 박수가 끝난 후 그가 남긴 한 마디는 그곳에 모인 모든 사람들을 오랫동안 숙연케 했습니다. "감사합니다. 그러나 나는 여러분이 주신 박수갈채와 그리스도를 바꾸지 않겠습니다."

모라비안의 지도자였던 진젠도르프 백작이 자신의 사회적인 지위와 조건들을 다 버리고 복음을 전하기 위해서 맨발로 뛰쳐나갔을 때 그의 친구들이 물었습니다. "자네의 야망은 도대체 무엇인가?" 그때 그는 이렇게 대답했습니다. "그리스도뿐, 오직 그분뿐." 부활하신 우리 주님은 우리에게 물으십니다. "너는 나를 사랑하느냐? 내 양을 먹이라. 그리고 고난도 각오하라. 다른 사람은 보지 말고 오직 나만 바라보고 나에게 사랑을 고백해다오."

우리도 고백합시다. "주님, 주님을 진심으로 사랑합니다. 주님이 주신 사명을 위해서 고난도 달게 받겠습니다. 주님 앞에 서는 그날까지 다른 사람들에게는 관심을 갖지 않고 오직 주님만 사랑하며 따르겠습니다." 아멘.

요한복음 강해설교 2

길이요 진리요 생명이신 예수 그리스도

■
초판 1쇄 인쇄 / 2013년 12월 12일
초판 1쇄 발행 / 2013년 12월 17일

■
지은이/배 핑 호
펴낸이/김 수 관
펴낸곳/도서출판 영문
122-070 서울시 은평구 역촌동 10-82
☏ (02)357-8585
FAX • (02)382-4411
E-mail • kskym49@daum.net

■
출판등록번호/제 03-01016호
출판등록일/1997. 7. 24

정가 15,000원
ISBN 978-89-8487-310-0 03230
Printed in Korea